HELDENDAAD IN DE SAHARA

Eddy van der Ley

Heldendaad in de Sahara

Een aangrijpend waargebeurd verhaal over vrijheid, avontuur en broederschap

KOSMOS

Kosmos Uitgevers, Utrecht/Antwerpen

KOSM•S

www.kosmosuitgevers.nl

kosmos.uitgevers

kosmosuitgevers

Derde druk, oktober 2023

© 2023 Eddy van der Ley / Kosmos Uitgevers, Utrecht/Antwerpen
Titel: *Heldendaad in de Sahara*
Ondertitel: *Een aangrijpend, waargebeurd verhaal over vrijheid, avontuur en broederschap*
Omslagfoto: Shutterstock
Omslagontwerp: bij Barbara
Vormgeving binnenwerk: www.intertext.be

Kosmos Uitgevers vindt het belangrijk om op milieuvriendelijke en verantwoorde wijze met natuurlijke bronnen om te gaan. Bij de productie van het papieren boek van deze titel is daarom gebruikgemaakt van papier waarvan het zeker is dat de productie niet tot bosvernietiging heeft geleid.

ISBN 978 90 4392 839 7
ISBN e-book 978 90 4392 840 3
ISBN audiobook 978 90 4392 841 0
NUR 320

Alle rechten voorbehouden / All rights reserved
Niets uit deze uitgave mag worden verveelvoudigd en/of openbaar gemaakt door middel van druk, fotokopie, online-publicatie of op welke andere wijze en/of door welk ander medium ook, zonder voorafgaande schriftelijke toestemming van de uitgever.

Deze uitgave is met de grootst mogelijke zorgvuldigheid samengesteld. Noch de maker, noch de uitgever kan echter aansprakelijk gesteld worden voor eventuele schade als gevolg van eventuele onjuistheden en/of onvolledigheden in deze uitgave.

De uitgever heeft ernaar gestreefd de rechten van derden zo goed mogelijk te regelen. Degenen die desondanks menen zekere rechten te kunnen doen gelden, kunnen zich tot de uitgever wenden.

Inhoud

Dit boek is voor een ieder die het maar wil lezen

Uit het dagboek van Marc Gilsing en Peter Teggelaar

28 juli 1993 – 6 uur 's ochtends

Het wiel is compleet naar de klote, we hebben er nog 6 kilometer mee kunnen rijden. Peet heeft 'm nog net op een heuvel kunnen krijgen. Staat-ie lekker hoog als we 'm in de fik steken. We waren al om ongeveer 19.30 uur op deze plek en we hebben de avond goed doorgebracht. We zitten onszelf niet op te vreten over onze laksheid en over het gevaar wat ons te wachten staat. We zijn zeer relaxed. Toen we net stonden probeerde Peet 'n afscheidsbrief te schrijven. Het lukte hem niet. We denken beiden dat het alleen erger wordt daardoor.

Ik probeer wat zekerheid te vinden bij de gids maar er is werkelijk geen peil op te trekken. Erg frustrerend. Hij zegt wel dat er vandaag om ongeveer elf uur 's ochtends een patrouillewagen langs moet komen. Hoe hij dat moet weten is ons een raadsel maar we vestigen al onze hoop daarop. Vanaf nu 1 liter per dag want als de wagen vandaag niet komt dan morgen, volgens onze gids. Het is nu gelukkig nog koel maar het wordt weer extreem warm. Het stemt ons bijzonder verdrietig dat dit op deze manier verloopt. Peet en ik geven ons nog zo'n 15% kans te overleven en als ik denk hoe graag ik door wil, springen de tranen me in de ogen. Als ik denk aan wie ik achterlaat raak ik zelfs in paniek. Die gedachte ban ik uit! We laten een tattoo zetten, dezelfde, als we hier levend uitkomen. Een hele grote, mooie! We gaan ons ook een avond dronken drinken aan De

Koninck-bier. Da's 1 avond in een lange rij van dronken avonden.

Peet had heel veel vertrouwen in de gids omdat hij heel veel geld vroeg: 80000 CFA, da's zo'n 550 gulden. Dan denk je toch dat je de beste gids van heel Algerije te pakken hebt. Daarbij komt nog 't verhaal van 2 gozers die 's nachts met een gids binnen 7 uur de grens haalden. Dan geloof je dat toch? We vertrouwen blijkbaar nog te veel op de mensheid. Wat 'n land. Wat 'n land om in te sterven. Wat zonde! We hebben de auto al helemaal afgedekt tegen de zon die zo meteen opkomt. En dan breekt de pleuris uit!

Proloog

Eddy, doe er wat mee! De laksheid als het gaat om Sahara-reizigers is schrijnend te noemen. Er was geeneens meer een securitépost!

Eddy, schrijf hier een groot artikel over!

Dit boek is voor een ieder die het maar wil lezen

Ik lees deze woorden voor het eerst op 15 november 1993, in een fax die vanuit Algerije door de autoriteiten aan de nabestaanden van Marc Gilsing en Peter Teggelaar is doorgestuurd. Drie dagen eerder zijn we, nota bene via het NOS-nieuws, op de hoogte gesteld van hun dood. Het aantreffen van de lichamen, in een onherbergzaam gedeelte van de Sahara, geldt als het meedogenloze slotakkoord van een periode van wurgende onzekerheid, van ruim drie maanden balanceren tussen hoop en vrees.

Door het verstrijken van de tijd is het geloof in een goede afloop zo goed als vervlogen geraakt. Dus is er, naast tranen van verdriet, ook plaats voor opluchting. En dankbaarheid. Want de vondst van een dagboek, aangevuld met hartverscheurende afscheidsbrieven, voelt haast letterlijk als een geschenk uit de hemel. Dankzij de woorden van de jongens, opgetekend op de uitzichtloze plek waar ze zijn gestrand, weten we hoe het zo mis heeft kunnen gaan. En hoe zij de laatste dagen en momenten van hun leven hebben beleefd.

Marc en Peter richten zich dus ook expliciet tot mij. Of ik in de krant de veiligheid van de Sahara-reiziger in de betreffende regio aan de kaak kan stellen. Als journalist van het *Algemeen Dagblad* ben ik, om de zoektocht op gang te brengen en later in de nieuwssfeer, daadwerkelijk gaan berichten over deze zaak. Een emotionele rollercoaster, dat is het, want bovenal ben ik hartsvriend van Peter.

Maar er staat dus ook dat ene zinnetje: *Dit boek is voor een ieder die het maar wil lezen.* Dat ene zinnetje, dat zich in mijn achterhoofd nestelt. Het gaat met me op de loop, emotioneert me, slaat me tegen de grond, kikkert me op, daagt me uit. Jaar na jaar, decennium na decennium. *Dit boek is voor een ieder die het maar wil lezen.*

Ik heb mezelf vaak afgevraagd: moet ik tot publicatie overgaan? Of juist niet? Het antwoord ligt er nu, gegoten in boekvorm. Dertig jaar na dato, nu de emoties grotendeels zijn geluwd, geef ik gehoor aan de wens van de jongens. Om te waarschuwen, vooroordelen te ontkrachten, Marc en Peter postuum te eren en, niet in de laatste plaats, de vrijheid te vieren. Dat laatste klinkt misschien cryptisch en paradoxaal, maar daar kom ik in de loop van het boek uitgebreid op terug.

Heldendaad in de Sahara bevat verschillende verhaallijnen, maar de belangrijkste is de letterlijke tekst van het dagboek. Die verschaft een uniek inkijkje in de gemoedstoestand van twee levenslustige mensen die als ratten in de val komen te zitten en beseffen dat hun laatste uur heeft geslagen. In de bloei van hun leven, op slechts 24-jarige leeftijd. Wat doe je in zo'n situatie? Wat zeg je? Wat schrijf je op? Hoe neem je afscheid? Van je nabestaanden, van elkaar?

De evenwichtige en, wat mij betreft, heldhaftige manier

waarop Marc en Peter dit hebben gedaan, heeft een ongekend grote en positieve impact gehad op het rouwproces en verdere leven van de nabestaanden. Marc en Peter zijn een bron van inspiratie geworden, ook lang na hun dood.

Alleen daarom al moest dit boek er gewoon komen.

Eddy van der Ley

Hoe het allemaal begon

Zelf ken ik, als latere boezemvriend van Peter Teggelaar, een tamelijk onbezorgde jeugd. Ik ben de oudste telg van een arbeidersgezin met vier kinderen. Thuis draait alles om de eenvoud, ver weg van materiële welstand, een rijke voedingsbodem voor later: we komen niets tekort, we hebben genoeg. Mijn ouders geven mij al vroeg een grote mate van vrijheid. Niet dat zij niks geven om mijn (mentale) ontwikkeling, dat zeker niet, maar ik mag het vooral zelf uitzoeken in het leven. Heerlijk vind ik dat, zo veel vrij- en blijheid. De vraag die tegelijkertijd rijst: zal ik als jong, levenslustig ventje genoeg verantwoordelijkheid in mijn bagage hebben om die relatieve weelde te kunnen dragen? Op de basisschool blijk ik – naast ongetwijfeld talloze tekortkomingen – over een tamelijk goed stel hersens te beschikken, en ook mijn taal- en verantwoordelijkheidsgevoel worden als 'bovengemiddeld hoog' ingeschat. Zo, die kwalificaties heb ik binnen. Ik kan ook best makkelijk leren, daar ligt het niet aan.

In die jeugdjaren is Marcel van Nieuwenhoven mijn beste vriend. Hij is enig kind en woont aan de overkant van de straat, de Dennenweg in Enschede. Marcel is wat betreft het uithalen van kattenkwaad mijn partner in crime, al gaat hij altijd net een tandje verder. We houden van rock-'n-roll, geschiedenis en avontuur. Op twaalfjarige leeftijd gaan we op Tienertoer, twee jaar later verkennen we per trein de uithoeken van de Benelux. Op één front loopt het spoor der interesses uiteen: hij heeft niets met sport, ik álles. Typerend voor dat verschil is het sardonische genoegen dat Marcel schept in het doorknippen van tv-kabels, net voor het begin van een live voetbalwedstrijd. In de hele buurt gaat het beeld op zwart, met alle ergernissen en scheldpartijen van dien. Nu kan ik daar onbedaarlijk om lachen, op dat moment vervloek ik hem. Voor heel even dan.

Naarmate ik ouder word, neemt de belangstelling voor het volgen van (sport)nieuws hand over hand toe. Thuis krijg ik de liefde voor sport met de paplepel ingegoten. Op zaterdag en zondag kijken we met het bord op schoot naar respectievelijk de Duitse ARD *Sportschau* en *Studio Sport*. We volgen de grote, mondiale voetbaltoernooien op de voet. En bij de allroundschaatstoernooien noteren we in de krant de tussentijden van alle, maar dan ook alle deelnemers. Zelfs die van de ritten op de 10 kilometer. In het barokke Diekmanstadion juich ik voor FC Twente.

In vergelijking met mijn vader ga ik flink in de overdrive. Ik adem, leef en eet sport. Verslind kranten en bladen bij de vleet, ben op mijn twaalfde levensjaar – al zeg ik het zelf – niets minder dan een wandelende sportencyclopedie. De linksback van Mol, uitkomend in de Belgische derde nationale klasse? De opstelling van Karlsruher SC, uit de Duitse Bundesliga? Gedetailleerde info over álle deelnemers aan de Tour de France? Ik dreun het zonder haperen op. Ten overstaan van wie? Op dat moment vooral van mezelf. Ik vul hele schriften met lijstjes van favoriete voetballers, met uitslagen van (ook zelfverzonnen) competities.

In de brugklas van Scholengemeenschap Zuid in Enschede, voor mavo, havo en vwo, komt die maniakaal aandoende hobby voor het eerst op gespannen voet te staan met de volgzaamheid die een leerling enigszins zou moeten uitdragen. In mijn belevingswereld heeft het onderwijs niet of nauwelijks meerwaarde, en om nu te stellen dat de leraren van dienst me de inspiratie bieden van gedachten te veranderen: nee. De liefde voor sport, sport en nog eens sport voert de boventoon; de school bevindt zich ver en diep in de slagschaduw. Die conflicterende belangen zullen later alleen maar worden aangescherpt.

School heeft ook zijn mooie kanten, want ik ontmoet er gelijkgestemde zielen. In het tweede jaar, in de brugklas, de voetbalgekken Joost Baarslag en Gert-Jan Meester, in het derde jaar Marcel Kuiper. Het is de tijd dat we nationale en internationale voetbalwedstrijden gaan voorspellen. Ik neem het initiatief, de rest volgt met alle soorten van genoegen. Schriften schrijven we vol met prognoses van de uitslagen, doelpuntenmakers en zelfs het aantal toeschouwers. Aan de winst is geen geldprijs verbonden, hooguit een hoop lol en in het beste geval 'eeuwige roem'.

In 1985 verandert Gert-Jan Meester van school en borduren Joost, Marcel en ik voort op de traditie. Na de zomervakantie trappen we af in de vierde klas van de havo, in het hoofdgebouw van Scholengemeenschap Zuid aan de Tiemeister in Enschede, onder de rook van het Diekmanstadion, de thuishaven van FC Twente. Bij de introductie van dit nieuwe schooljaar valt één nieuwe leerling met geen mogelijkheid over het hoofd te zien. Niet zozeer door zijn lengte, als wel door zijn looks en uitstraling: een felrode haardos vol krullen, een kapotte spijkerbroek en stoere puntlaarzen. Daaraan gekoppeld: branie, enthousiasme en welbespraaktheid. Peter Teggelaar, op dat moment zestien jaar oud, straalt in alles een grenzeloze levenslust uit.

Marcel Kuiper en ik, behalve klasgenoten ploegmakkers in het A1-elftal van de illustere Enschedese voetbalclub UDI, hebben heel even iets van 'wie is deze snuiter'? Die, nota bene in een FC Twente-bolwerk, aan iedereen verkondigt een gezworen Feyenoord-supporter te zijn. Maar al snel maakt de lichte neiging tot weerzin plaats voor sympathie, herkenning en bewondering. We blijken te maken te hebben met een vrije geest, een levenskunstenaar, een sportfanaat, die ook zelf – zo blijkt tijdens de gymles – heel aardig tegen een bal kan trappen.

Peter, bijnaam Teggel, woont in Haaksbergen en is de oudste uit een onderwijzersgezin met drie kinderen. Hij komt dagelijks op een stoere Kreidler naar school in Enschede gereden. Voetbalt in zijn woonplaats bij amateurclub SV Bon Boys en geniet bij de plaatselijke basketbaltrots, de vaderlandse topclub Hatrans Tonego, de nodige faam als aanjager van het fanatieke supporterslegioen, dat niet voor niets zijn naam draagt: de Teggel-side.

Terugblikkend op de eerste levensfase van haar oudste zoon, merkt José Teggelaar al snel dat ze, op 8 maart 1969 in Blerick, een 'bijzonder kind' op de wereld heeft gezet. 'Een echte avonturier met een groot vrijheidsideaal,' zegt ze. 'Als jongetje zei hij eens: "Vogeltjes moeten vliegen, die moeten niet in een kooi gestopt worden." Zonder het op dat moment zelf te beseffen, zouden die woorden later nadrukkelijk op hem van toepassing worden. Nou ja, zo heel veel later ook weer niet. Toen Peter net vier was, wist hij het zeker: hij wilde ontdekkingsreiziger worden, vertelde hij ons. We namen toen speciaal een abonnement op een tijdschrift over reizen, omdat hij dat zo fascinerend vond.'

Peter geeft vaker blijk van drang naar avontuur, hoe jong hij ook is. 'Op een dag pakte hij een stok,' vertelt José, 'knoopte daar een zakdoek aan vast en maakte er een knapzak van, met daarin eten. Hij vertelde, met avontuurlijke pretoogjes, dat hij de wereld zou gaan ontdekken. Ik zie hem nog zo weglopen, bij ons op het pleintje in Haaksbergen. Ik zei: "Zul je wel voorzichtig zijn?" Jawel, dat zou-ie. Ik hield hem van een afstandje in de gaten, zag hem het zandpad op lopen. Na een meter of honderd stopte hij. Hij keek naar de lucht, nam de omgeving in zich op, keerde om, kwam thuis, legde de stok neer, deed zijn jas en zijn laarsjes uit en zei: "De wereld is wel heel erg groot. Later ga ik verder." Op dat moment waren dat de grenzen van zijn wereld.'

De jonge Peter is een beelddenker, stelt zijn moeder. 'Hij visualiseerde alles. Dat leidde soms tot teleurstellingen. Toen we hem voor de eerste keer meenamen naar het strand, in het Zeeuwse Burgh-Haamstede, hij was nog geen drie jaar, hadden we hem erop voorbereid met mooie verhalen. Hij verheugde zich mateloos op zijn eerste kennismaking met de zee. Maar toen we eenmaal de toppen van de duinen bereikten en de Noordzee zich voor hem uitstrekte, bleef het even stil en zei hij, met een snik in zijn stem en met beteuterde blik: "Ik zie alleen maar water!" Een jaar later, weer aan zee, sleurde hij bij opkomend tij zijn zusje Clemi steeds het water uit. Zij kroop naar de golven, dat wilde hij beletten. Omdat hij golven verwarde met wolven. Hij wilde haar behoeden voor gevaar.'

Als kleine dondersteen is Peter een gangmaker. 'De wereld moest en zou weten dat hij er was,' zegt zijn moeder. 'Ik herinner me dat we in 1971 oud en nieuw vierden bij vrienden in Amsterdam. Peter was nog geen twee jaar oud, maar in plaats van schuchter in een hoekje te gaan zitten, kwam hij de volle huiskamer binnengehuppeld met een luid uitgesproken "Hallo!" Tot hilariteit van de aanwezigen. Dat ventje met het rode haar voelde geen enkele schroom.'

Ook de diepgewortelde liefde voor sport in het algemeen en Feyenoord in het bijzonder, krijgt in een pril stadium vat op hem. De eerste indrukken, zo reconstrueert José, moet hij hebben opgedaan in mei 1970, wanneer Feyenoord ten koste van Celtic de Europa Cup 1 wint. 'We zaten toen met studiegenoten van Jan voor een korte vakantie in de Ardennen. In een cafeetje volgden we die legendarisch geworden finale op tv. Ik zette Peter in een stoeltje en vervolgens werd hij, zo jong als hij was, deelgenoot van een enorm tumult, dat losbarstte bij de doelpunten van Feyenoord en, uiteraard, na het laatste fluitsignaal. Daar moet het zaadje zijn geplant. Toen hij een jaar of vier, vijf was, was het Feyenoord voor en Feyenoord na. Willem van Hanegem was zijn idool.'

Met zijn opa van vaders kant deelt hij, later in zijn jeugd, een andere fascinatie: die voor de Tweede Wereldoorlog. 'Opa Teggelaar had niets met sport, maar des te meer met geschiedenis,' vertelt José. 'Zo verzamelde hij de werken van historicus Loe de Jong, het *Koninkrijk der Nederlanden in de Tweede Wereldoorlog*. Steeds als er een nieuw boek van die serie uitkwam, hadden die twee weer verse gespreksstof. In die conversaties werd het rechtvaardigheidsgevoel van Peter aangewakkerd. Hij kon toch al niet tegen groot onrecht. In dit geval betrof het de wandaden van de Duitse bezetter.'

Op school en bij de voetbalclub in Haaksbergen pakt Peter in alles het initiatief. Zijn rode haardos geldt als katalysator van een enorme geldingsdrang. Die opvallende kleur heeft ook nadelen, merkt José. 'Als er kattenkwaad was uitgehaald door een groepje van tien jongens, dan was het "die rooie" die werd herkend. Vaker dan ouders van blonde ventjes met blauwe ogen hebben wij de wijkagent, de leraar en de buurman aan de deur gehad. Al heeft zonder twijfel meegespeeld dat Peter veel meer durfde dan een ander. Hij liep bij alles voorop, was voor de duvel niet bang en had altijd zijn woordje klaar, want zijn taalvaardigheid was al vroeg sterk ontwikkeld. Hij kon fraai, bloemrijk en scherp formuleren.'

In Haaksbergen groeit Peter op met onder anderen de latere politicus Han ten Broeke en de latere topvoetbaltrainer Erik ten Hag.

Ten Broeke denkt met dankbaarheid terug aan de tijd met zijn vriendje van de lagere school. 'Het was zijn grenzeloze avonturisme dat hem zo uniek maakte, zijn ongelimiteerde verbeelding,' zegt hij. 'Zo togen Peter en ik, gekleed in zelfbedachte Indiana Jones-outfits met korte broek "de wildernis" in, ten noorden van de Haaksbergse wijk De Veldmaat. Op zoek naar bomen om hutten te bouwen of schuilplaatsen. Op de bonte avond van lagere school De Troubadour playbackten we op het podium "Runaway Boys" van de Stray Cats, Peter inclusief indrukwekkende vette rode kuif. Maar ook, en deze jeugdzonde moet maar eens worden opgebiecht, probeerden we laat in de avond via het wc-raampje naar binnen te klimmen in de houten keet waarin we les kregen. Op maandag ontkenden we elke betrokkenheid, maar de enorme strepen van onze altijd vieze schoenen waren de onmiskenbare getuigen.'

Een van zijn meest bijzondere herinneringen aan Peter behelst het zelfverzonnen spel 'Tackling'. 'Dat speelden we in de winter op het met sneeuw bedekte veldje naast ons huis,' vertelt Ten Broeke. 'Mutsen op, handschoenen aan en moonboots aan de voeten in plaats van voetbalschoenen. Ieder verdedigde zijn eigen boom. Maar niet het raken van elkaars boom, maar vooral elkaars schenen was de opzet van dit spel. Liefst met een mooie sliding waarvoor je in regulier voetbal een dieprode kaart zou krijgen. Maar bij "Tackling" was alles geoorloofd om jezelf of je boom te verdedigen. Een olympische sport is het nooit geworden, maar hele straten in De Veldmaat speelden mee en tegen elkaar. Peter was uniek, niet in een hokje te plaatsen en eigenlijk ook niet te tackelen. Maar bovenal was hij, Tackling Teggelaar, Peter de Piraat, de meest verbazingwekkende, initiatiefrijke en sprankelende jongen uit mijn jeugd.'

Erik ten Hag, de huidige trainer van Manchester United, heeft soortgelijke herinneringen. Hij is net als Peter én Han een voetbalfanaat. Zijn idool is Epi Drost, de libero van FC Twente en (kort) het Nederlands elftal. František Fadrhonc maakt begin jaren zeventig, als bondscoach van Oranje, de opmerking '*Mit dem Epi ist es immer Zirkus*', doelend op het spectaculaire, risicovolle spel van Drost.

Maar Ten Hag kent nog een 'circusartiest': Peter Teggelaar. Eentje die zijn acts niet zozeer binnen de lijnen uitvoert, maar vooral daarbuiten. 'Al moeten we Peter als voetballer ook niet helemaal onderschatten,' stelt Ten Hag, die hem meemaakt op school, op straat en bij amateurclub Bon Boys, waar ze allebei voetballen. 'Hij was een begenadigde spits, had snelheid, was agressief en scoorde gemakkelijk. Hij had niet altijd oog voor een medespeler, want hij dribbelde wat af, wilde zelf de goal maken. Was egoïstisch, zoals veel aanvallers dat zijn.' Ten Hag speelt soms samen met Peter, op basketbalveldjes in de wijk, bij de club. 'Bij Bon Boys zaten we maar kort in hetzelfde elftal. Peter was een jaar ouder en speelde eigenlijk niet in de hoogste jeugdteams, maar net daaronder. Geen idee wat daar de achtergrond van was. Het niveau had hij wel, maar feit is dat hij toen ook al oog had voor de geneugten des levens.'

Op zaterdagavond gaat Ten Hag, net als veel andere Haaksbergse sportliefhebbers, steevast kijken bij de competitiewedstrijden van Hatrans Tonego, in een bomvolle sporthal De Els. 'Als onbetwiste aanjager van zijn eigen Teggel-side ging Peter luidkeels voor in de gezangen. Wij zaten bij hem in de buurt. De sfeer was geweldig. Ons aandeel was dat we zakken vol confetti meenamen. Die confetti was afkomstig van het kantoor van mijn vader. We haalden daar al het overbodige papier door de versnipperaar,' vertelt hij lachend. Op straat in Haaksbergen is Ten Hag niet de braafste, maar Peter is van een andere orde. De topvoetbaltrainer herinnert zich hem als 'een Pietje Bell, iemand die de grenzen opzocht en een ongelooflijke humor had'. 'Hij durfde meer dan ieder ander, qua gein en ongein, vrat de gekste dingen uit. Met hem was het nooit saai, wij keken onze ogen uit. Of hij inspireerde? Ja, best wel. In die zin dat hij alles uit het leven wilde halen. Geen dag mocht in saaiheid voorbijgaan.'

PREM

Peter en ik hebben een geweldige klik. We delen veel, zo niet alles. De liefde voor sport en rockmuziek, de ambitie om later iets in de (sport)journalistiek te willen doen, de hang naar vrijheid, onafhankelijkheid, avontuur. Alsof de term 'zielsverwant' speciaal voor ons is uitgevonden. Ik maak hem binnen de kortste keren deelgenoot van mijn prettige afwijking om, met een exclusief groepje schoolgenoten, sportuitslagen te voorspellen. Hij reageert alsof het paradijs zich spontaan voor hem openbaart. 'Kan ik vandaag nog instappen? Ja? Echt? Jaaahhh!'

We voelen intuïtief aan dat het, in onze wereld, iets groots moet worden, iets speciaals. Doorgeslagen sportfreaks als we zijn, moet het verder reiken dan voetbal alleen. Veel verder. Zo ongeveer alle topsportdisciplines moeten een plek krijgen in wat, zo zeggen we gekscherend, 'een legendarisch initiatief gaat worden in de moderne gok- en sportgeschiedenis'. De oprichting van het 'ultieme sportgoksyndicaat' is dan nog slechts een kwestie van tijd.

De deelname van Peter en Marcel en mijzelf staat vast. Potentiële andere participanten moeten van goeden huize komen; je komt niet zomaar door de ballotage. Een bewezen dosis allround-sportkennis is meer dan een pre. Het aanbidden van de geneugten des levens strekt tot aanbeveling. Een vleugje onverschrokkenheid is evenmin een overbodige luxe, omdat we toekomstige conflicten met de schoolleiding niet uitgesloten achten. Als vierde lid van de vaste kern kiezen we voor klasgenoot Richard van der Helm, die met zijn relaxte houding aan alles lak lijkt te hebben, en ook verder aan de meeste eisen voldoet. Uit de eerste letters van de voornamen destilleren we de naam van het genootschap: PREM. Peter, Richard, Eddy, Marcel. Ik claim de titel van hoofdredacteur, Peter die van president-directeur, Marcel die van pr-manager.

Omdat we meer geschikte deelnemers ontwaren, breiden we de 'organisatie' nog voor de aftrap uit tot 'PREM en discipelen'. Joost Baarslag en Erwin van Marle zijn de volgelingen van het eerste uur. Met zes man gaan we van start, in de herfst van 1985. Ik zorg elke donderdag, tijdens en rond de schoollessen, voor het aanleveren van de lijst met te voorspellen wedstrijden. Nadat deze door de zes deelnemers is ingevuld fiets ik naar een printshop om de formulieren te kopiëren. Op vrijdag deel ik de lijsten uit, opdat de PREM-leden en de discipelen met een comfortabel gevoel voor buis of radio kunnen plaatsnemen. We spelen aanvankelijk met tweetallen. Uit de wekelijkse loting worden koppeltjes geformeerd, de inzet betreft een paar gulden. Ook in dit geval geldt: de eeuwige roem ontstijgt alles, zeker de bescheiden geldelijke belangen.

Ik pak de PREM van 18 en 19 januari 1986 erbij. Zomaar een greep uit de te voorspellen wedstrijden: de schaatsmarathon van Alkmaar, het schansspringen in Klingenthal, de afdaling voor skiënde vrouwen in Pfronten, alle W5-paardenkoersen op Duindigt, bij het tennis de Masters in New York, en, niet in de laatste plaats, de eerste twee partijen uit de schaaktweekamp tussen Jan Timman en Artoer Joesoepov. In dit geval gaat de – op het eerste gezicht minst geoliede tandem (Richard en Erwin) – er met de winst vandoor; samen pakken ze 56 punten.

De PREM van 15 en 16 maart behelst onder meer de wielerwedstrijden Milaan-San Remo en de Omloop van het Waasland, voetbalduels als PSV-Ajax, AA Gent-Beveren en Como-Pisa, het complete programma van de hoofdklasse der hockeyende mannen én vrouwen en de Duitse ijshockeytopper Düsseldorfer EG-Kölner EC.

Parallel aan de PREM doen we daadwerkelijk mee aan (de voorspellingen van) de W5-paardenkoersen. We verdiepen ons tot achter de komma in de deelnemende paarden en hun jockeys. Melden ons wekelijks bij Walter, een speciaalzaak voor paardenspullen in de binnenstad van Enschede, voor formulieren en laatste info. Moeten we in de eerste omloop kiezen voor Jojo Buitenzorg? Of toch opteren voor Star of Goldstar? Op zondagmiddag is het billenknijpen geblazen, wanneer commentator Hans 'halverwege de laatste bocht' Eijsvogel in *Langs de Lijn* met overslaande stem verslag doet vanaf de drafbaan in Duindigt, Wolvega of Hilversum. Je kunt dubbel scoren. Voor het PREM-klassement en, minder belangrijk, de daadwerkelijke geldprijs.

Inmiddels heeft conrector Wim Gobius du Sart lucht gekregen van de aanwezigheid van een heus 'sportgoksyndicaat' op zijn school. Omdat de formulieren door de grote belangen en het bijbehorende prestige met zorg dienen te worden ingevuld, gaat zulks ten koste van de concentratie der deelnemers, voor zover zij überhaupt de moeite nemen in de klas te verschijnen. In mijn geval kan ik terugvallen op de rugdekking van mijn lieve moeder. Wanneer Gobius du Sart op donderdagochtend telefonisch informeert naar de staat van mijn ziek-zijn, en terloops de vraag stelt of 'uw zoon niet toevallig op de Duitse tv naar herhalingen van het Europese voetbal aan het kijken is', een volledig juiste inschatting van de werkelijkheid, gooit mijn moeder er weer eens een leugentje om bestwil uit. 'Eddy heeft koorts.' Dat klopt feitelijk als een bus, alleen zou de waarheid volledig afgedekt zijn geweest met de toevoeging van het voorvoegsel 'voetbal'. Voetbalkoorts, ja.

In de wandelgangen van het schoolgebouw aan de Tiemeister snelt de PREM zijn roem vooruit, zo niet bij de onderwijzers. Vanuit die kringen krijgen we het predicaat 'berucht' opgeplakt, en later zelfs het stempel 'illegaal'. Op een ochtend gaat Gobius du Sart alle klassen langs met de officiële mededeling dat de PREM verboden is verklaard. Een mooier compliment is niet denkbaar. Er ontstaat een kat-en-muisspel, waarbij het onder leraren een sport wordt een PREM-lid op heterdaad te betrappen tijdens het invullen van de formulieren, op grond waarvan er stante pede een sanctie uitgevaardigd kan worden. Vanuit de school gaan er heel wat brieven de deur uit richting ouders. Maar er is ook waardering. Zo fluistert een degelijke wiskundeleraar ons toe jaloers te zijn 'op de manier waarop jullie in het leven staan. Dat vrije, dat onafhankelijke.' Om eraan toe te voegen: 'Ik zou willen dat ik daar tien procent van had.'

Alleen bij het vak geschiedenis schuiven we zonder morren aan. Om de lesstof én de docent. De 2,09 meter lange Harrie Kip is een voormalig basketbal-international en een meer dan sympathiek heerschap. De ontdekking van een paar sportidioten in zijn klas stemt hem tot groot enthousiasme. Met grote regelmaat verhaalt hij over zijn verrichtingen met de Nederlandse topclub Levi's Flamingo's Haarlem, in het begin van de jaren zeventig. Hij raakt niet uitgepraat over de heroïsche Europa Cup-zege op het grote Real Madrid. De 'basketbalcolleges' duwen de oorspronkelijke leerstof soms naar de achtergrond, tot verbazing van niet-sportgeoriënteerde leerlingen. Maar wij hangen aan zijn lippen, blijven zelfs langer in de klas aanwezig dan strikt noodzakelijk.

Meer dan de andere PREM-leden zijn Peter en ik behept met non-conformistische trekjes, naast een grote sociale inborst, dat zeker ook. In het dagelijks leven spelen we vol op de aanval, met vier spitsen, zonder rugdekking. We benaderen het leven met grote gulzigheid, maar hebben niet veel op met het schoolsysteem. 'We moeten er nu eenmaal doorheen,' zeggen we herhaaldelijk. En niet om onze filosofie te romantiseren, maar de waarde van het onderwijs zit 'm, vanuit onze bescheiden optiek, meer in de hoek van de sociale ontwikkeling, de interactie, de identiteitsgroei. Zo'n houding dragen we met de PREM en discipelen ook uit. Vrijheid, gelijkheid en broederschap, dat is wat het is en moet zijn.

Dat we autodidact zijn, en vooral studeren aan, zoals we dat zelf noemen, 'de hogeschool van het leven', is bij het docentenkorps wel duidelijk. Al wil dat niet zeggen dat we andere leerlingen mee moeten sleuren in het verderf, zo luidt de waarschuwing. Begin april 1986 valt het eerste slachtoffer. 'Discipel' Erwin van Marle, ook type levensgenieter, wordt van school getrapt. Niet per se door zijn pact met ons, maar door zijn matige schoolprestaties. Feit is dat een causaal verband niet helemaal uit te sluiten valt. Gebukt gaat hij allerminst onder die degradatie. Pijnlijker is de wetenschap dat hij uit praktische overwegingen voorlopig moet afhaken bij de PREM. 'Alsof het hart uit mijn lichaam werd gerukt,' zegt hij daar later over.

De zoektocht naar een opvolger duurt zegge en schrijve twee dagen. We komen uit bij een rijzige verschijning die tussentijds in de klas is gedropt. Hij heeft sportbladen bij zich, wat een pre is. En hebben we hem niet al eens gespot bij een basketbalwedstrijd van het in de eredivisie acterende Interbril Greyhounds? Nóg een pluspunt. Wanneer uit verkennende gesprekjes blijkt dat hij nachtbraakt door live naar honkbalwedstrijden uit de Amerikaanse competitie te luisteren, op AFN (American Forces Network), is de toetreding een feit. Kersverse discipel Joop Weenink debuteert in de PREM van 3 en 4 april, met onder meer op het menu de Grote Prijs van Zürich bij de wielrenners, Coventry City-Queens Park Rangers in de Engelse voetbalcompetitie, honkbalwedstrijden in de vaderlandse hoofdklasse, en de koningsklasse van de motorsport, de 500cc, op het circuit van het Spaanse Jarama. Voor Joop gaat een wereld open. 'Ik had een turbulente geschiedenis achter de rug op andere scholen,' zegt hij. 'Daardoor werd mijn gang naar Scholengemeenschap Zuid zo ongeveer als de laatste kans gezien. Toen Gobius du Sart me na twee weken vroeg of ik al vrienden had gemaakt, en ik de namen noemde van twee prominente PREM-leden, keek hij me aan alsof hij het in Keulen hoorde donderen. "Lekker, dan," siste hij. Alsof dat het sein was voor een verdere ontsporing.'

De PREM is niet meer te houden en krijgt een steeds professioneler karakter. Aan alle grote sporttoernooien en -evenementen wijd ik een PREM-special. Naast de reguliere, wekelijkse PREM lanceren we de Tour de France-PREM, de TT van Assen-PREM, de WK Atletiek-PREM, de midweekse Europa Cup voetbal-PREM en later de Olympische Spelen-PREM en Olympische Winterspelen-PREM.

We trekken er, in verschillende samenstellingen, ook zelf op uit, willen de magie van topsport aan den lijve ondervinden.

Voetbal-interlands van Oranje, de Haarlemse Honkbalweek, de FBK Games, het Hoogovens Schaaktoernooi: niets is te gek. In juli 1986 bezoeken we de Tour de France. Op de Col du Granon zijn we getuige van de zwanenzang van Bernard Hinault. Een dag later zien we de Franse veelwinnaar op Alpe d'Huez hand in hand met troonopvolger Greg LeMond over de finish komen. Op school houden we dam- en basketbalcompetities. Bij de ouders van Joop, die kabel-tv hebben, kijken we in het holst van de nacht naar de Super Bowl, de finale van de American Football-competitie. Onze passie voor muziek belijden we met bezoekjes aan concerten van Bon Jovi, Europe, Anthrax, Iron Maiden, Metallica en, niet in de laatste plaats, Vandenberg. In het centrum van Enschede lopen we regelmatig naamgever en frontman Adrian 'Adje' Vandenberg, later stergitarist van Whitesnake, tegen het lange lijf. Zijn magnum opus 'Burning Heart' behoort tot onze favoriete rockballads.

Het leven voelt als een groot, grenzeloos feest van onbezorgdheid. Wel dreigt er eind 1986 een kink in de kabel te komen. De vader van Peter, Jan, kiest voor een baan als rector op een scholengemeenschap in Arnhem. Het gezin strijkt neer in Heveadorp, een dorpje aan de Nederrijn, ten westen van de Gelderse hoofdstad. Heel even stopt onze president-directeur als actief deelnemer, wel blijft hij uiteraard aan in de functie van 'geestelijk hoeder', maar al na twee maanden maakt hij een glorieuze rentree. We kiezen voor het telefonisch doorgeven van de wekelijkse prognoses. Op Scholengemeenschap Zuid in Enschede tiert de PREM dan nog steeds welig. Soms heeft er een kleine personeelswisseling plaats, maar de harde kern blijft. Met Marc Odink dient zich tijdelijk een nieuwe discipel aan.

De naar onafhankelijkheid snakkende Peter verruilt eind 1987 zijn ouderlijk huis voor een studentenkot in het centrum van Arnhem. Gelegen aan de Pauwstraat, op tachtig meter van de Korenmarkt, boven een FEBO-vestiging én een slijterij, op dat moment een heuse droomcombinatie. In die nieuwe omgeving maakt hij snel vrienden. Frank Dankaart, Frank Huning, Marc Kingma, Rijn van der Pol, Floris Werdmölder. Totaal verschillende karakters met één gemene deler: de passie voor het leven. Als vanzelf worden die gasten ook mijn kameraden. Vanaf het moment dat ik voor 600 gulden mijn eerste auto op de kop tik, een rode, roestige Toyota Corolla van bouwjaar 1974, verblijf ik met de regelmaat van de klok in het Arnhemse. Zodat Peter soms ook fysiek de formulieren kan invullen, en gewoon, om het leven te vieren.

Duitsland, voetbal, relletjes en wij

1988 wordt een memorabel jaar, om veel verschillende redenen. In 1987 hebben we de ontvoering van Gerrit Jan Heijn, de topman van het Ahold-concern, op de voet gevolgd. In april 1988 blijkt dat zijn ontvoerder, de werkloze ingenieur Ferdi Elsas, zijn slachtoffer al na een paar uur heeft geliquideerd, om daarna – hoe gruwelijk – een pink af te snijden en die als 'bewijs van leven' naar de familie op te sturen. Bizar genoeg begraaft Elsas het slachtoffer precies op de plek waar Peter de hond van het gezin, Woezel, doorgaans pleegt uit te laten: landgoed Duno, gelegen in de bossen tussen Heveadorp en Doorwerth. 'Een scherper reukvermogen zou zomaar tot de vondst van het lichaam en een snellere opsporing van de dader hebben kunnen leiden,' zegt Peter quasi-bestraffend richting Woezel. 'Om van de gouden tip met dito beloning nog maar te zwijgen.'

Eind mei gaan we met de bus naar Stuttgart, om PSV ten koste van Benfica de Europa Cup 1 te zien winnen. De ochtend erop maak ik in slaapdronken toestand een tentamen, bedoeld om, na eerder de mavo, eindelijk ook van de havo af te zijn. Op school zullen ze me daarna niet meer zien. Ik bedank feestelijk voor een vervolgopleiding; in een traject via de School voor de Journalistiek zie ik geen heil. Buiten de afkeer van het onderwijssysteem wil ik niet in een keurslijf worden geduwd. Peter denkt er net zo over. De 'hogeschool van het leven', gecombineerd met een grote dosis sportkennis, passie én een pakketje aangeboren schriftelijke en verbale kwaliteiten, het moet en zal voldoende zijn om het vak te kunnen gaan uitoefenen. 'En dan niet en nooit ergens in vaste dienst,' zeggen we met grote stelligheid, 'want de vrijheid om grotendeels te kunnen gaan en staan waar je wilt, is het allermooiste.' Zelf sturing geven aan je leven, de verantwoordelijkheid pakken, als freelancer en ondernemer, dát is de bestemming die we voor ogen hebben. Leve de autonomie.

In juni bezoeken we het Europees Kampioenschap voetbal in West-Duitsland, waar we getuige zijn van de groepswedstrijden van Oranje tegen Engeland en Ierland. Tegen de Ieren zien we invaller Wim Kieft met zijn hoofd de verlossende 1-0 scoren, al anticiperend op een verongelukt afstandsschot van Ronald Koeman. Gepositioneerd als we zijn aan de lange zijde van het Parkstadion in Gelsenkirchen, bevinden we ons nét niet in de baan van het schot. Ik herinner me nog de sportieve houding van de teleurgestelde Ierse supporters, na afloop: 'Zolang jullie die *fuckin'* Duitsers maar verslaan, vinden we alles goed.'

Zelf hebben we een haat-liefdeverhouding met onze oosterburen. We genieten volop van de sportbeleving die de (West-) Duitsers erop nahouden en we zijn stiekem jaloers op hun indrukwekkende palmares van mondiale en Europese titels. Maar er bestaat ook een soort kunstmatig opgeklopte antipathie. Als voetbaljunks kunnen we niet om het trauma van 1974 heen, de verloren WK-finale in en tegen West-Duitsland (1-2), al hebben we dat toernooi zelf nét niet bewust meegemaakt. Het chagrijn, doorgegeven door onze vaders en doorgedrongen tot in de haarvaten van onze natie, is er niet minder intens om. En dan is er nog de nasleep van de Tweede Wereldoorlog. We zijn ruim veertig jaar verder, maar de verhalen van onze grootouders en de boeken van Loe de Jong, over de gruweldaden van het Duitse regime, hebben diepe indruk gemaakt. In ons onderbewustzijn speelt dat kennelijk toch een rolletje. Zoals het ook meehelpt dat iedereen in je omgeving spreekt over 'rotmoffen' en 'nazischweinen'. Voeg daar de grillen der adolescentie aan toe, en we bombarderen Duitsers als het ware tot de gezamenlijke vijand.

Uitgerekend voor de halve finale tegen West-Duitsland kunnen we geen kaarten bemachtigen. Dat doet pijn. Dat Nederland in Hamburg een gedenkwaardige overwinning behaalt (1-2), maakt veel goed. 'Het Volksparkstadion is van Oranje', al zijn we niet live getuige. Voor de eindstrijd tegen de Sovjet-Unie hebben we evenmin geluk. Maar ons bij voorbaat neerleggen bij het missen van de finale, nee, dat is geen optie. Dan maar op de bonnefooi naar München, in de hoop ergens op de zwarte markt toe te kunnen slaan. Mijn olie lekkende Toyota Corolla moet ons naar de hoofdstad van Beieren brengen, of in elk geval een poging daartoe ondernemen. Ik pik Joop op in Enschede, we overnachten bij de ouders van Peter in Heveadorp, en krijgen ook Floris Werdmölder zo gek om mee te gaan. Hoe meer vrije zielen, hoe meer deugd en vreugd.

Na in de ochtend van 24 juni bij de Albert Heijn-vestiging in Oosterbeek de complete voorraad bierblikken te hebben opgekocht (met een zich verexcuserende filiaalleider: 'Sorry jongens, we hebben écht niet meer'), en bij het Shell-tankstation aan de A12 net voor de grens met West-Duitsland tien flacons met motorolie te hebben ingeslagen, zetten we koers naar het zuiden. De sfeer is uitstekend. Het leven smaakt goed en de EK-finale lonkt in al zijn grootsheid, ook al hebben we nog niets. Geen kaarten, geen slaapplaatsen, geen zekerheid. Wel een portie bluf en een cassettebandje met even opzwepende als hallucinerende rockmuziek. 'Look Away' van Big Country, 'Voodoo Chile' van Jimi Hendrix, 'She's Not There' van Santana, 'Wasted Years' van Iron Maiden en 'Black Betty' van Ram Jam, door mijn reisgenoten liefdevol verbasterd tot 'Black Eddy'. De luchtgitaar wordt met een zeldzame dosis aan energie bespeeld. Wanneer we na zeven uur München binnenrijden, dendert 'Cherokee' van Europe door de speakers. Voor mijzelf het begin van een traditie die nooit aan erosie onderhevig is geweest. München rijd ik, tot op de dag van vandaag, alléén binnen onder de klanken van 'Cherokee'. Eerst op cassette, daarna op cd en tegenwoordig via Spotify.

Het bezoek aan de hoofdstad van Beieren, de stad van mijn favoriete misdaadkrimi *Derrick* én lange tijd de woon- en feestplaats van mijn favoriete zanger Freddie Mercury, wordt er eentje om nooit te vergeten. In de jacht op een slaapplaats bellen we 's avonds laat brutaalweg aan bij álle pakweg veertig bewoners van een willekeurig appartementencomplex. Omdat onze uitdossing niets aan de verbeelding overlaat – getooid als we zijn met oranje shirts en petjes met het Ruud Gullit-rastahaar – en het tijdstip nogal onorthodox is, leidt dat tot verontwaardigde reacties. Er wordt volop gedreigd ('*Blöde Holländer, wir rufen den Polizei an*'), doch niet door iedereen. '*Warte mal,*' roept een man met witgrijs golfend haar vanaf de derde verdieping, 'ik kom naar beneden.' Het blijkt de Hongaarse kunstenaar Reszö Somfai te zijn, die wél sympathie kan opbrengen voor de branie van vier buitenissig uitgedoste Hollanders. 'Maar wat wil je, ik woon hier al jaren tussen Duitsers,' merkt hij met een royale glimlach op.

Somfai plaatst geen vraagtekens bij onze betrouwbaarheid. Hij gaat uit van het goede in de mens en stelt voor zijn atelier om te toveren tot provisorisch hostel. Hoe vol bravoure we ook ogen, zo veel generositeit maakt ons nederig en blij. Somfai, op dat moment 56 jaar oud, gaat ons voor in zijn auto, en na een rit van twintig minuten komen we uit bij de plek waar hij zijn kunstwerken fabriceert. In het atelier aan de Nibelungenstrasse ontwaren we een reeks fraaie doeken en expressionistische werken, naast waardevolle privébezittingen als fietsen en geluidsinstallaties. Zonder een greintje argwaan wijst hij ons de geïmproviseerde slaapplekken.

Ondertussen geniet onze kersverse Hongaarse vriend zicht- en hoorbaar van onze humor en vrijgevochten instelling. 'Wat jullie doen, lukraak aanbellen bij een flatgebouw, dat haalt een Duitser zich niet in het hoofd,' zegt hij. 'Zeker niet in München, toch een stad met een goeddeels conservatieve bevolking. Ik houd van dat vrije, dat onafhankelijke. Ik ben opgegroeid tijdens het verstikkende communisme in Hongarije. Toen in 1956 een volksopstand werd neergeslagen, ben ik hiernaartoe gevlucht. Geëmigreerd, kun je ook zeggen. Een gouden zet, omdat ik hier de kunst kon maken die ik wilde maken. Maar de overtreffende trap van kunst als levensvorm is de manier waarop jullie het doen. Chapeau en welterusten.'

Wát een man. De volgende ochtend serveert hij nog een copieus ontbijt ook, maar in de tussentijd voltrekt zich een opeenvolging van turbulente gebeurtenissen. We hebben nog geen tickets en willen hoe dan ook het Olympiastadion zien. Van de binnenkant, welteverstaan. In de nacht klimmen we als heuse commando's de kolossale arena binnen. Hoewel, Joop is herstellende van een gebroken been, hem moeten we als het ware over de hekken dúwen. Eenmaal aanbeland op de bovenste rand van het stadion, kijken we elkaar een ogenblik aan. Wie o wie laat zich verleiden tot een stunt? Wie van ons durft de middenstip te jatten? Naakt door het doelgebied te rennen? Een gat in een van de doelnetten te knippen? Zelfverklaarde heldendaden die uiteraard met de fotocamera vastgelegd moeten worden.

Voordat we goed en wel een antwoord hebben geformuleerd, kan het plan de prullenbak in. We ontdekken aan de overkant van het stadion een aantal bewakers, geposteerd op strategische posities. En hebben geen andere keus dan als dieven in de nacht te vertrekken. Op naar de Altstadt van München, om een drankje te doen en, als het even kan, kaarten voor de finale te scoren. Die laatste missie verloopt minder soepel dan de eerste. Sterker nog, onze oranje uitdossing werkt als een rode lap op een Duitse stier. Niet uit te sluiten valt dat daarbij, vanuit onze rijen, het cultscheldwoord 'nazischwein' wordt gebezigd. Ondertussen tracht Joop, die zich binnen de PREM inmiddels de functie van 'veiligheidscoördinator' heeft toegeeigend, zijn nieuw verworven status amechtig waar te maken. Dat lijkt hem goed af te gaan, totdat Peter zijn charmes meent te moeten loslaten op een Duitse schone. Haar opgefokte vriend weigert de onschuld van die avances in te zien en trakteert hem op een kopstoot.

Het kost Peter bijna een voortand. In een noodkliniek moet een wakker gebelde tandarts eraan te pas komen de schade te repareren. Alleen ontberen we het geld om de onvoorziene kostenpost af te dekken. Ons budget, zo'n 600 Duitse marken, is louter bedoeld voor finaletickets. De tandarts, een hoffelijke doch streng ogende man, staat echter op directe betaling: 500

Duitse marken cash. Zijn goed recht, maar voor ons zit er maar één ding op: rennen! De afstand tot de Toyota Corolla, die om de hoek staat geparkeerd, bedraagt zo'n 150 meter en Joop kan niet voluit sprinten. Als laatste van de vier vluchters gooi ik de voordeur dicht, om me daarna schrap te zetten als vleesgeworden barricade. Ik voel de tandarts tegen de deur bonken en schoppen. Na hem vijftien seconden opgehouden te hebben, sprint ook ik naar de gereedstaande 'vluchtauto', duik achter het stuur en scheur met gierende banden weg. In de achteruitkijkspiegel zie ik de hevig gesticulerende man steeds kleiner worden. Op de golven van de adrenaline valt in de auto de term 'missie geslaagd', maar tegelijkertijd schamen we ons kapot. De man die zich als reddende engel heeft opgeworpen, is op schandelijke wijze behandeld. Maar ja, de finale van het EK heeft momenteel meer gewicht en thuis in Nederland lossen we het wel op. Zulks geschiedt ook: binnen een week krijgt de tandarts een envelop met het geld toegestuurd, voorzien van een uitgebreide excuusbrief. Zo zijn we ook wel weer.

In de veronderstelling dat de politie van München het op ons heeft voorzien, rijden we snel naar onze veilige haven, het atelier van Somfai. Hooguit vier uur later zitten we in diens tuin aan het *Frühstück*. Onder het genot van koffie en broodjes nemen we het leven door, zonder hem deelgenoot te maken van ons hachelijke nachtelijke avontuur. Onze Hongaarse vriend zegt het 'vanzelfsprekend' te vinden dat we zijn vertrouwen niet hebben beschaamd, omdat 'vrije geesten elkaar nu eenmaal begrijpen'. Dat is mooi geformuleerd. Hij benadrukt nog eens 'veel vreugde' te ontlenen aan onze toevallige ontmoeting, een gevoel dat door ons oprecht als geheel wederzijds wordt bestempeld. We overhandigen hem een – inderhaast aangeschaft –

bloemetje voor zijn vrouw en hij wenst ons bij het warme afscheid succes met de zoektocht naar kaarten voor de finale. We hebben nog een paar uur.

De kans op het bijwonen van de eindstrijd slinkt met de minuut. Zelfs op de zwarte markt rondom het Olympiastadion blijkt niets meer te halen. Lang verhaal kort: die middag volgen we de eindstrijd op het scherm van een café in de wijk Schwabing. Wij zijn de enige Nederlanders, de rest van de bezoekers kijkt ons twee uur lang meewarig aan. Wanneer Marco van Basten met zijn legendarische volley voor 2-0 tekent, merkt Peter na het extatische juichsalvo schertsend op: 'Het is maar goed dat we vannacht van onze plannen in het Olympiastadion hebben afgezien. Vier Nederlandse jongemannen die de nacht voor de EK-finale in de cel hadden moeten doorbrengen, na een ludieke actie op het veld: Oranje zou in het wereldnieuws concurrentie hebben gekregen.' Dat zou te veel van het goede of slechte zijn geweest, concluderen we eensgezind. Al is het maar om Reszö Somfai niet teleur te stellen, onze held voor de eeuwigheid.

Als exponenten van het land dat zich tot Europees voetbalkampioen heeft gekroond, rijden we over de Duitse snelweg terug naar huis, als onderdeel van een langgerekte oranje armada. De sportieve wraak voor 1974 brengt een weldadig gevoel teweeg. Dat we provocerend gedrag vertonen jegens menig Duitse automobilist, ach, het is verklaarbaar sentiment. Op de A12, net voor grensovergang Beek, hangt een spandoek met de tekst: UND JETZT FAHREN SIE IN DAS LAND DES EUROPAMEISTER. Nooit hebben we ons meer welkom gevoeld in eigen land. Het is de waardige afsluiting van een mooie, turbulente en onvergetelijke trip.

Duitsland, relletjes en wij: ook na het EK van 1988 blijft het nog even een merkwaardige drie-eenheid. Stappen doen we vaak en graag in de Duitse grensstreek. Op een koude oktoberavond is discotheek Liberty in Ahaus de bestemming. Ik rijd inmiddels in een aftandse oranje Opel Kadett en met vijf man aan boord (verder Peter, Marcel, Marc en Gert-Jan) is het proppen geblazen. We zitten nog in het tijdperk van de grenscontroles en Peter heeft zijn paspoort in Arnhem achtergelaten. Om toch kans te maken op een succesvolle overtocht, leent hij het document van Joop. Een niet van risico ontblote onderneming, want op het gebied van fysieke gelijkenissen zijn er geen twee mensen die meer van elkaar verschillen.

Bij de grensovergang Knalhutte komt het, zoals gevreesd, tot een controle der inzittenden. De brave Duitse borst neemt de paspoorten tot zich en noemt een voor een de namen op. Peter is als laatste aan de beurt. 'Joop Weenink?' klinkt het uit de mond van de grensbeambte. '*Ich*,' zegt Peter zo overtuigend mogelijk. Hij zit diep weggedoken aan de rechterkant van de achterbank, zo ver mogelijk verwijderd van het gevaar van een scherpe herkenning. De bewaker steekt zijn hoofd half door het raampje, kijkt nog eens goed naar de foto en richt zijn blik weer op Peter. De man twijfelt zichtbaar, wij houden onze adem in. Zijn we de lul? Moeten we rechtsomkeert maken? Of? Of? Na een ongemakkelijke stilte van een seconde of vijf geeft hij het pakketje paspoorten terug en spreekt de verlossende woorden: '*In Ordnung. Gute Fahrt.*'

Honderd meter over de grens ballen we onze vuisten opgelucht in triomf, maar dit is wel erg op het nippertje geweest. Om de ontdekking van identiteitsfraude te verkleinen – op de terugweg zullen we weliswaar door de Nederlandse marechaussee, maar op Duits grondgebied worden gecontroleerd – besluiten we dat Peter later die nacht plaats moet nemen in de krap bemeten kofferbak. Het doel heiligt nu eenmaal álle middelen.

Bij discotheek Liberty is het die avond en nacht een gezellige boel, maar op onverklaarbare wijze krijgen we het aan de stok met twee breedgeschouderde portiers. Mogelijk valt daarbij weer het cultscheldwoord ‘nazischwein’, maar het kan ook zomaar het nauwelijks minder beladen ‘schweinehund’ zijn geweest. Het opstootje lijkt met een sisser af te lopen, maar we vergissen ons in de wraakzucht van onze opponenten. Nadat Peter heeft plaatsgenomen in de kofferbak, en we de terugreis hebben aanvaard, blijken we achtervolgd te worden door een patserige Mercedes. Dat er vanaf de passagiersstoel met een ploertendoder wordt gedreigd, geeft aan dat het de inzittenden menens is.

Ik trap het gaspedaal diep in, en van het ene op het andere moment wanen we ons in een Amerikaanse B-film. Waarbij ik, al slingerend over de gehele breedte van de weg, probeer de veel snellere Mercedes achter me te houden. Vanuit de kofferbak klinkt het wanhopige stemgeluid van Peter.

‘Wat is er in hemelsnaam aan de hand?’

‘We worden achtervolgd!’

‘Nou, stop dan! Dan zullen we ze leren.’

In de wetenschap dat een van ons, met zwaar pacifistische inslag, hoorbaar zijn leven aan zich voorbij ziet trekken, doodsbang als hij is voor een confrontatie der vuisten, rest er geen andere optie dan doorscheuren, in de hoop dat de Mercedes de aftocht blaast. Die gedachte is ijdel. Kilometerslang moet ik al mijn stuurmanskunsten aanwenden om de opdringerige pooierbak te trotseren, waarbij het bumper-tot-bumpercontact niet wordt geschuwd. Als de rivaliserende auto op gelijke hoogte dreigt te komen, snijd ik hem quasi-vakkundig de weg af.

Pas op driehonderd meter voor de Nederlandse grens minder ik vaart, de Duitse achtervolgers doen wijselijk hetzelfde. Omdat er geen bewakers buiten staan, passeren we de grenspost stapvoets, waarna ik het gaspedaal weer vol intrap. Tot onze verbijstering haakt de Mercedes niet af maar aan.

In de kofferbak gelooft Peter de wereld niet meer. 'We laten ons in Nederland toch niet door Duitsers opjagen!' briest hij. 'Dit is de wereld op zijn kop.'

De verlossing laat niet lang op zich wachten. In de nauwe, met verkeersdrempels bezaaide straatjes van de Enschedese zuidwijk Stroinkslanden raken we de Mercedes eindelijk kwijt. Met een van pijn vertrokken gezicht kruipt Peter even later de kofferbak uit. Bont en blauw is-ie.

De achtervolging is vooral een geduchte aanslag geweest op Peters schouder, die toch al als medisch probleemgeval te boek staat. Twee jaar eerder heeft hij met zijn brommer een flinke schuiver gemaakt. Vanaf dat moment is fysiek ongemak onderdeel van zijn leven. Het kan gebeuren dat, bij onverwachte bewegingen, zijn schouder uit de kom raakt. 'Dat verschaft me misschien wel hét excuus om militaire dienst te ontlopen,' probeert Peter vooral de zonzijde van het euvel in te zien.

Geef acht!

Eerder dan Peter moet ik op voor mijn nummer, zoals dat zo mooi heet. Veertien maanden uit het normale leven worden gerukt om oorlogje te spelen, en dat met onze anti-hiërarchische instelling; het moet een beproeving zonder weerga worden. Na de eerste oproepen van Defensie te hebben afgeslagen, de 'schoolcarrière' geldt als waterdicht alibi, moet ik er eind 1988 toch aan geloven. Begin november van dat jaar ga ik onder de wapenen, ik behoor tot de lichting 88-6. Als non-conformist en vrije denker heb ik uiteraard de mogelijkheid onderzocht onder de dienstplicht uit te komen, maar S5 – het je beroepen op geestelijke instabiliteit – kan me later eventueel schaden, en een principiële weigering gaat me net iets te ver. Ook dit zal, net als school, een gevalletje van overleven worden.

Wel gloren er potentiële lichtpuntjes aan de horizon. Op dat moment ben ik al enige tijd secretaris van de voetbalclub UDI. Nagezocht heb ik het nooit, maar het is goed mogelijk dat ik, met een 'inauguratie' op mijn negentiende levensjaar, de jongste secretaris uit het Nederlandse amateurvoetbal ben (geweest). Hoe dan ook, de eminente voorzitter Cees Wagter houdt me voor dat mijn nevenfunctie bij UDI tijdens de diensttijd privileges kan opleveren, zoals legering in de eigen regio, in 'operationele' tijd. Klinkt goed. Voorwaarde is dat ik niet openlijk de spot moet gaan drijven met het fanatisme van beroepsmilitairen. Dat wordt een uitdaging op zich.

Tot mijn niet geringe verbazing word ik, allergisch als ik ben voor bijvoorbeeld het afnemen van bloed, geplaatst bij de Opleiding Militair Geneeskundige Diensten, en daartoe gelegerd op de Korporaal van Oudheusdenkazerne bij Nieuw-Loosdrecht, ten zuiden van Hilversum. De opleiding tot hospik duurt vier maanden. Met de vers ontloken kameraadschap onder collega-rekruten zit het goed, maar voor de echte ontspanning pak ik elke woensdag na het avondappel de auto. Om naar Arnhem af te reizen, naar de Pauwstraat, naar Peter en zijn huisgenoten. Om Europa Cup-voetbal te kijken, een biertje te drinken, de PREM in te vullen, het goede leven te omarmen. Om zes uur in de ochtend rijd ik terug, om net op tijd te arriveren voor het ochtendappel. Daarbij vermaak ik me kostelijk met de maniakale beroepsernst waarmee de vaste sergeant, een heuse dienstklopper, de sessie leidt.

Geef acht. Ik moet steevast glimlachen tijdens zo'n appel, ik kan er niets aan doen. Een serieuze blik veinzen, het lukt me gewoon niet. Wanneer de sergeant die onverschilligheid weer eens opmerkt en met een strak gelaat voor me gaat staan, zegt hij bars: 'Is er iets, soldaat Van der Ley?'

'Niet bepaald, sergeant.'

'Waarom lach je dan?'

'Ik kan beter lachen dan huilen, toch?'

'Je neemt me in de zeik, Van der Ley!'

'Zo zie jij dat, sergeant, ik zie dat beduidend anders.'

De dienstklopper beseft dat het geen zin heeft de conversatie voort te zetten, zo midden in het appel. Wel blijft hij me maandenlang op de korrel nemen. Maar ik kom overal mee weg, omdat hij geen hard bewijs vindt voor mijn sarcasme, dat uiteraard is ingegeven door mijn anti-autoriteitsgevoel. De goede man heeft ook best wel sympathie voor me, zegt hij me eens, omdat ik me als fanatiek sporter laat gelden. Ik voetbal in het kazerneteam en doe het aardig in de duurlopen op de hei. 'Wie fysiek fit is, is dat geestelijk ook,' is zijn credo. Ook daar moet ik om glimlachen.

Voor mij is deze houding hét medicijn om de als streng betitelde opleidingsmaanden te doorstaan. Dat ik de Russen kan helpen tegenhouden, de Koude Oorlog is dan nog gaande, is een illusie die ik toch nooit heb gekoesterd. Ik neem de poppenkast van de dienstplicht geen seconde serieus, de kunst is slechts om mijn totale desinteresse te verbloemen. Daarin slaag ik redelijk. Al met al rol ik vrij gemakkelijk door de eerste periode heen.

Met succes doe ik examen in het Militair Hospitaal in Utrecht. De examinator merkt na afloop op 'graag in oorlogstijd door een medisch verzorger als jij geholpen te worden'. Ik knik braaf van ja, maar denk bij mezelf: als je levensmoe bent, zeker. Ik doe dan weliswaar mijn best, de verantwoordelijkheid die prille militairen zonder medische vooropleiding in hun schoot geworpen krijgen, vind ik twee bruggen te ver gaan. Qua handelingen zitten we op het niveau van een hbo-opleiding verpleegkundige, laat ik me vertellen. Ik injecteer dat het een lieve lust is en, ja, ik neem honderden keren bloed af zonder met de ogen te knipperen. Leerzaam is het, dat zeker.

Aansluitend krijgt Cees Wagter gelijk, wanneer mijn wens tot legering in de regio ('ik ben secretaris van een voetbalclub en moet iedere dinsdagavond bij de bestuursvergadering zijn') wordt gehonoreerd. Ik krijg een baantje als hospik annex administrateur, bij de Medisch Geneeskundige Dienst van Kamp Holterhoek bij Eibergen, afgewisseld met diensten op een soortgelijke post in de Detmerskazerne te Eefde, bij Zutphen. Het levert me automatisch de titel van korporaal op. En, belangrijker, een kleine verhoging van de maandelijkse wedde.

In Hengelo (O) is inmiddels een heus PREM-bastion ontstaan. Ik huur een appartement boven het bedrijf waar mijn schoonvader in spe werkzaam is; Joop voegt zich bij me. De liefde voor sport, (hard)rockmuziek en het vrije leven voert ook hier in alles de boventoon. Memorabel is de schaaktweekamp die we in de zomermaanden – gezeten op het dak, gestreeld door de zon – op het scherpst van de snede uitvechten. De verschillen zijn miniem, maar over de uitslag wenst vooral Joop niet te communiceren. Ik ben een huis-, tuin- en keukenschaker, maar heb wel een idool: Jan Timman. In de tijd dat hij te boek staat als *best of the west* of *best of the rest*, achter Garry Kasparov en Anatoli Karpov, speel ik al zijn partijen na. Niet dat het ook maar een greintje effect heeft op de verbetering van mijn spelinzicht, maar toch.

Peter meldt zich medio 1989 voor het vervullen van zijn dienstplicht. Eerder kan niet, want hij heeft een opdracht te volbrengen: zijn schooltijd afronden met een diploma, in dit geval de meao. Niet per se voor hemzelf, maar voor zijn vader. 'Peter wist hoe belangrijk Jan dat vond, een papiertje halen,' zegt José. 'Ik stond daar iets losser in, was vroeger op school bij de nonnen ook niet de meest gedisciplineerde. Maar het zegt veel over Peter dat hij de wens van Jan verhoorde. Zelf hechtte hij geen enkele waarde aan een diploma.'

Tegen wil en dank worstelt Peter zich door het afsluitende meao-jaar. Hij is er vaker niet dan wel. Op een dag moet hij zich bij de conrector verantwoorden voor de zoveelste keer dat hij absent is geweest. Vriend en toenmalig huisgenoot Frank Huning herinnert zich als de dag van gisteren hoe Peter een greep deed in zijn trukendoos. ‘Als smoes vertelde hij dat hij in het ziekenhuis een bloedonderzoek had gehad, en dat hij op de uitslag zat te wachten. Daarop zei de argwanende conrector: dan bel je nú, met de telefoon van school, het ziekenhuis. De conrector draaide zelfs het nummer en gaf de hoorn aan Peter. Die zette zijn pokerface op, liet zich doorverbinden, en begon, nadat hij de secretaresse van de afdeling Bloedafname aan de lijn had gekregen, een prachtig verhaal af te steken over zijn onderzoek. Na een minuut rondde hij de conversatie af met “hartstikke bedankt voor de informatie, een prettige dag nog”. Wat de conrector niet kon horen: de secretaresse had geen idee waar de “patiënt” over praatte, riep een paar keer hulpeloos: “Meneer, waar hééft u het in vredesnaam over?” Maar het alibi was met grote overtuiging geregeld. Onder de ogen van die arme conrector.’

Het is best een dingetje in het gezin-Teggelaar, de non-conformistische houding van oudste zoon Peter. José: ‘We wilden het allerbeste voor onze kinderen en hadden hoge schoolverwachtingen. Daarnaast waren we werkzaam in het onderwijs en altijd bezig met het bewerkstelligen van zo optimaal mogelijke prestaties. Dat Peter niets van school moest hebben, was best een tegenvaller. Dat hij zich ertegen afzette, ook. Gelukkig had hij genoeg talenten. Dat stelde ons meer dan gerust. Peter had andere en grotere doelen en plannen in het leven.’

Kersverse rekruut Peter Teggelaar meldt zich voor zijn diensttijd op de Generaal Majoor de Ruyter van Steveninckkazerne, te Oirschot. Hij baalt als een stekker. Zijn situatie staat in schril contrast met de mijne. Dankzij mijn luizenbaantje leid ik een normaal sociaal leven, kan ik de vergaderingen én trainingen bij UDI meepikken én de PREM blijven aansturen. Voor Peter lonkt er niettemin een – verwachte – ontsnappingsclausule: zijn schouder. Het broze lichaamsdeel verwordt in Oirschot al snel tot een heet hangijzer. De grote vraag is of het zin heeft de dienstplicht te vervolgen, omdat lichamelijke stabiliteit bij oefeningen een vereiste is, laat staan wanneer de Russen echt komen. 'De schouder' blijft enige tijd onderwerp van medische twijfel en ik zie mijn kans schoon de PREM mét Peter te kunnen voortzetten. Ik sta immers, hoe ridicuul ook, te boek als 'geneeskundig expert'.

Een subtiel opzetje is snel geboren. Peter maakt de militairen op de administratie wijs dat hij soms gebeld kan worden door een 'korporaal uit Eibergen', die 'zijn medische toestand moet bijhouden en monitoren'. Vanaf dat moment bel ik precies één keer per week naar Oirschot en toevallig steeds op donderdag. Ik vraag de administratie steevast of ik 'soldaat Teggelaar' te spreken kan krijgen. Voordat ik hem daadwerkelijk aan de lijn heb, zijn we vijf minuten verder: hij moet speciaal uit de barak van zijn compagnie worden gehaald. Eenmaal op de administratie is Peter omgeven door meerdere militairen, dus hebben we vooraf een codetaal bedacht. Om het niet té gecompliceerd te maken, beperk ik me tot de sporten en wedstrijden waarbij een 'eentje', 'tweetje' of 'drietje' volstaat. Dus geen wielerkoersen of motorraces, waarbij namen moeten worden genoemd, wel voetbal, volleybal, ijshockey, dat werk.

Een overwinning voor de thuisclub, een eentje dus, is 'schouder'; een zege voor de uitspelende club, een tweetje, is 'pijn' en een gelijkspel; een drietje, is 'onderzoek'. Daar gaan we dan. Wanneer ik Roda JC-Feyenoord zeg, en Peter half fluisterend antwoordt met 'gelukkig is de pijn de laatste week een stuk minder geworden', vul ik een tweetje in. Zeg ik: Liverpool-Watford en Peter merkt op 'dat de schouder het vannacht redelijk heeft gehouden', noteer ik een eentje. Ik kan mijn lachen soms niet inhouden, terwijl Peter met een uitgestreken gezicht zijn antwoorden moet zien te formuleren. Het valt de mensen in Oirschot op dat de gesprekken wel erg lang duren voor een medische update. Peter speelt daar meesterlijk op in, door – voor iedereen hoorbaar – tegenover mij te openen met 'Wat is er nu wéér?' En wanneer hij de telefoon na afloop van ons vruchtbare onderhoud overgeeft aan de dichtstbijzijnde militair, hoor ik hem theatraal verzuchten: 'Tsjonge jonge, wat een gezeik. Tijdverspilling, dat is het!' Maar de formulieren zijn ingevuld, en daar gaat het om.

À propos de dienstplicht: mede-PREM-oprichter Marcel Kuiper, die op iets minder gecompliceerde wijze de prognoses doorgeeft, haalt in dezelfde periode de koppen van het *Brabants Dagblad*. Als bestuurder van een YPR-tank ramt hij op straat in Veldhoven – door een stuurfoutje – eerst twee rijdende personenauto's, om vervolgens tegen een boom tot stilstand te komen. Persoonlijk letsel blijft gelukkig uit, al scheelt dat niet veel. De inzittenden van een van de wagens zien een tank én hun leven aan zich voorbijttrekken, maar bij het opmaken van de schade blijken ze 'slechts' hun motorkap en -blok kwijt te zijn. Nee, PREM-leden zijn niet bepaald voor de krijgsmacht geboren.

Nog voor de zomer slaagt Peter in zijn opzet de militaire dienst voortijdig te verlaten. 'De schouder' blijkt bij oefeningen een te lastig obstakel. Zijn vertrek blijft gevrijwaard van de titel 'oneervol ontslag'. 'Verdomd jammer,' ginnegapt hij daarover.

Het verschaft hem de kans om die zomer samen met Joop een treinreis dwars door Europa te maken, met als titel 'De Heilige PREM Promotietour'. Het oogmerk: zo veel mogelijk voetbalcultuur opsnuiven. Vier lijvige fotoalbums getuigen van een geslaagde missie. Of het nu voetbalstadions in Thessaloniki, Athene, Istanboel, Pisa of Barcelona betreft, het tweetal komt óveral binnen. Peter lardeert de foto's met smeuïge en snedige bijschriften.

Bij een foto van een doelpoging van Peter in het lege Ali Sem Yen-stadion te Istanboel: 'Hier jaagt de nieuwe aanwinst een bal in de kruising, voor een uitzinnige menigte.'

Bij een foto van Peter, juichend in het strafschopgebied in een lege arena van Napoli: '... om vervolgens het kolkende stadion te begroeten.'

Bij een foto van Peter die in Monaco de stoeprand van het F1-circuit kust: 'De zegening van de curbstones in de bocht omhoog naar het casino.'

Bij een foto van het Camp Nou-stadion in Barcelona: 'Dit is het absolute hoogtepunt van onze stadionbedevaart. Wij hebben hier niets meer aan toe te voegen, geniet U in stilte.'

Passie en Hartstocht

In de laatste maanden van mijn militaire dienst stuur ik een sollicitatiebriefje naar de hoofdredacteur van de *Twentsche Courant* in Hengelo, Herman Morsink. Ik kan gelijk aan de slag, als freelancer. Mijn journalistieke cv bestaat op dat moment uit het 'hoofdredacteurschap' van UDI *Nieuws*, het clubblad van de vereniging die ik als secretaris en voetballer dien. Ik schrijf het periodiek voor tachtig procent vol met verslagen en columns. Daarnaast lever ik bijdragen aan de wijkkrant.

Nog tijdens mijn militaire dienst kan ik, in de weekends, aan de slag, voor het nabellen van uitslagen en het fabriceren van korte verslagjes. Maar al snel stuurt chef-sport Gijs Eijsink me naar wedstrijden, voor volwaardige verhalen. Zeker in de beginperiode schuw ik de superlatieven niet. Ik ben een sportliefhebber en dat zal de wereld weten ook. Ik heb allang door dat sport een enorme impact kan hebben op mens en maatschappij. Voetbal is meer dan een bijzaak in het leven.

De eerlijkheid gebiedt te zeggen dat ik aanvankelijk vooral schrijf voor vrienden en collega's, en niet zozeer voor de argeloze lezer. Wie de mooiste volzinnen optekent, maakt onderling de blits. In menige Twentse huiskamer vragen krantenlezers zich wanhopig af 'wat die verslaggever in hemelsnaam bedoelt' met die moeilijke woorden, ingewikkelde volzinnen en vergezochte vergelijkingen. Peter, een trouwe lezer, vindt het geweldig.

In die speeltuin van de beginnende sportjournalistiek tekent zich boven mijn hoofd, in de eerste helft van 1990, een gitzwarte donderwolk af. Op 23 februari van dat jaar wordt bij mijn moeder Gerdie uitgezaaide lymfeklierkanker ontdekt. Die mededeling betekent niets minder dan een doodvonnis. De lijdensweg zal vier maanden duren. Tijdens de klassieker Nederland-West-Duitsland, op het WK in Italië, 24 juni, haalt een ambulance haar van huis op, omdat de pijn niet langer te verdragen is. Drie dagen later blaast ze, in het bijzijn van mijn vader, mijn zus Claudia en ikzelf, haar laatste adem uit. Op 46-jarige leeftijd. 46! Verdomme.

Haar dood voelt als het grootst denkbare onrecht. Waarom nu al? Ik ben 21, mijn jongste zusje is 14. Ma was de liefste vrouw aller tijden, iemand die zichzelf altijd en overal wegcijferde voor anderen, haar kinderen voorop. Ze deed niets uit eigenbelang, was te goed en zeker ook te zacht voor deze wereld. Ze had een mooie, bijzondere klik met mijn vrienden, zeker met Peter. Ze genoot van onze ongecompliceerde levenshouding, de humor, de hang naar vrijheid. Op de uitvaart in Glanerbrug zijn ze er vrijwel allemaal. Dat doet me goed. We draaien, van een cassettebandje, haar favoriete nummer: 'I've Got Dreams to Remember' van Otis Redding.

De dood van mijn moeder zorgt voor leegte, voor zielenpijn. Ik probeer weg te blijven bij zelfmedelijden. Dat lukt soms wel, soms niet. De gedachte dat ze nooit oma zal worden, schuurt. De kunst van het relativeren zit me weliswaar in het bloed, maar dit is andere koek. Ik moet het doen met de wetenschap dat ze voortleeft in hoofd, hart en herinnering.

Intussen heeft Peter de handen vrij voor een entree in de sportjournalistiek. Ik beveel hem aan bij chef-sport Gijs Eijsink en die is, zeker na een eerste persoonlijke ontmoeting, om. Ook

Peter mag zijn in lyriek gedrenkte pennenvruchten loslaten op de lezer. En ook hij, autodidact, wordt al snel 'het veld' in gestuurd om verslag te doen van regionale sportwedstrijden.

Dat levert hem, als inwoner van Arnhem, soms praktische problemen op, dus schrijft hij zich in bij woningbouwverenigingen in Hengelo (O), de stad waar zijn grootouders wonen en waar zowel de redactie van de *Twentsche Courant* als het PREM-bastion gehuisvest is. Peter heeft snel beet en komt te wonen in een haveloos flatje met Oostblok-uitstraling aan de noordkant van de stad, in de Sterrenbuurt. Vriend Frank Dankaart trekt bij hem in. Die kan na een avontuur in Israël wel een woonplek gebruiken, ook al is het dan in 'godbetert' Hengelo. Frank is een redelijk getalenteerd tennisser; hij komt al snel in het eerste team van Weusthag te spelen. Wanneer hij een wedstrijd kansloos met 6-1, 6-1 verliest, toont de *Twentsche Courant* zich in het wedstrijdverslag opvallend coulant. 'De flamboyante Frank Dankaart had voortdurend de overhand, maar miste op beslissende momenten belangrijke punten en ging zwaar geflatteerd ten onder.'

Het mooist vinden we, als sportjournalistieke rookies, de wedstrijdverslagen. We bezoeken veel voetbal-, maar ook rugby-, waterpolo- en handbalwedstrijden. Alles is mooi en goed. Zelfs voor korfbalpotjes draaien we onze hand niet om. Het kan niet anders of lezers van de maandagkrant verwonderen zich over de frivole aard van de wedstrijdverslagen. De superlatieven en bijvoeglijke naamwoorden die we loslaten op een degradatiekraker in de vierde klasse van het amateurvoetbal, het past eerder bij de finale van de Europa Cup 1. De liefde voor de schoonheid van sport, taal en humor druipt van de kolommen.

Peter, in het verslag van de Enschedese derby tussen Rigtersbleek en Enschedese Boys: 'Als een volleerd lambadadanser bracht Frank Merk zichzelf in kansrijke positie. Nadat hij eerst tegen de keeper schoot, legde hij het teruggesprongen leder in droompositie klaar voor Richard Korver: 1-2.'

In het verslag van Haaksbergen-Grol: 'Uit de consternatie die ontstond na een hoekschop van Hietbrink, schoot Meijer uit de tweede lijn laag in. Normaliter was het projectiel langs de verkeerde kant van de paal gegaan, ware het niet dat daar aanvoerder Hilderink geposteerd stond. De verdediger, misschien nog enigszins beneveld na een ontspannen avond recreëren in het Groenlose, slaagde erin de bal op schlemielige wijze in eigen doel te werken.'

In het verslag van Phenix-'t Centrum: 'Phenix beschikt met voorsprong over het mooist gesitueerde veld van heel Twente. Dat dit rustieke strijdperk niet als hoofdveld fungeert, schijnt te liggen aan het feit dat de kantine zich niet in de onmiddellijke nabijheid bevindt. Verplaats dan desnoods het clubhuis, want welke voetballer laat zich in zo'n omgeving niet inspireren tot grootse daden?'

In het verslag van de rugbyderby Dragons-Big Bulls: 'Wat voor een leek lijkt op een massale worstelorgie, is voor de kenners een fascinerend schouwspel. In Groot-Brittannië trekt de sport bomvolle stadions, terwijl de beoefenaar in Nederland veroordeeld is tot anonieme optredens op afgelegen velden. Rugby wordt door dezelfde leken beschouwd als een bezigheid die alleen weggelegd is voor de musculair beter bedeelden, maar de liefhebbers zelf denken daar geheel anders over.'

De *Twentsche Courant* heeft op maandag een pagina met de titel 'Vak Q', een wekelijks podium voor sportverhalen met alternatieve inslag. Het zijn sfeerverhalen over kleine sporten of ludieke gebeurtenissen; Peter en ik houden ook van die andere invalshoek. Gijs Eijsink stuurt ons regelmatig de paden op en de lanen in. Het komt voor dat Vak Q gevuld is met een verhaal van mij en een verhaal van Peter. Twee freelance broekies van een jaar of 21, 22. Moeten we om lachen.

In deze periode schrijf ik me in bij de Kamer van Koophandel, als ondernemer in journalistieke diensten. De naam van mijn eerste eenmansbedrijfje: persbureau Passie en Hartstocht. Ik overweeg zelfs even het woord 'vrijheid' toe te voegen, want het voelt als een koninklijk privilege: als jonge zelfstandige mijn eigen tijd en leven te kunnen indelen. Dit is feitelijk wat ik wil. Aan nieuwe opdrachtgevers met freelance opdrachten geen gebrek. Zo ga ik bij het *Algemeen Dagblad* in eerste instantie aan de slag als algemeen correspondent voor Oost-Nederland; een tijdrovende, maar verduveld interessante functie. Dat ik de ochtendkrant uit Rotterdam maar liefst 25 jaar zal dienen, staat dan nog in de sterren geschreven.

Met persbureau Passie en Hartstocht sleep ik de ene na de andere redactionele klus binnen. Zo vaak mogelijk schakel ik daarbij Peter in. Soms schrijven we samen artikelen. 'Door Eddy van der Ley en Peter Teggelaar' staat er dan boven. Soms verhalen we óver elkaar. In weekblad *De Haaksberger Koerier* teken ik op: 'Het is ijdele hoop om te stellen dat de tijden van Hatrans en Permalens terugkeren, toen Darryl Gadsden en Eugene Richardson zich het lazarus dunkten, ten overstaan van 2500 toeschouwers. Die dan werden aangevuurd door de legendarische Teggel-side, het fanatieke supporterslegioen onder leiding van de excentrieke Peter Teggelaar.'

Ondertussen is de PREM nog altijd springlevend. Onverminderd fanatiek laten we onze prognoses los op de internationale topsportwereld. De bijvangst is opmerkelijk: het 'sportgoksyndicaat' blijkt meer talentvolle scribenten te herbergen. Ook Joop Weenink en Marcel Kuiper treden als freelancers toe tot de (sport)journalistiek, zij het op tijdelijke basis. En jeugdvriend Marcel van Nieuwenhoven, ook al gezegend met schrijftalent, schakel ik in voor niet-sportgerelateerde opdrachten.

Het opstarten van een vrij leven in de wereld van de journalistiek, als basis voor een maatschappelijke toekomst, heeft veel voordelen, maar botst met mijn ambitie de wereld in ijltempo te verkennen. Daar komt nog bij dat ik al enige tijd een relatie heb met de latere moeder van mijn kinderen. Onmiskenbaar remmende factoren voor een weken- of zelfs maandenlange absentie van huis. Als vrienden onder elkaar filosoferen we weliswaar hardop over het ondernemen van de meest exotische trips, maar in mijn geval blijft het bij filosoferen. Bij Peter kolkt het avonturiersbloed het wildst door de aderen. Onder het motto dat 'settelen altijd nog kan' zint hij, in deze fase van zijn leven, op grootse en meeslepende expedities. Eerdere trips hebben hem uitstekend gesmaakt, nu wil hij meer, verder, gekker. De wereld houdt niet op bij Gibraltar.

De zoektocht (1)

In mijn agenda van 1993 staat bij de datum 11 augustus de vraag 'Naar Afrika?' genoteerd. Het is de reflex na een telefoontje van Jan Teggelaar. De vader van Peter, gewoonlijk de rust zelve, vraagt bevreesd of ik de voorbije dagen iets van Peter en zijn vriend en reisgenoot Marc heb gehoord. Het tweetal zou op 7 of 8 augustus terugkeren in Arnhem, maar vooralsnog is het oorverdovend stil gebleven. Het laatste contact dateert van 21 juli: een telefoontje met vriend Rijn vanuit Reggane, waarin Peter aangeeft af te wijken van de aanvankelijke route naar Mali en te kiezen voor de hem bekende piste naar Niger, via Tamanrasset. Of ik zelf een levensteken vernomen heb? De briefkaart uit Algeciras die voor me ligt, met als afzender Peter, arriveerde begin augustus en draagt als poststempel 18 juli. De tekst bulkt van de levenslust, maar biedt geen houvast.

Aan de goddelijke AD-journalist
annex PREM-hoofdredacteur
dé Eddy van der Ley!

Bloedbroeder,

In de zalige wetenschap dat Feyenoord minstens tot mei 1994 de kroon van het landskampioenschap draagt, en naar verwachting járen langer, hierbij een eerste schriftelijk levensteken van de hemelse reis die naar Mali leidt. De trip, de vrijheid: ze smaken als een koud glas

De Koninck op een lome vrijdagavond. Uiteraard hoop ik u, medio augustus, het klassieke, zwart-wit gestreepte shirt van topclub AS Real Bamako te overhandigen. Jaahhh!!!

Dromend van een snel weerzien, teken ik
Uw president-directeur, Peter Teggelaar

De tekst op de briefkaart is typerend voor de band die ik met Peter heb. Ook op een paar vierkante centimeter komt de hang naar vrijheid en avontuur, alsook de passie voor sport, het leven en elkaar, in al zijn glorie naar de oppervlakte.

Ik schrik best van Jans woorden en voel gelijk de aanvechting naar Noord-Afrika af te reizen, hoe impulsief ook. Toch is er geen wanhoop. Zoals ook Rijn, die Peter twee keer vergezelde op eerdere Sahara-reizen, niet gelijk in de paniekstand schiet. 'Het is volkomen logisch dat het thuisfront bezorgd raakt,' zegt hij. 'Ik weet als de beste dat er soms onvoorziene dingen kunnen gebeuren in de Sahara. Al moet het niet te lang duren, natuurlijk.'

Het is niets voor Peter om zijn naasten in het ongewisse te laten, maar we hebben het hier over een globetrotter die een aureool van onsterfelijkheid met zich meedraagt. Dat het leven een afvalrace is, weet ik best. Wie staat er bij wie op de uitvaart? Wie neemt uiteindelijk afscheid van wie? Peter is niet vies van een risicootje, maar hij heeft de competenties om alle schiftingen der natuur te overleven, is mijn inschatting. Ook Marc lijkt me niet iemand die in zeven sloten tegelijk loopt. Toch is de situatie dermate atypisch en verontrustend, dat we besluiten stante pede in actie te komen. Jan neemt contact op met de ANWB, met het ministerie van Buitenlandse Zaken en met de Nederlandse ambassades in Algerije en Mali. Ik zeg toe het instrument van een artikel in het *Algemeen Dagblad* toe te passen, om de vermissing in de publiciteit te brengen.

Die tweetrapsraket krijgt snel gestalte. Op vrijdag 13 augustus ontvangt de familie een brief van Buitenlandse Zaken, met de volgende tekst:

> *Hierbij bevestig ik de ontvangst van uw fax dd. 12 augustus 1993.*
>
> *De Nederlandse ambassades te Algiers en Bamako zijn verzocht na te gaan of de verblijfplaats van uw zoon en Marc Gilsing kan worden achterhaald.*
>
> *De aan dit onderzoek verbonden kosten alsmede het verschuldigde kanselarijrecht zullen bij u in rekening worden gebracht. Deze kosten kunnen eerst worden vastgesteld na beëindiging van het onderzoek. De hoogte daarvan is mede afhankelijk van het bereikte resultaat en bedraagt minimaal fl 25,-*
>
> *Zodra enig bericht is ontvangen, neem ik contact met u op.*

Een dag later, op 14 augustus, maak ik in het *Algemeen Dagblad* gewag van de vermissing van Marc en Peter, in een tweekoloms nieuwsbericht met als kop 'Twee Arnhemmers vermist in de Sahara'.

Het artikel maakt veel los. Niet in de laatste plaats bij Myriam, de zus van Marc. Dat er nog geen contact met haar of andere familieleden is geweest, heeft te maken met de snelheid van handelen en het feit dat we haar contactgegevens niet hebben. Dus moet zij op de laatste zaterdag van de zomervakantie in de krant lezen over de vermissing van haar broer. 'Ik kreeg een telefoontje van een verontruste vriendin van mijn ouders,' zegt ze. 'Zij attendeerde mij op een krantenbericht over twee vermiste Arnhemmers in de Sahara. Ik schrok, dacht terug aan een telefoongesprek met Marc, waarin hij aankondigde naar Afrika te gaan. Het zou toch niet? Met bonkend hart sloeg ik het *Algemeen Dagblad* open en inderdaad, hij stond er met voor- en achternaam in.'

De verwarring is groot. Myriam kan haar vader Theo niet bereiken, hij is met de caravan op vakantie in Frankrijk. Wel krijgt ze telefonisch contact met Jan. Diezelfde middag rijdt ze met haar vriend Eelco naar Heveadorp, voor een eerste ontmoeting met Jan en José. 'Het was goed dat we contact hadden, om met elkaar de zoektocht op gang te brengen en onze zorgen te delen, maar hen te ontmoeten voelde surrealistisch. Zij waren volledig op de hoogte, terwijl wij niets van de aanloop van de woestijntrip hadden meegekregen. Ik kende Peter niet, kende zijn vrienden niet.'

Pas een paar dagen later kan ze haar vader op de hoogte brengen van de vermissing. Die reageert relatief laconiek, neemt een afwachtende houding aan. Myriam: 'Dit drama kwam boven op het overlijden van zijn vrouw, mijn moeder, een jaar eerder. Dat Marc mogelijk ook nog zou wegvallen, kon hij niet handelen. Hij ondermijnde de ernst van de situatie.'

Naast de zorg over het lot van Marc voelen vader en zus boosheid. 'We vonden het onbegrijpelijk dat hij zonder enig contact was weggegaan.' Myriam vraagt zich af of ze Marc op andere gedachten had kunnen brengen. 'Maar het antwoord was wel duidelijk: nee. Eigenlijk was mijn moeder de enige van wie hij iets aannam, hij miste haar vreselijk. Ze waren close geweest, zaten tijdens haar ziekte uren aan de telefoon. Zij had hem misschien kunnen tegenhouden of hem er tenminste van kunnen overtuigen dat hij contact zou onderhouden met ons, vooraf of tijdens de reis. Misschien had hij het haar, als ze nog had geleefd, wél verteld, want hij wist dat zij hem niet zou veroordelen. Dubbel, want gelukkig is het haar bespaard gebleven een kind te moeten verliezen.'

De publiciteit in het *Algemeen Dagblad* blijkt, zoals verwacht en gehoopt, een vliegwielfunctie te hebben. Ook andere media storten zich vol op de vermissing. Ik besef dat zulks de opmaat kan zijn tot de meest wilde en uiteenlopende theorieën en speculaties, maar hoop vooral op concrete aanknopingspunten. Dat laatste lijkt het geval. Een Nederlandse woestijnreiziger die over de vermissing leest, neemt contact op met de ANWB. Hij vertelt, aan de hand van het signalement, Marc te hebben gesproken, op 25 juli op camping Zeribas, iets ten zuidoosten van de stadskern van Tamanrasset. Die waarneming klopt met het tijdsbeeld en de laatst doorgegeven route en zorgt voor enige opluchting. Zeker omdat de man eraan toevoegt 'dat het op dat moment niet mogelijk was om vanuit Tamanrasset internationaal te telefoneren'.

Het laat onverlet dat drie weken spoorloos zijn erg lang is, te lang. We schalen de zoektocht op, met de woning van Jan en José, in Heveadorp, als epicentrum van de coördinatie. Familie en vrienden komen er samen om informatie te verzamelen, plannen uit te dokteren en contact te zoeken en te houden met de autoriteiten. Gezeten voor de open haard nemen we de stand van zaken door. Aan de muur hangt een grote kaart van Noord-Afrika. Prikkers en briefjes met data geven de plekken aan waar Peter en Marc voor het laatst zijn gezien of zouden zijn gezien. De huistelefoon is continu bemand, om direct te kunnen reageren. Mobieltjes bestaan nog niet, minstens één gezinslid is verplicht de wacht te houden. 'Als je alleen thuis was, durfde je bijna niet naar de wc,' schetst José de situatie. 'Gelukkig hadden we een antwoordapparaat, waarop we gelijk een eventueel achtergelaten bericht konden terugluisteren.' Elke keer dat de telefoon in het bijzijn van gezinsleden of vrienden rinkelt, trekt er een siddering van angst en hoop door de huiskamer.

Piet Atteveld, een vriend van de familie Gilsing, en Paul van den Bosch, de jongere broer van José, nemen het voortouw bij de coördinatie. Onder hun regie krijgt in de loop der weken een lijst met de titel 'Adressen opsporing Peter/Marc' gestalte. Drie A4'tjes vermelden de namen en telefoonnummers van contactpersonen, vrienden, familieleden en instanties als Amnesty International, de ANWB Alarmcentrale, Artsen zonder Grenzen, ministeries en ambassades van de (potentieel) betrokken landen. Er komt een heuse hotline op gang.

Ik merk dat de onderlinge saamhorigheid tussen familie en vrienden groeit. Natuurlijk, we kennen elkaar van korte bezoekjes en een enkel logeerpartijtje, in Haaksbergen en Heveadorp, maar daar is het bij gebleven. Tot nu, tot het moment dat we samen tussen hoop en vrees komen te bungelen, met Peter als bindmiddel. We hebben steun aan elkaar en vinden verlichting in anekdotes over de jongens en hun vermeende immortaliteit. Dat voelt goed. Niemand staat er alleen voor. Ook Alma, sinds een kleine vier maanden de vriendin van Peter, niet. Zij komt veel in Heveadorp over de vloer. 'Ik had Jan en José nooit persoonlijk ontmoet,' vertelt ze. 'Peter had me precies één keer meegenomen naar het ouderlijk huis, toen zij op vakantie waren.' Maar het contact is gelijk goed. 'Ze omarmden me en in mijn herinnering was ik minstens de helft van de tijd bij hen in huis. Ik sliep er regelmatig, kookte af en toe en liet de hond uit.'

In de loop van de vermissing houd ik de lezers van het *Algemeen Dagblad* op de hoogte van de stand van zaken, publiceer ik foto's van Marc en Peter, alsook kaartjes van hun vermoedelijke route. Ook andere media zitten niet stil. In Noord-Afrika neemt de speurtocht grootscheepse vormen aan. Er wordt door de autoriteiten contact gelegd met invloedrijke emirs, met ziekenhuizen, campings en politie- en grensposten in Zuid-Algerije, Niger en Mali. Interpol speurt mee, het Algerijnse leger stuurt helikopters en vliegtuigjes de lucht in. Via de fax worden de eerste beeltenissen van de jongens doorgegeven. Als extra impuls fabriceren we duizenden strooibiljetten met foto's om in het zoekgebied te laten verspreiden. De families loven een geldelijke beloning uit voor de gouden tip. We vinden de krant in Tamanrasset bereid alle actuele info te delen met de lezers.

De eerste Sahara-reis

Het is maart 1991 wanneer Tamanrasset, de hoofdstad van de Sahara, voor het eerst in onze belevingswereld opduikt. Peter oppert dan tegenover mij de mogelijkheid van een trip dwars door de Sahara, de grootste woestijn ter wereld. In een tijdschrift heeft hij gelezen hoe avonturiers hun, voor Nederlandse begrippen, tamelijk aftandse auto's door het Algerijnse deel van de woestijn rijden, om er in Niger, Mali of Burkina Faso een mooi bedrag voor te toucheren. Niet louter om er de terugreis mee te kunnen financieren, maar om er flinke winst mee te maken, soms wel tot 5000 gulden per exemplaar. 'Klinkt als een interessant verdienmodel,' zegt hij een paar keer gnuivend. Auto's die in Nederland in blessuretijd leven, en waarvan bij mankementen de reparatiekosten de dagwaarde overstijgen, kunnen in Afrika nog jaren mee, voor een 'vruchtbare' oude dag, als taxi of personenwagen, zo blijkt. Een kniesoor die in dergelijke oorden let op een deukje meer of minder.

De combinatie van avontuur en leuk geld verdienen is Peter op het lijf geschreven. Hij, altijd denkend in kansen en doelen, zinspeelt op een levendige handel in tweedehands auto's, nog zonder te weten wat hem precies te wachten staat. 'Maar de kans dat ik deze mogelijkheid níét met twee handen aangrijp, is kleiner dan de kans dat Jezus Christus deze week nog op aarde terugkeert,' zegt hij met typerende grijns en dito beeldspraak. De twinkeling in zijn blauwe ogen doet de rest. Als Peter iets echt wil, dan gebeurt het ook. Wat hij in zijn kop heeft, heeft hij niet in zijn kont.

Een plan de campagne komt later wel, maar er ontbreekt iets fundamenteels: een auto. Uit onderzoek blijkt, zo doceert Peter, dat Afrikanen vooral grif wensen te betalen voor de populaire Peugeot-modellen 504 en 505, maar zelf ontbeert hij de financiële middelen om iets leuks te scoren op de vaderlandse automarkt, laat staan in de categorie genoemde Franse occasions. Bevangen door zijn aanstekelijke enthousiasme reik ik hem de oplossing aan.

Ik schenk hem mijn groene Fiat 128 uit 1979, als geste. Geen Franse bak, maar een compact autootje van Italiaanse snit, met een kleine twee ton aan kilometers op de teller, niet meer in de fraaiste staat verkerend, maar motorisch oké en bovendien voorzien van voorwielaandrijving. Dat laatste lijkt me geen overbodige luxe in de Sahara, zonder de grootsheid van zo'n operatie ook maar bij benadering te kunnen inschatten. 'Een auto als gift? Is dat niet te gek?' vraagt Peter retorisch. 'Noem me één reden waarom ik het niet zou doen,' counter ik. Het is de logica der vriendschap. Andersom zou hij hetzelfde hebben gedaan. Zelf meegaan is dan inmiddels definitief uitgesloten. De vraag is wie dan wél zijn partner gaat worden op de woestijnmissie.

Zijn oog valt op huisgenoot en vriend Rijn van der Pol. Die beseft dat hij niet de eerste keus is. 'Ik was een soort *last resort*, haha. Hij had ook niet verwacht dat ik het zou doen, maar ik dacht bij mezelf: Hey, waarom niet? Ik zat in de positie er even tussenuit te kunnen knijpen, dat was niet onbelangrijk. Ik had het derde jaar van de heao afgerond en zou na de zomer beginnen aan het laatste jaar. Om dan door de Sahara te rijden: dat zou een niet voor de hand liggende, maar erg prikkelende en avontuurlijke invulling van de vakantietijd worden.'

Peter maakt een niet eerder geopenbaard vrijheidsgevoel bij hem los, zegt Rijn. 'Hij inspireerde me door de manier waarop hij in het leven stond. Hij zag niet snel gevaar, wilde alles een keer meegemaakt hebben, het leven als een spons absorberen. Zelf had ik dat van huis uit niet zo; ik was degelijker, keek eerder de kat uit de boom. Maar met zijn enthousiasme en plannen sleepte Peter me mee. Ik vond dat mooi. Het bracht me veel. Dankzij hem boorde ik andere, onvermoede eigenschappen bij mezelf aan. Ook ik wilde mijn grenzen verkennen, zo bleek. Als ik niet door hem getriggerd was, zou dat misschien nooit zo nadrukkelijk naar de oppervlakte zijn gekomen.'

Als initiator van de woestijntrip heeft Peter zich goed in de materie verdiept, merkt Rijn. 'Ook al was het zijn eerste reis door de woestijn, Peter ging niet over één nacht ijs. Hij nam contact op met mensen die eerder een Sahara-reis hadden ondernomen, probeerde zicht te krijgen op de valkuilen en wist zo ongeveer wat we aan bagage en proviand mee moesten nemen. Desalniettemin hebben we het avondenlang over de reis gehad. Omdat het een opwindend idee was en iets volstrekt nieuws. Hingen we boven de kaart van Afrika om de route te bepalen, de gevaren te bespreken.'

Twee maanden daarvoor heb ik zelf al eens met Peter naar mogelijke routes gekeken. Ook al haak ik later af als reisgenoot, ik voel me nauw betrokken bij zijn projecten en denk graag mee. Uit die eerste topografische verkenningen blijkt dat de meest logische route de volgende is: vanuit de Marokkaanse stad Oujda koers zetten naar het uiterste zuidoosten van het land, om bij het dorpje Figuig de grens met Algerije over te steken, en dan via Béchar en Béni Abbès de woestijnoase Timimoun te bereiken. Daarna is het een kwestie van kiezen uit twee opties. De eerste: min of meer loodrecht naar het zuiden rijden, om via Adrar en Reggane naar de grens met Mali te gaan, ter hoogte van het grensplaatsje Bordj Badji Mokhtar. Dan is het nog ruim 1000 kilometer zuidwaarts naar de eerste Malinese stad met een fatsoenlijke automarkt: Gao. Het stuk tussen Reggane en Gao, over een dikke 2000 kilometer, is een bijna onontgonnen piste voor uitgesproken durfals. Om de 100 kilometer kom je er, ter oriëntatie, bakens of palen tegen, lezen we in een boekje over woestijnexpedities. Onderweg zijn er twee militaire controleposten (met een tankstation, restaurants en winkeltjes), maar het even onherbergzame als desolate karakter maakt de route, in 1923 voor het eerst door een Franse expeditie afgelegd, bij voorbaat tot een hoofdpijndossier.

Wie naar Niger wil, dient vanuit Timimoun 300 kilometer schuin naar het noordoosten te rijden, om daar – ten zuiden van het oasestadje El Goléa – de Trans-Sahara Highway te pakken, ook wel de Route du Hoggar geheten, vrij naar het gebergte dat voor de reiziger aan de westkant opdoemt. Dit is een onderdeel van de route die, dwars door de Sahara, van kust naar kust loopt: van de Algerijnse hoofdstad Algiers naar de Nigeriaanse hoofdstad Lagos, over een afstand van 4500 kilometer. Een deel van deze, met diverse grensposten uitgeruste, route is op dat moment onverhard, met name in het zuiden van Algerije en op het grondgebied van Niger. Via In Salah, Tamanrasset en de grensplaatsen In Guezzam en Assamaka, kan de doortocht gemaakt worden naar de Nigerese steden waar de autohandel floreert: Arlit, Agadez, Birni-N'Konni en eventueel de hoofdstad Niamey.

Peter en Rijn besluiten voor de tweede optie te kiezen. 'Die route leek ons een tikkeltje veiliger,' zegt Rijn. 'We hadden verhalen gehoord en gelezen over banditisme op het stuk van Reggane naar de grens met Mali, daar hadden we geen trek in. Voor wat betreft de route naar Niger: er bestond nog de mogelijkheid om vanuit Oujda helemaal door te rijden naar Algiers, via de kustlijn, en dáár de Trans-Sahara Highway te nemen, maar dat zou een behoorlijke omweg zijn geweest. En minder avontuurlijk.' Het tweetal informeert nog naar de politieke situatie, die als 'rustig' wordt omschreven. Ook het gevaar van rondtrekkende roversbendes kan, op de route naar Niger, als miniem worden beschouwd, stellen de autoriteiten. Zonder problemen worden visa verstrekt.

Op de dag van vertrek wordt de Fiat 128 volgepropt met proviand, hulpmiddelen, en andere noodzakelijk geachte attributen. Een greep uit de 'inboedel': drie jerrycans voor in totaal zestig liter water, jerrycans voor tachtig liter benzine, ijzerdraad, ijzeren zandplaten, een schep, gereedschap, startkabels, zekeringen, krik, reserveband, zeep, motorolie en nylonkousen. 'Daar blijkt wel uit dat we het zekere voor het onzekere namen,' zegt Rijn. 'Want hoe onervaren we ook waren, we probeerden zo weinig mogelijk aan het toeval over te laten.'

Met de redactie van de *Twentsche Courant* spreekt Peter af dat hij na afloop, exclusief, een verslag maakt van de tocht. De reportage verschijnt op 24 augustus in de weekendbijlage van de krant, onder de kop: 'Met een ouwe bak door de Sahara'. Hieronder volgt de weergave van die publicatie, aangevuld en afgewisseld met latere bevindingen van Rijn.

MET EEN OUWE BAK DOOR DE SAHARA

Honderden kilometers diepzand, temperaturen van tegen de 60 graden Celsius, omkooppraktijken, bloeddorstige Toearegs, dronken douaniers, total loss gereden auto's en het lekkerste glas bier aller tijden. Oftewel, het verhaal van twee jongens uit Hengelo en Arnhem die hartje zomer dwars door de Sahara reden.

Door Peter Teggelaar

De voornaamste reden waarom iemand het in zijn hoofd haalt door de Sahara te rijden, is de uiterst lucratieve autohandel in Niger. In deze voormalige Franse kolonie zweert men bij Peugeots, hetgeen in de prijs dan ook volledig tot uitdrukking komt. Voor een oude wagen die bij iedere zichzelf respecterende APK-keuring geweigerd wordt, leggen ze in die contreien grif duizenden guldens op tafel. Deze spectaculaire manier van geld verdienen doet velen besluiten af te reizen naar deze hel van zand, steen en zon. Vooral in het voor- en najaar scheuren deze occasionkonvooien door de woestijn, omdat de temperaturen dan nog enigszins te harden zijn. In de zomer wagen slechts weinigen een poging, of het moeten idioten zijn zoals wij, die in verband met de vakantieperiode geen andere keus hebben.

De autokeuze was ook al verre van verstandig. Aan een oude Peugeot valt in Nederland nauwelijks meer te komen, het merendeel daarvan bevindt zich al in Afrika, maar gelukkig wisten we via een genereuze vriend gratis aan een twaalf jaar oude Fiat 128 te komen. Commercieel gezien zijn er betere keuzes denkbaar, het valt namelijk niet mee een auto te verkopen in een land waar geen onderdelen van dat merk verkrijgbaar zijn. Het kon ons eigenlijk ook niet schelen, het ging puur om de ervaring.

Rijn: 'Met goede moed vertrokken we vanuit Arnhem, maar binnen het uur kwam er op de snelweg al een politieauto naast ons rijden. Dat begint lekker, dachten we, maar gelukkig werden we niet aan de kant gezet. Wel gebaarden onze vrienden dat we onze autogordels om moesten doen, dus het bleef bij een waarschuwend vingertje. Daarmee matsten ze ons, als het ware. Die agenten zagen ook wel dat we op vakantie gingen, want de Fiat 128 zag er bepakt en bezakt uit. Het Europese deel van de route liep via Le Mans en Madrid. Bewust, want Peter zou Peter niet zijn wanneer hij níet een paar sport-gerelateerde bezoekjes op de agenda had gezet. Hij was sportgek of hij was het niet. Dus vonden we onszelf de volgende dag terug op het racecircuit van Le Mans. Om daar een paar rondjes te rijden. En ons, met de Fiat 128, deelnemer te wanen aan de '24 uur van Le Mans', de iconische racewedstrijd. We hoefden geen vreemde manoeuvres uit te halen om op het circuit te komen, we konden er zo op.

Met die ervaring *in the pocket* reden we door naar Madrid, waar we in het stadion van Real Madrid, Bernabéu, de bekerfinale wilden bezoeken, tussen Atlético Madrid en Real Mallorca. Tot onze verbazing waren er kaarten genoeg voorhanden. Ook konden we de auto direct naast het stadion parkeren, dat zou tegenwoordig niet meer kunnen. Probleempje was dat de Fiat 128 niet meer op slot kon. Dus kozen we een plek boven in het stadion vanwaaruit we de auto konden zien staan. Vanuit de naïeve gedachte dat, als er iets zou gebeuren, we naar beneden konden sprinten om verder onheil af te wenden. Een kansloos verhaal natuurlijk, maar dat dachten we echt. Voor even dan, want we werden al snel afgeleid, en niet alleen door de wedstrijd. We zaten vlak bij de perstribune, bij de commentaarposities, de plek waar Peter wellicht ooit zou komen te werken, toen een technicus van de Spaanse tv ons Nederlands hoorde praten en een gesprekje aanknoopte. Hij bleek in Eindhoven te hebben gewoond, was weer teruggegaan naar Spanje en werkte nu in Madrid. De man was zo geraakt door Peters enthousiasme dat hij ons meenam naar zijn werkplek, en een kleine rondleiding verzorgde door de regieruimte waar voor de televisie reportages werden samengesteld en uitgezonden. Best bijzonder.

Atlético Madrid won de bekerfinale met 1-0 en dat leidde tot extatische taferelen op straat. Dus wij reden met de Fiat 128 al claxonnerend mee in de stroom van auto's met Atlético-gezinde bestuurders. Dat moet een vreemd gezicht zijn geweest, een autootje met een Nederlands kenteken, tussen die met clubvlaggen en -shawls zwaaiende automobilisten. Al deed Peter een duit in het zakje door het zojuist aangeschafte Atlético-shirt van sterspeler Paolo Futre als vlag te gebruiken. Overigens duurde onze rit iets te lang. Toen het lawaai verstomde en we met woedende blikken van mensen in de straat werden geconfronteerd, bleken we in een wijk te zijn beland waar Real Madrid-supporters de dienst uitmaken. We wisten niet hoe snel we om moesten keren, haha.'

Nadat we per veerboot de Middellandse Zee zijn overgestoken, worden we aan de Marokkaans/Algerijnse grens een complete dag lastiggevallen. In Algerije is op dat moment de noodtoestand afgekondigd vanwege politieke onrust. Hierdoor nemen de veiligheidsmaatregelen schrikbarend veel tijd in beslag. De politie keert onze wagen binnenstebuiten, waarna de douane exact vijf meter verder precies hetzelfde doet. Ook aan smeergeld zijn we het nodige kwijt; samen met Marokko zitten we nu op een paar tientjes. Dat zijn nog geen bedragen om van in tranen uit te barsten, veel erger is dat onze voorraad aan sigaretten en citroenthee systematisch door de corrupte beambten geplunderd wordt. Wil je een beetje opschieten, dan dien je deze kleine potentaatjes het nodige toe te stoppen. Het is er eerder regel dan uitzondering.

Rijn: 'Gelukkig kenden we een paar Marokkaanse woorden. Een paar weken voor de trip kwamen we in de Plaza Bar in Arnhem een Marokkaanse jongen tegen. We vertelden hem over onze plannen en hij bleek de nodige kennis te hebben van het gedoe bij de grensposten. Van hem leerden we een aantal essentiële termen, die ons bij corrupte douaniers inderdaad van pas kwamen. Al hielp het alleen enigszins aan de Marokkaanse kant; de Algerijnse cultuur kent weer andere gebruiken die voor ons onbekend waren.'

Na zes uur gedonder rijden we, nog witheet, eindelijk onder de slagboom door. Daar stuiten we onmiddellijk op de eerste Algerijnse legerpost. Of we de zaak even willen uitpakken: controle ... Hier brengt het meegenomen, allang verlopen, militaire paspoort, uitkomst. Na wat sterke verhalen over Nederlandse commando's zien de heren ons als collega's en kunnen we probleemloos verder reizen. Lachend om zo veel naïviteit rijden we verder naar het zuiden, we zitten dan net binnen de grenzen van de Sahara.

Om door de Sahara naar Niger te rijden, is slechts één weg beschikbaar, de zogenaamde Route du Hoggar. Sommige stukken lijken wel door een meteoorregen te zijn geteisterd. Af en toe is een stuk weg op onverklaarbare wijze zelfs geheel verdwenen. De grote gaten zijn soms levensgevaarlijk, wie daar met hoge snelheid invliegt kan het verder wel vergeten. Onze grootste kwelgeest is echter de afschuwelijke hitte. Overdag nadert deze de 60 graden; een temperatuur waarbij het in de auto koeler is dan buiten, ondanks het feit dat de verwarming al dagenlang aanstaat ter ontlasting van de koeling. Ontspannen een arm uit het raam steken is er niet meer bij, dat leidt na een aantal minuten onvermijdelijk tot brandwonden. De watervoorraad laat dit alles ook niet onberoerd, een theezakje en een beker water zijn voldoende voor een kop thee.

Bij aankomst in Timimoun, een schitterende oase, besluiten we het anders te doen. Vanaf nu rijden we alleen nog maar 's nachts, een aanpak die uitstekend blijkt te bevallen. De weg, of wat daarvoor doorgaat, eindigt in Tamanrasset, de laatste plaats voor het meest barre gedeelte van de woestijn. Dit is het meest beruchte stuk. Ruim 600 kilometer resten vanaf daar tot aan Arlit, het eerste stadje in Niger en derhalve einddoel voor autohandelaren. Als we in Arak, een plaatsje voor Tamanrasset, in een lemen hutje tussen de vliegen de avond afwachten, ontmoeten we een Tunesiër die dezelfde snode plannen heeft met zijn VW-busje.

Rijn: 'Dat lemen hutje zou een soort theehuis annex bar zijn, maar het stelde niet veel voor. Wel hingen er foto's en posters aan de muur van het Europees Kampioenschap voetbal in 1988, en dan vooral van het Nederlands elftal. Een teamfoto, posters van Ruud Gullit, van Marco van Basten. Hadden we weer een uurtje gespreksstof. Die Tunesiër wist ook precies wie bijvoorbeeld Berry van Aerle was. Dat schiep toch een band. Op deze trip leerde ik voor eens en altijd dat voetbal een mondiaal bindmiddel is, een vruchtbare bron van communicatie.'

De Tunesiër gaat er al voor de zesde keer doorheen en wil voor ons wel als gids fungeren. Die nacht, als we samen gaan rijden, maken we kennis met de merkwaardige rijstijl die Algerijnse vrachtwagenchauffeurs erop nahouden. Op de weg waar ternauwernood één auto op past, hanteert de tegemoetkomende chauffeur het 'hij-gaat- toch-wel-aan-de-kant-principe' en ramt zo onze zijspiegel eraf. Een paar centimeter meer onze kant op en de medicijndoos had zijn waarde kunnen bewijzen.

Met het zweet nog in de handen bereiken we Tamanrasset, waar we de voorbereidingen voor een eventueel apocalyptisch vervolg treffen. Een dubbele nylonkous over het luchtfilter moet de carburateur tegen het zand beschermen, terwijl de ingekochte zandplaten de wagens uit benarde posities zullen moeten halen. Verder moeten de jerrycans met tachtig liter benzine en zestig liter water toereikend zijn. We besluiten om weer 's avonds te gaan rijden, dit ondanks waarschuwingen voor bendes Toearegs die een grote belangstelling voor onze bagage zouden koesteren. Onze grote vriend heeft al eerder met dit woestijnvolk van doen gehad. Met wat sigaretten, oude spijkerbroeken en T-shirts komt het allemaal voor elkaar, zo verzekert hij ons. Bovendien hebben we liever met Toearegs te maken dan met de allesverzengende hitte.

Rijn: 'Uiteraard hadden we ons verdiept in de situatie van de Toeareg, het Berbervolk dat de Sahara al eeuwenlang als leefgebied heeft. We wisten dat er, tussen de wapenstilstanden door, een strijd woedde tussen Toearegs en de regeringen van met name Niger en Mali. Die stammen werden in hun voortbestaan bedreigd en kwamen daartegen in opstand. Op het moment dat wij aan onze trip begonnen, trokken Malinezen en Nigerezen plunderend langs de Toeareg-nederzettingen bij de rivier de Niger. Dat kwam pas later in het nieuws, maar voor autotoeristen was er minder gevaar, zeker in de regio waar wij ons bevonden. Soms passeerden we groepjes Toearegs, in hun donkerpaarse en zwarte gewaden. Dat was een indrukwekkende aanblik, maar zeker geen dreigende. Wel waren we beducht voor nachtelijke plunderingen door roversbendes. De mores zijn dat je altijd in konvooi rijdt én samen overnacht. Zeker van Tamanrasset naar het zuiden. Zodat je elkaar kunt helpen en steunen. Je gaat een bondgenootschap aan met mensen die je nooit eerder gezien hebt. Maar je hebt een gezamenlijk doel: de overtocht maken. Als het gelukt is, gaat iedereen zijn eigen weg, maar gedurende de trip ben je letterlijk van elkaar afhankelijk. Dus als een auto uit het konvooi het begeeft, moet je accepteren dat een onbekende vanaf dat moment bij jou aan boord komt en meereist.'

Voordat een reiziger aan dit gedeelte van de trip begint, dient in Tamanrasset weer eens een controlepost met een bezoek vereerd te worden. De aanwezige soldaten verklaren ons voor gek. 'Met dát ding?!' Het was een opmerking die we al vaker hadden gehoord. Een stel Engelsen had ons daarvoor al van zelfmoordneigingen beticht. Waarom ons al deze hoon ten deel viel, werd de daaropvolgende dagen volkomen duidelijk. Het traject ligt over de gehele lengte bezaaid met autowrakken, ooit gesneuveld in het diepzand en daarna compleet leeggeroofd. Enkele reizigers hebben hun lichtzinnigheid op dit stuk zelfs met de dood moeten bekopen. Wie van de route afwijkt en vervolgens strandt, kan een lift van een nakomende auto wel vergeten en is dus ten dode opgeschreven. Wie gewoon de bakens volgt, bestaande uit betonnen palen om de zoveel kilometer, heeft hier niets te vrezen. Om aan het lot van de gestrande auto's te ontsnappen, verkennen we telkens de grote zandbakken en rotspartijen. Al snel wordt duidelijk dat er slechts één goede manier is om door het diepe zand te komen. Bij stukken diepzand rijden we eerst zo ver mogelijk terug, om er vervolgens zo hard mogelijk in te vliegen. Bij toerenverlies dient onmiddellijk teruggeschakeld te worden. Op deze wijze wordt soms meer dan honderd meter in de eerste versnelling afgelegd, vergezeld van het geluid van een dameskoor op een kookplaat. Dat een kleine Fiat hier niet voor geschikt is, blijkt meerdere malen. Waar andere wagens er vaak net wel doorheen komen, blijven wij tientallen keren muurvast steken. Het is om moedeloos van te worden. Over 350 kilometer doen we die dag vijftien uur; vijftien uur van uitgraven, duwen en voortploegen.

Rijn: 'Dit was het zwaarste gedeelte, zeker ook in fysiek opzicht. We reden weliswaar in een konvooi met onze Tunesische vriend en een paar andere auto's, maar bij autoproblemen waren we in eerste instantie op onszelf aangewezen. Als we vast kwamen te zitten, legden we ijzeren zandplaten onder de wielen. Een van ons ging achter het stuur zitten, maar de ander moest niet alleen duwen, maar ook – nadat de auto was gestart – de twee zware zandplaten oppakken en vervolgens een sprint trekken door het mulle zand én – met zandplaten en al – in de rijdende auto springen. Om de inspanningen te verdelen, waren we om de beurt het bokje. Helemaal kapot waren we dan, om soms na een paar minuten te concluderen dat we weer opnieuw konden beginnen, omdat de auto weer was vastgelopen.

Het was gloeiend heet. Airco hadden we natuurlijk niet, verwarming wel. We bedienden ons van trucjes om het daar uit te houden. Het drinkwater zo koel mogelijk houden, bijvoorbeeld. Daartoe deden we een natte sok om een plastic fles water en bonden die aan de bovenkant af met ijzerdraad. Vervolgens was het de opdracht om de fles tijdens het rijden buiten de auto te houden: door de luchtweerstand werd het water dan redelijk koel. Niet dat het lekker was, want we deden er reinigingstabletten in, om de kans op diarree te verkleinen. Maar je moest nu eenmaal doordrinken. Water is álles in de Sahara.'

Na een doodstille en koude nacht komen we de volgende morgen bij de grens met Niger aan, die midden in dit stuk woestijn ligt en louter uit wat hutjes bestaat. In Guezzam heet het hier. De formaliteiten verlopen redelijk voorspoedig, totdat het formulier voor de invoerrechten van de auto verkregen moet worden. De verantwoordelijke ambtenaar is stomdronken en weigert alle medewerking, de massale omkooppogingen ten spijt. Op het hoogtepunt van zijn zatheid rent hij een te veel aandringende reiziger zwabberend achterna. Dit natuurlijk tot groot vermaak van het aanwezige leger. Pas 's avonds is de man weer enigszins tot bedaren gekomen en onder een doodse stilte vult hij de benodigde formulieren in.

De laatste 300 kilometer moet over een redelijk begaanbare piste worden afgelegd. Die avond rijden we zuidwaarts in een konvooi met hoofdzakelijk Arabieren, die net als wij in een stralend humeur verkeren. Wat kan er nu nog misgaan, niets toch? Op dit soort ogenblikken slaat het noodlot wel vaker toe en zo dus ook bij ons. Allereerst zien twee Algerijnen hoe hun Peugeot 504 de laatste adem uitblaast, gevolgd door onze bolide, die niet meer starten wil, ondanks herhaaldelijke aanduwpogingen. Urenlang wordt die nacht door het hele konvooi aan beide wagens gesleuteld. Een Franse automonteur slaagt er na drieënhalf uur in om, onder luid gejuich, onze motor weer aan het lopen te krijgen. De stemming bij de Algerijnen is minder uitbundig. Voor hen is de reis ten einde, ze zijn gestrand in het zicht van de haven.

Het laatste stuk is een genot om te rijden. Auto's die over honderden meters uitwaaieren en met hun hoge snelheden grote stofwolken achterlaten. Een absolute must voor de liefhebbers. In de middag bereiken we Arlit, verkoopplaats bij uitstek. Dat is aan de bevolking te merken ook. Bij binnenkomst worden de wagens door de plaatselijke bevolking besprongen en proberen de potentiële kopers de eigenaren uit de auto's te sleuren om de concurrentie voor te zijn. *How much, how much*? We moeten het urenlang aanhoren. Als plaats voor de onderhandeling wordt door het hele konvooi unaniem gekozen voor de kroeg. De smaak van een koud glas bier, na dagenlang in de Sahara gezweet te hebben, tart iedere verbeelding.

De prijs die zowel wij als onze Tunesische reisgenoot voor de auto kunnen krijgen, is niet wat we voor ogen hebben, waardoor we koers zetten naar de grens met het zuidelijker gelegen Nigeria. In de grensplaats Birni-N'Konni zijn de prijzen aantrekkelijker, daar de handel zich concentreert op de illegale export naar buurland Nigeria. Onderweg slaat de rampspoed weer in al zijn hevigheid toe. Schrijver dezes ziet die nacht, mede door de nauwelijks meer werkende verlichting, een door overvloedige regenval buiten de oevers getreden rivier over het hoofd, waar we dan ook vol gas in rijden. De rivier blijkt van een dermate wild kaliber te zijn, dat we met auto en al door de stroomversnelling worden meegenomen. Een op dat moment meereizende Canadese lifter denkt dat zijn laatste uur geslagen heeft en laat dat ook vocaal blijken: 'Dit is het einde, ik ga eraan!' In zijn paniek weigert hij de auto te verlaten. Pas na veel geschreeuw van onze kant vlucht hij eindelijk via het raam naar buiten. Met het water tot over de heupen slagen we er, met medewerking van te hulp geschoten inlanders, in om de auto vijfhonderd meter verder op het droge te krijgen.

Rijn: 'Na de redding uit het water bleken we door het oog van de naald te zijn gekropen. Die inlanders vroegen ons: "En, nog slangen gezien?" Wij: "Wáát, slangen?" In die zin had die Canadees wel gelijk met zijn noodkreet.'

Dat deze escapades de kwaliteit van een auto niet ten goede komen, moge duidelijk zijn. De gehele volgende dag staat de wagen dan ook in een garage te Agadez, waar onder andere een nieuwe startmotor wordt ingebouwd. Ondanks de reparaties gaat het met de Fiat van kwaad tot erger. De Sahara heeft er, zoals verwacht, niet veel van heel gelaten. In Tahoua durven we simpelweg niet meer verder te rijden. De nieuwe startmotor heeft het inmiddels ook al bijna begeven, de accu heeft zijn beste tijd gehad, de benzinepomp werkt op halve kracht, de carburateur zit vol zand en water, de lampen hebben het nu definitief begeven, de wielen staan scheef, de achtervering is door het chassis gekomen, de ramen willen niet meer omhoog, de deuren zitten met touwen dicht, kortom: hij kan elk ogenblik uit elkaar vallen. Op wonderbaarlijke wijze weten we dit wrak aan een plaatselijke handelaar te verkopen, en wel voor 1500 gulden. We weten niet hoe snel we de stad moeten verlaten.

Rijn: 'Ik denk dat die koper verblind was door het Italiaanse merk, Fiat, dat gaf toentertijd vast iets van status daar. Hij produceerde een rauw geluidje, al was dat niet uit weelde. Met terugwerkende kracht denk ik dat we echt heel blij mogen zijn dat we er nog 1500 gulden voor gekregen hebben.'

In Birni-N'Konni laat de Tunesiër zien hoe het echt moet. Hij verkoopt zijn Toyota Hiace aldaar voor 10.000 gulden, terwijl hij er een aantal weken terug in Zwitserland nog 2000 gulden voor neertelde. Met een tevreden grijns pakken we een overvolle taxi naar de hoofdstad Niamey (tien passagiers in een Peugeot), waar we afscheid nemen van onze reisgenoot. Hij vliegt met zijn verdiende geld naar huis, wij gaan door naar Burkina Faso. In de hoofdstad Ouagadougou, Ouaga voor intimi, besteden we uitgebreid aandacht aan alle andere aspecten die een vakantie zo boeiend maken.

Rijn: 'Het was wel een verblijf tegen wil en dank, althans qua duur. We waren van plan om naar Moskou te vliegen en pas dan door naar Amsterdam. Puur voor het avontuur. Vanuit Ouagadougou ging er maar één vliegtuig per week naar de Russische hoofdstad. Die vlucht was nét vertrokken toen we aankwamen. Dus moesten we ons zes dagen in Ouaga zien te vermaken. We zaten in een shabby hotel, hadden na twee dagen alles wel gezien, maar met Peter is het nooit saai. Dus wij op een dag naar het nationale voetbalstadion, het 'Stadion van 4 augustus', waar op dat moment de spelers van de recordkampioen, Etoile Filante Ouagadougou, aan het trainen waren. Peter maakte even een babbeltje aan de rand van het veld en wat denk je: mochten we van de trainer een halfuurtje meedoen! In de brandende zon. Peter schudde een paar trucs uit zijn heupen en probeerde, vanzelfsprekend, een verdediger van het nationale elftal te poorten. Dat lukte hem nog ook, haha. Een contract dwong hij niet af, na een paar minuten waren we buiten adem. Maar dit hadden we ook weer meegepikt. Na afloop werden we gewezen op een zwembad bij een duur hotel, waar we tegen betaling een verfrissende duik konden nemen. Dat lieten we ons geen twee keer zeggen. Ter plaatse merkten we dat het zwembad alleen toegankelijk was voor blanken. Belachelijk natuurlijk, en heel even speelden we met de gedachte om niet naar binnen te gaan, maar we hadden het zo ongelooflijk heet, dat we over onze principes heen stapten. Even later trokken we een paar baantjes in dat zwembad: het voelde als een hemels intermezzo.'

Via Tripoli vliegen we naar Moskou. Nadat we daar twee dagen de toerist hebben uitgehangen, kiezen we wederom het luchtruim. Als we aankomen op Schiphol, zijn we vier weken weggeweest. In tegenstelling tot de meeste handelaren hebben wij er flink op moeten toeleggen, maar dat is het waard geweest. Onze vrienden zullen het tijdens de jaarlijkse Parijs-Dakar zwaar te verduren krijgen. Wij weten er alles van.

Kennismaking met Marc

Terug in Nederland pakt Peter zijn werkzaamheden op als freelance sportverslaggever voor de *Twentsche Courant*. Ook ik voorzie hem van de nodige schrijfklussen. Hij gaat voetballen bij Victoria '28 in Enschede. Iedere zondagmorgen raast *Das Rote Ungeheuer*, zoals we hem ook wel plegen te noemen, met veel energie over de Twentse velden, uitgeslapen of niet. Op doordeweekse avonden trappen we met vrienden tegen de bal in een zaaltje in Losser. Stappen doen we in Enschede, Hengelo en Duitse grensplaatsjes als Legden en Schüttorf. Ook Arnhem is een vaste bestemming.

Peter overnacht er regelmatig aan 'zijn' Pauwstraat. In het studentenhuis is inmiddels ook Marc Gilsing neergestreken, student aan de Kunstacademie in Arnhem. 'Hij kwam aan de achterkant van het pand in een kamer naast mij te wonen,' weet Rijn nog. 'Vanaf het eerste contact was de verstandhouding goed en vriendschappelijk. We dronken samen biertjes en spraken veel over het leven. Marc was een creatieveling, die het leven op intense wijze beleefde en van uitdagingen hield. In dat opzicht paste hij eigenlijk beter bij Peter. Dus toen die twee elkaar ontmoetten, was er gelijk een klik.'

Marc draagt als bijnaam 'Tarzan', omdat hij zich bij voorkeur met ontbloot bovenlijf door het huis beweegt. 'Dat had ongetwijfeld iets met zijn drang naar vrijheid te maken,' zegt Rijn. 'Maar misschien toonde hij zijn blote bast ook wel om de dames te imponeren. Niet dat hij over een gespierde torso beschikte, hij was eerder rank, maar hij had wel een goede uitstraling. Ik weet nog dat hij verliefd werd op Susan, die in een kamer aan de voorkant van het pand woonde. Hij haalde letterlijk alles uit de kast om haar voor zich te winnen, tot serenades aan toe. Met succes, want op een gegeven moment gingen ze als vriend en vriendin door het leven.'

Dat herinnert zijn zus, Myriam, zich nog goed. 'Op mijn verjaardagsfeestje stelde hij trots Susan aan ons voor. We zaten in een kringetje, en zij pakten er beiden een stripboek van Suske en Wiske bij, om daar uit te gaan lezen. Moest kunnen, vond Marc. Geen goed gesprek dus, haha.' Marc was eigenlijk standaard verliefd, vertelt Myriam. 'Omdat hij erg gevoelig was, zorgden de toch veelal onbeantwoorde liefdes voor verdriet, radeloosheid en onzekerheid.'

Myriam is twee jaar ouder dan Marc. Ze groeien op in De Bilt, als kinderen uit een 'warm, eenvoudig en traditioneel gezin'. Ze typeert haar broer als eigenzinnig en markant. 'Vanaf het moment dat hij kon staan en lopen, was hij ondernemend: hij zat overal op, in en aan. Als kleuter haalde hij vaak kattenkwaad uit en dit bleef hij doen. Hij hield mensen graag voor de gek. Hij was klein en bleef ook lang klein. Marc had een rond koppie en een blond kuifje, had vaak een buil, of een schram op zijn hoofd. Zijn bril was hij meestal kwijt of deze was kapot. Hij duimde de hele dag en moest een beugel.'

Binnen het gezin gaan Myriam en Marc veelal hun eigen weg. 'We groeiden op in vrijheid en harmonie en hadden fijne vakanties. Mijn vader speelde dan veel met ons. Toch botste het soms tussen hem en Marc. Met mijn moeder daarentegen had hij een goede band.'

Op de basisschool is Marc erg aanwezig. 'Hij was spontaan,

vrolijk, dromerig, een levendige verhalenverteller, erg geliefd, de clown,' zegt zijn zus. 'Hij had een positieve instelling en een enorme belangstelling. Werkte, als hij goede zin had, hard maar rommelig, deed de expressievakken met veel plezier, was energiek en tekende het liefst de hele dag. Hij hield van voorlezen. Wel was hij overgevoelig voor stemmingen en trok zich die persoonlijk aan. Ik denk omdat hij onrust en speelsheid in zich meedroeg. Ook had hij complimentjes nodig, bevestiging.'

Buiten school zit Marc op voetbal en volgt hij een blauwe maandag gitaarles. 'Verder zong hij graag en hield hij van stripboeken. Hij had veel vriendjes en een grote internationale Coca-Cola-verzameling. Hij was sociaal en empathisch, maar had dwarse buien. Kon slecht tegen zijn verlies.' Als tiener moet Marc afscheid nemen van zijn twee beste vrienden Paul en Rinie, vlak na elkaar. Paul is zijn zielsverwant; hij overlijdt aan leukemie. 'Daar had hij natuurlijk erg veel verdriet van,' zegt Myriam, 'maar het was niet zo dat we er heel vaak over spraken. We moesten gissen naar de impact die dat op hem had.'

Gedurende de mavo heeft Marc zelf geen helder idee over wat hij wil gaan studeren. 'Onze moeder heeft hem op het spoor van de grafische school gezet, om iets met zijn creativiteit te gaan doen. Die is hij gaan volgen.' Na die opleiding te hebben afgerond, aanvaardt hij een baan bij Misset Uitgeverij in Doetinchem. Om twee jaar later terug te keren in de schoolbanken, nu als student aan de Kunstacademie in Arnhem.

Myriam bewondert de creatieve, artistieke kant van haar broer. 'Ik weet nog dat hij een mooi schilderij maakte voor het eerste huis van Eelco en mij, met als basis de vormen en kleuren van onze kussens op de bank. Een prachtige creatie. Hij was ook een fantast, die veel schreef. Hij heeft weleens gezegd dat hij schrijver wilde worden; de aanleg had hij er zeker voor. En hij was filosofisch. Hij kon uren praten over toekomstverwachtingen of over muziek, tot diep in de nacht. Dan kon je veel lol met hem hebben.'

Ook ik maak kennis met Marc, op een van onze stapavonden in het Arnhemse. Eerste indruk: mooie gozer. Met zijn vrije levensopvatting, lenige formuleringen en liefde voor Feyenoord past hij naadloos bij Peter en de andere vrienden. Zijn haarknotje maakt hem tot een hippieachtige verschijning. En hij filosofeert misschien wat langer dan een ander over de zin van het bestaan, maar vermakelijk is het hoe dan ook.

De zoektocht (2)

Op 7 september 1993 is er in Den Haag een onderhoud tussen een delegatie van het ministerie van Buitenlandse Zaken en de families, om te kijken wat er nog mogelijk is aan nieuwe acties. De woordvoerder geeft aan dat er advertenties en opsporingsberichten worden geplaatst in Algerijnse kranten, terwijl onderzocht wordt of dit initiatief uitgebreid kan worden naar gedrukte media in Mali en Niger. Verder worden radiostations, tv-zenders en zelfs zendamateurs in het zoekgebied benaderd.

Ook de Duitse Sahara-vereniging steekt de helpende hand toe. Een aantal leden staat op het punt met een vrachtwagen de woestijn te doorkruisen. Theo, Jan, José en Tom, de jongere broer van Peter, rijden naar Neurenberg om ter plekke strooibiljetten te overhandigen, met foto's van de jongens en een begeleidende tekst in het Frans en Arabisch. De afspraak is dat de Duitsers voor verspreiding zorgen én proberen de route van Marc en Peter te volgen. Vanaf Tamanrasset hopen ze een spoor van het tweetal te vinden.

Omdat bij de zoektocht alle beetjes kunnen helpen, maak ik gebruik van mijn contacten in de voetballerij. Met José en Tom bezoek ik Clemens Westerhof, de Nederlandse bondscoach van het Nigeriaanse nationale voetbalelftal. Op de momenten dat hij niet in Afrika verblijft, resideert hij in Arnhem. Westerhof is eigenaar van hotel Old Dutch in het centrum van de Gelderse hoofdstad. Hij toont zich bereid de strooibiljetten mee te nemen bij zijn volgende bezoek, een kleine week later. Hetzelfde zegt Peter Rufai toe, de nationale doelman van Nigeria, die zijn brood verdient in Deventer, bij Go Ahead Eagles. Hij geniet naar eigen zeggen de status van prins en heeft familie, vrienden en kennissen in heel het land. De bereidwilligheid om te helpen is sowieso hartverwarmend groot. Niemand die zelfs maar twijfelt.

Dat we ook (het noorden van) Nigeria meepakken, komt voort uit het verhaal van de Nederlandse consul van Niger. Hij laat weten naar de stad Kano te zijn gereisd, om te checken of Marc en Peter daar een vlucht hebben geboekt. Dat is niet het geval, maar onderweg krijgt hij, naar eigen zeggen, te horen dat de jongens door hotelpersoneel zijn herkend van foto's in de Nigerese grensplaats Maradi. Dat moet eind juli zijn geweest. Een hoogst merkwaardig verhaal, omdat er ter plekke zonder problemen met het buitenland gebeld kan worden. Maar iedere flard hoop is er één.

Het is lastig realistische hypotheses te scheiden van spookverhalen. In de media regent het op speculatie gebaseerde scenario's. Logisch, zo werkt dat nu eenmaal. Zelf beperk ik me voor het *Algemeen Dagblad* tot de nieuwsgaring rondom de vermissing. Achtergrondverhalen laat ik over aan collega's, zo spreek ik af met de redactie. Met een brok in de keel tik ik de nieuwsartikelen. De gedachte dat Marc en Peter niet meer in leven zijn, een scenario dat met de dag aan waarschijnlijkheid wint, is simpelweg onverteerbaar. Maar ik moet en zal bijdragen aan de ontrafeling van dit mysterie. Wanneer ik zelf vermist zou worden, zou Peter hetzelfde hebben gedaan.

De meeste perspublicaties schetsen een angstaanjagend beeld van de woestenij in Algerije, Niger en Mali, terecht of niet. Vaak gaat het over plunderende Toearegs of roversbendes van andere origine, waarbij Nederlandse woestijnreizigers opgevoerd worden als getuigen of slachtoffers. Zo verhaalt een Amsterdamse student in het *Noordhollands Dagblad* over de onverkwikkelijke gebeurtenissen tijdens zijn reis van een paar maanden daarvoor. 'In Mali reden we een dorpje binnen om de weg te vragen,' zegt hij. 'We dachten dat we alweer in veilig gebied waren. Toen we de weg vroegen, stapte een stelletje mannen uit de struiken. Eentje schoot met een mitrailleur in de grond. Ze hebben onze twee auto's, een Peugeot en een Honda, meegenomen. We zijn netjes afgezet in de buurt van een grenspost en ze deden niet eens zo moeilijk. Ik heb nog een tijdje met een van die jongens zitten praten.'

In *De Volkskrant* vertelt een zekere Kobus over zijn ervaringen. 'We waren op weg van Tamanrasset naar Mali, een ongebruikelijke route. In Noord-Mali gebeurde het. We werden overvallen. In een dorpje hebben we toen tien dagen zitten wachten op een militair konvooi dat één keer in de maand langskwam. Het is niet helemaal uitgesloten dat die vermiste Nederlanders ook zoiets is overkomen, maar het is ook mogelijk dat ze verdwaald zijn.'

Bij iedere publicatie slaan we aan het speculeren en puzzelen. Het verhaal van Kobus kán van toepassing zijn op Marc en Peter. We weten zeker dat ze in Tamanrasset zijn geweest, en ook dat ze aanvankelijk naar Mali wilden. Wellicht hebben ze dezelfde route gekozen als deze Kobus. En zitten ze ook vast in een dorpje, zonder fatsoenlijke communicatiemiddelen. En als een militair konvooi één keer in de maand langskomt, zou dat ook best één keer in de zes weken kunnen zijn, toch? Wie zegt dat Kobus precies weet hoe het zit? Iedere aanwijzing, hoe flinterdun ook, proberen we in het positieve te trekken.

Een week later lezen we het verhaal van twee jongens uit het Noord-Hollandse Hoogwoud, Piet de Jong en Edwin Bot, nota bene door een collega opgetekend in het *Algemeen Dagblad.* Zij zeggen begin 1993 meerdere keren te zijn beroofd, eerst in het zuiden van Algerije, kort daarna in het noorden van Mali. 'We hadden onze oude legertruck in Algerije even langs de kant gezet om te rusten, toen er een auto stopte,' vertelt De Jong. 'De vier inzittenden kwamen naar ons toe, maakten een praatje, maar plotseling pakte een van hen een geweer. Ze sommeerden ons alle spullen af te geven, zoals geld, het fototoestel en de radio. Toen er een vrachtwagen aan kwam, kozen ze het hazenpad.'

Ze vertellen dat ze zich, aangekomen bij de grens met Mali, na registratie willen aansluiten bij een militair konvooi, maar dat ze tot hun verbazing door douaniers gesommeerd werden te wachten. 'We kregen de indruk dat de douane onder één hoedje speelde met roversbendes,' zegt De Jong. 'Met een paar Algerijnse vrachtwagens hebben we het toen maar geprobeerd, maar na nog geen 20 kilometer was het raak. We vielen van de ene verbazing in de andere. De bende die ons overviel, werd overvallen door een nog grotere bende met machinegeweren. De kogels vlogen ons om de oren. We werden achter onze vrachtauto gezet. Later moest ik nog enkele keren achter het stuur kruipen, omdat de overvallers er niet in konden rijden. Uiteindelijk gingen ze er met onze truck vandoor. We werden midden in de woestijn achtergelaten. Volgens de rovers zaten we vlak bij de stad Tessalit, maar dat bleek tegen te vallen. Niettemin gaven ze ons een jerrycan met water, zodat we het avontuur in ieder geval zouden overleven. Dat is ook de strategie. Zolang je maar geen tegenstand biedt of ze uitlacht, zullen ze je niets doen.'

Het berooide duo zegt te zijn opgepikt door het konvooi dat hen eerder heeft vergezeld. Uiteindelijk komen ze aan in de stad Gao. 'Na lang aandringen mocht ik een keer bellen met de Nederlandse ambassade,' vertelt De Jong. 'De man die ik aan de lijn had, verstond mij niet. Dus moesten we wachten. Ondertussen kregen we eten en drinken van de plaatselijke bevolking. Op een dag zagen we een blank persoon lopen, met wie we in gesprek raakten. Het bleek een Nederlander te zijn die werkte voor een Amerikaanse organisatie. Hij heeft ons toen aan kaartjes geholpen en zo kwamen we in de hoofdstad Bamako terecht. Daar konden we snel de terugreis regelen, ook met de hulp van de Nederlandse ambassade.'

Dit verhaal biedt misschien ook wel handvatten, al hebben Marc en Peter, zo weten we, juist vanwege het dreigende gevaar afgezien van de route naar Mali. Naarmate de tijd verstrijkt hopen we vurig dat de jongens gevangen zijn genomen door welke groepering dan ook, om welke reden dan ook, in welke plaats dan ook. Alles beter dan het lot van een zekere dood.

Maar niemand kan ons duidelijkheid verschaffen, al nemen de initiatieven toe, ook van overheidswege. De eerste secretaris van de Nederlandse ambassade in Algiers begint op persoonlijke titel een zoektocht, daarbij vergezeld door een Toeareg-prins. Een positieve ontwikkeling, omdat die laatste wellicht in contact staat met stamgenoten die zich overal in de Sahara ophouden. Tegelijkertijd beseffen we dat de oppervlakte van het zoekgebied dertig keer zo groot is als Nederland. Een speld in een hooiberg is makkelijker te vinden. Maar voor moedeloosheid is geen ruimte. We moeten positief blijven, geheel in de geest van hoe Marc en Peter in het leven staan.

Ergernis is er ook. Vooringenomen als ik ben, stoor ik me mateloos aan zogenoemde kenners die Sahara-reizigers per definitie als roekeloos typeren. Peter en Marc zijn vrijbuiters, maar ze hebben het toeval zo veel mogelijk proberen uit te sluiten. Jan, Myriam en Rijn krijgen de vraag mee te werken aan het actualiteitenprogramma *Brandpunt*. Ze zeggen toe, ter verduidelijking van de reismotieven en in de hoop op nieuwe aanknopingspunten. Uiteraard gaat het in de tv-uitzending over de betrouwbaarheid van de voorbereidingen, maar met name Rijn verwijst negatieve suggesties naar het rijk der fabelen. 'De jongens wisten precies wat ze deden.'

De omvang van het zoekgebied doen mij, andere vrienden en ook Myriam afzien van het plan zelf de reis naar Afrika te ondernemen. Natuurlijk willen we gaan. Natuurlijk willen we helpen, een persoonlijk aandeel hebben in de zoektocht. Marc en Peter zijn het laatst gesignaleerd in Tamanrasset, dat zou dus de uitvalsbasis moeten worden van onze missie. We checken of er een lijnvlucht is, proberen contact te zoeken met de gendarmerie aldaar. Maar het advies van het ministerie van Buitenlandse Zaken is onverbiddelijk: niet doen. Algerije zucht onder een burgeroorlog en niet alle moslimfundamentalisten die tegen de legertop strijden, hebben clementie met buitenlanders, zo luidt de waarschuwing. Het echte gevaar beperkt zich weliswaar tot de regio rondom de hoofdstad Algiers, zo'n 2000 kilometer ten noorden van Tamanrasset, maar gezien de omstandigheden besluiten we het lot niet te tarten.

Natuurlijk weten we dat we ter plekke weinig kunnen uitrichten. Dat we achter de feiten aan zouden lopen, in een wereld zonder deugdelijke communicatiemiddelen. Maar het voelt zo machteloos, om hoog, droog en veilig in Nederland te zitten, waar het leven gewoon doorsukkelt, zo goed en zo kwaad als dat gaat. De journalistieke klussen die ik voor Peter heb voorzien, verdeel ik met een zwaar gemoed onder andere freelance collega's. In Zwolle breng ik een bezoek aan de schaaktweekamp om de wereldtitel tussen Jan Timman en Anatoli Karpov, maar het voelt leeg. Peter zou, begeesterd door de denksport die hem mateloos fascineert, van de partij zijn. Samen hadden we Timman een greep naar de macht willen zien doen.

In de hitparade slaat 'Runaway Train' van Soul Asylum aan, een nummer met grote sociaal-maatschappelijke impact. De bijbehorende videoclip vertoont namen en foto's van vermiste kinderen in de Verenigde Staten – 'runaways' – en eindigt met een oproep van zanger David Pirner: '*If you've seen one of these kids, or you are one of them, please call this number.*' Door het grote succes worden veel kinderen opgespoord en met hun familie herenigd. Ook in andere delen van de wereld sorteert de actie, met alternatieve videoclips, effect. 'Runaway Train' valt voor mij, door de insteek en het melancholische geluid, niet los te zien van de gedachte aan Marc en Peter. Iedere keer als het nummer door de Nederlandse ether schalt, bezorgt me dat weer rillingen.

De publiciteit in de zaak heeft steeds nadrukkelijker een aanzuigende werking op vogels van diverse pluimage. Zo bieden paragnosten en handopleggers ongevraagd, en bij bosjes, hun diensten aan, in de kennelijke wetenschap uitsluitsel te kunnen bieden over lot en/of verblijfplaats van Marc en Peter. Na aanvankelijk enigszins cynisch de boot te hebben afgehouden, staan de families Gilsing en Teggelaar afzonderlijk van elkaar telepathische consulten toe onder het motto 'baat het niet, dan schaadt het niet’. ‘Het druiste in tegen ons gevoel,’ zegt José, ‘en ik heb er zelf ook nooit echt in geloofd, maar het had te maken met de steeds groter wordende wanhoop en de vasthoudendheid van een aantal van die mensen. Dus gingen we overstag, zonder dat het beslissende informatie opleverde.’ Myriam: ‘Bij ons zei een paragnoste dat ze de lichamen in het zand zag liggen bij een auto met een gebroken wiel. Creepy.’

De tweede Sahara-reis

Na de eerste woestijnreis hebben Peter en Rijn de smaak te pakken gekregen. Het idee om met tweedehands auto's door de Sahara te rijden en die met winst te verkopen laat de jongens niet los. Op de automarkten in Niger draait alles om de handel in Peugeots, hoe oud ook. 'Onderdelen hadden ze daar genoeg, en ook de mechanische kennis van juist die auto's was groot,' heeft Rijn gemerkt. 'Nou, voor ons was één en één twee. Of drie.'

Peter en Rijn ontketenen in Nederland de jacht op Peugeots, om zo snel mogelijk een nieuwe tocht te kunnen plannen. Het moet dit keer een echte handelsreis worden, met een leuk verdienmodel. Dat Rijn in het laatste jaar zit van de heao, is van ondergeschikt belang. 'Ik kon schuiven met prioriteiten. Het diploma zou ik uiteindelijk gewoon halen, op een later tijdstip.'

Er is een andere factor die een begeesterende uitwerking heeft: de ontluikende liefde voor de Sahara. Ik spreek Peter kort na terugkomst van zijn eerste trip. Hij komt woorden tekort om die mystieke ervaring te duiden. In het reisverslag voor de krant heeft hij zich, door ruimtegebrek, moeten beperken tot platitudes, maar in onze gesprekken blijkt dat de betovering van de Afrikaanse woestenij hem onder de huid is gaan zitten. 'Ik vrees dat ik verslaafd ben geraakt,' zegt hij lachend. 'Het gevoel dat je mijlenver verwijderd bent van de bewoonde wereld, in een soort van uitgestrekt maanlandschap, in het kokende zand; het is, ook door de stilte om je heen, een staaltje pure magie. En dan te bedenken dat we alleen nog maar op een doorgaande route zaten.'

Ook Rijn is bedwelmd geraakt. 'Het rare van de Sahara: er is niets, het is leeg, maar het is toch mooi, onbeschrijflijk mooi.'

Op de handelstrip zijn extra reizigers welkom, zo niet noodzakelijk. 'We wilden bij voorkeur met twee auto's gaan,' zegt Rijn. 'Met extra chauffeurs verloopt zo'n reis dan een stuk gemakkelijker. Als we de eerste auto slijten, kunnen we met de tweede door. En ook als een van de auto's het onverhoopt mocht begeven, zouden we er altijd eentje over hebben.'

De instemming van de eerste Sahara-debutant laat niet lang op zich wachten. Op het balkon bij Joop, inmiddels woonachtig in De Kasbah, een uit paalwoningen opgetrokken wijk in Hengelo-Noord, rolt er snel een verbond uit. Joop: 'Bij een biertje vertelden we over onze vakanties. Ik luisterde vol ontzag naar het verhaal van de Sahara-trip. Terwijl ik zelf net, in mijn eentje, een fietstocht door Lapland had voltooid.' Rijn lachend: 'Dat vonden wij dan weer heel gaaf. Het leverde je een soort mondeling brevet van avontuurlijk vermogen op, de grote klimatologische verschillen ten spijt.'

Zonder dat Rijn ervan op de hoogte was, had Joop een aandeel gehad in de eerste Sahara-reis. Hij was de creatieve genius en samensteller van een reeks cassettebandjes met veelal hardrock en heavy metal: de zogenoemde Sahara-tapes. Rijn: 'Dus die takkeherrie was van jou afkomstig?' Ruim dertig jaar na dato is het hoge woord eruit. 'Ja!' Rijn: 'Bedankt nog, en dat bedoel ik niet cynisch. Jullie hadden de indruk dat ik vooral van disco en andere populaire muziekstijlen hield, maar niets was minder waar. Ik hield juist van rock en heb me prima vermaakt. Alleen staat me iets bij over gekke tussenstukjes. Foute

Nederlandstalige muziek. Sketches, weet ik veel allemaal. Waar sloeg dat op?'

Joop: 'Dat was voor mij de lol. Ik zette vijf nummers van pakweg Slayer, Metallica en Iron Maiden achter elkaar. Die schreef ik ook op het etiket van het bandje. Wat ik niet noemde: de afwisseling met een fuifnummer over Ard en Keessie. Of een hilarische sketch van Koot en Bie, over een voetballer die voedselpreparaten tot zich had genomen. De gedachte dat jullie, na een portie hardrock, in de woestijn plotseling op zo'n oase van rust, humor of wansmaak werden getrakteerd, ja, daar kon ik me volop bij verkneukelen.' Rijn: 'Dat is je zeker gelukt. Het was de verbazing die overheerste.'

Na het jawoord van Joop slaagt Peter er relatief snel in voor een prikkie de gedroomde Peugeot 505 op de kop te tikken, een diesel. Hij doopt hem 'Willem-Alexander'. 'Omdat het een saaie, degelijke, grote auto was, zonder te veel uitstraling,' gist Joop naar het hoe en waarom. Een week later is ook de tweede koop een feit. Het gaat om een minicamper, een Renault Estafette, losgeweekt van een stel Arnhemse studenten. Het busje, in Nederland vaak gebruikt door ijsverkopers, trekt nogal de aandacht, door de kleine wielen en de opvallende pastelkleuren.

'Als we al redelijk anoniem hadden willen blijven, kon dat idee gelijk de prullenbak in,' lacht Rijn. 'Roze, mintgroen en lila waren de hoofdkleuren, maar de wieldoppen, raamkozijnen en bumper waren geel geverfd, om het geheel nog bonter te maken.' Peter doopt het busje 'Daphne', naar schoonspringster Daphne Jongejans. 'Hij zag kennelijk een bepaalde schoonheid in de vorm, rondingen en kleur.'

Tijdens een avondje stappen in de Plaza Bar op de Arnhemse Korenmarkt, de stamkroeg van Peter en Rijn, dient een goede kennis zich al bierdrinkend aan als vierde reisgenoot: Michael Janssen. 'Zijn zus was een mooie vrouw, op wie enkelen van ons een oogje hadden,' herinnert Joop zich. 'Dat was aanvankelijk de belangrijkste reden om met hem aan te pappen. Maar toen het contact er eenmaal was, bleek Michael een geschikte peer, die wel oren had naar het avontuur dat wij hem voorhielden.' Rijn: 'Daarmee was de opstelling bekend. Peter en ik deelden de aanschafkosten van de auto en zouden ook de eventuele revenuen ontvangen, jullie gingen mee voor de kick. En als reservechauffeurs.'

Dan wordt het december 1991. En neemt Peter, voor zijn tweede Sahara-reis, plaats achter het stuur van Daphne, met Joop als bijrijder. Rijn is de eerste chauffeur van Willem-Alexander, geflankeerd door Michael. Qua spullen, gereedschap en hulpmiddelen is geput uit de expertise van de eerste trip. Ook de noodzakelijke visa zijn zonder veel omhaal geregeld.

In Europa kiezen de jongens een andere route dan tijdens de eerste Sahara-reis. 'Le Mans en Madrid hadden we al gezien,' memoreert Rijn. 'Voor dergelijke uitstapjes hadden we nu minder tijd. We reden zo rechtstreeks mogelijk, via Lyon, Barcelona en Valencia, naar het zuidoosten van Spanje. Voor de overtocht van de Middellandse Zee kozen we Almería als vertrekpunt. En niet Algeciras, zoals de vorige keer. Dat scheelde niet alleen 400 kilometer kachelen door Spanje, maar ongeveer net zo veel kilometers reizen langs de noordkust van Marokko.'

De boot vanuit Almería brengt het gezelschap naar Melilla, de Spaanse enclave aan de oostkant van het schiereiland Cabo de Tres Forcas. ‘Dat was een aparte én mooie ervaring,’ zegt Joop. ‘We waren de vreemde eenden in de bijt tussen tientallen Marokkaanse families, soms met twaalf of veertien kinderen, die ongetwijfeld op bezoek gingen bij familie. Grootmoeders en vaders, kippen, geschenken – alles ging mee.’

Bij Beni Ensar, een Marokkaans plaatsje aan de Spaanse grens, begint het gebakkelei met de autoriteiten. Joop: ‘De grenspolitie was meer dan geïnteresseerd in onze walkietalkies. Die zouden in Marokko niet zijn toegestaan, zo werd ons verteld tijdens de “onderhandelingen”. Zonder pardon werden die spullen in beslag genomen, met de toezegging dat we ze op de terugweg weer konden oppikken. Natuurlijk wisten zij, net zo goed als wij, dat we daar niet meer terug zouden komen. Ik kende dergelijke verhalen al van jullie, nu kreeg ik er ook zelf mee te maken.’ Rijn: ‘Dit was nog niets, in vergelijking met wat komen zou.’

De route door de woestijn is, vanaf Oujda, dezelfde als tijdens de eerste trip. Dus bij Figuig de Algerijnse grens over en dan via Timimoun de Trans-Sahara Highway op. ‘Vanwege de zinderende hitte reden we daar vooral ’s nachts,’ zegt Joop. ‘In afgelegen dorpjes stopten we soms om rust te nemen, maar dat leerden we snel af. Of er kwamen ineens drommen mensen op ons af, die van alles van ons wilden, of het waren hordes wilde honden die de auto omsingelden. Als alternatief pakten we onze rustmomenten op de uitgestrekte vlakten tussen de dorpjes in. Waarbij een van ons steeds de wacht hield.’

Via In Salah rijdt het viertal zuidwaarts, in de richting van Tamanrasset. Peter en Rijn zijn inmiddels bekend met de praktijken bij grens- en politieposten, Joop en Michael ondergaan het als Sahara-debutanten vol verbazing en verwondering. Joop: ‘Ik probeerde, met het beetje Frans dat ik kon, én als veiligheidscoördinator, die gasten wijs te maken dat we door de Sahara trokken om als toeristen te genieten van de natuur, maar dat was een kansloos verhaal. Het was overduidelijk dat we gelukszoekers waren die hun auto’s wilden verkopen. Er restte ons niets anders dan die politiemensen, in ruil voor de stempels, af te kopen met sigaretten en een beetje geld.’

Rijn: ‘Je bent nu eenmaal verplicht die stempels te halen. Anders kun je het vergeten. Het lijkt de Elfstedentocht wel ... Die politieposten kende ik nog van de eerste trip, een paar maanden eerder. Het waren veelal dezelfde personen die achter hun bureaus zaten. In de buurt van In Salah was dat zelfs een jongetje van een jaar of vijftien met een mitrailleur op zijn buik.’ Joop: ‘Hij lag in zijn stoel te snurken. We moesten hem wakker schudden om onze stempels te halen. Evengoed eiste hij, eenmaal helder, een paar sigaretten op.’ Rijn: ‘Het gedoe bij die controleposten was ontzettend irritant, maar het is aan de andere kant natuurlijk een goede zaak, omdat je door die stempels geregistreerd bent als reiziger. Althans, dat hoop je dan maar.’

De natuurlijke schoonheid van de Sahara wordt voortdurend afgewisseld met praktische obstakels, merkt Joop. ‘Er zaten kuilen in de weg die zo groot waren dat de auto’s er in zijn geheel in pasten. Dan was het zorgvuldig manoeuvreren geblazen. Maar we genoten ook volop van het landschap. Van de hoge zandduinen. We prijsden ons dermate gelukkig met die omstandigheid, dat we glijbaantje gingen spelen in het zand.’ Rijn: ‘Het maakte een soort van meligheid bij ons los. Onbezorgd geluk. Alsof we terug waren in onze meest prille jeugdjaren.’

Na Tamanrasset te hebben bereikt, ontmoet het gezelschap op de plaatselijke camping Zeribas een groepje Duitse Saharagangers. Joop: 'Wij en Duitsers, dat was gelet op de geschiedenis niet de meest gangbare combinatie, maar dit keer klikte het wonderwel. Zij reden met twee grote personenbussen door de woestijn. Voor de dertigste keer zouden ze voertuigen in Niger gaan verkopen. Het was hun verdienmodel, daar leefden ze van. Het ging dus echt om Sahara-routiniers, die van de hoed en de rand wisten. Dat bood perspectief.' Rijn: 'Ze hadden ook een Fin aan boord, die door de Sahara liftte.' Joop: 'Liften door de Sahara. Ook een idee.'

De konvooi-afspraak is snel gemaakt, het Duits-Nederlandse reisverbond een feit. Plaats van vertrek: daar waar de verharde weg overgaat in een hel van zand en steen, een paar kilometer ten zuiden van Tamanrasset. Een dag later is het vertrek gepland. Joop: 'Wij stonden daar te wachten, aan het begin van de avond, toen die twee Duitse bussen in het donker kwamen aangereden. We zagen de koplampen naderen en uit een van die wagens klonk 'Davy's on the Road Again', van Manfred Mann's Earth Band. Dat moment staat me nog helder voor de geest en zal ik nooit vergeten. Juist omdat het een toepasselijk nummer was voor de situatie van dat moment.'

Het mini-konvooi krijgt uitbreiding in de vorm van een andere Peugeot 505. Met vijf voertuigen wordt aan het kritieke stuk richting de grens met Niger begonnen. Op de geaccidenteerde piste dient het gezelschap één keer halt te houden bij een controlepost van de politie. Twee beambten nemen uitgebreid de tijd auto's en bussen te doorzoeken. Joop: 'Tijdens die controle vertelde een Duitse reisgenoot me dat ze marihuana in de koelkast van een van de bussen hadden liggen. Ik schrok me kapot.' Rijn: 'Bij het aantreffen ervan zouden die beambten dat spul niet alleen in beslag hebben genomen, ze zouden een extra argument hebben gehad om meer geld of andere spullen van ons te eisen.'

Met een trucje weet een van de Duitsers ontdekking te voorkomen. Joop staat er met z'n neus bovenop. 'Op het moment dat die beambte de koelkast wilde opentrekken, imiteerde hij het knorrende geluid van een varken, ten teken dat er varkensvlees in zou liggen. De Algerijn, uiteraard een moslim, deinsde terug en zag af van een verdere inspectie. Tsjonge, dit was een hogere graad van opgelucht ademhalen.'

Met de ergernissen is het nog niet gedaan. De grens met Niger wordt zonder veel problemen bereikt, maar bij In Guezzam – nog aan Algerijnse kant – komt het bekende grensgedoe op gang. Waar Peter en Rijn nergens meer van opkijken, verschieten rookies Michael en Joop toch weer van kleur. 'Het was dit keer veel strenger dan eerder dat jaar bij de grensposten,' zegt Rijn. Joop schetst de absurditeit van de situatie. 'De grenspost van Algerije én die van Niger, in beide gevallen niet meer dan een barak, waren nog geen honderd meter van elkaar verwijderd. Aan Algerijnse kant moesten we álle spullen uit bus en auto buiten op de grond uitstallen. Daphne en Willem-Alexander werden doorzocht. En wij gefouilleerd. Niet heel streng, want in onze zolen hadden we dollars verstopt en daar kwamen ze niet achter. Vervolgens kwam het spel van de corruptie op gang. Uiteindelijk stonden we sigaretten en steekpenningen af. En waren we een paar uur verder.'

De jongens pakken de hele santenkraam weer in. En sukkelen de grens over, om in Niger op het grondgebied van het plaatsje Assamakka te belanden. 'En raad eens,' zegt Joop. 'De

Nigerese grenswachten, die zittend op stoeltjes het hele tafereel hadden gadegeslagen, verordonneerden ons om, enkele tientallen meters verderop dus, precies hetzelfde te doen. Niet te geloven. Ze hadden het allemaal van dichtbij gezien, en toch moesten we alles weer uit de auto halen en uitstallen. De opper-grenswacht, uitgerust met een grote, dure Rayban-zonnebril, gaf de instructies; de tweede in rang, met een iets minder dure en grote zonnebril, keek belangstellend toe, en de derde in rang, zonder zonnebril, zat door onze spullen te vlooien. Ook dat duurde uren en ook dat kostte ons geld en sigaretten, in ruil voor de stempel. Het was om schijtziek van te worden.' Rijn: 'We hadden geen andere keus, zij hebben daar alle macht.' Ook de Duitse delegatie komt ongeschonden de grens over. Joop: 'Of ze hadden de marihuana inmiddels opgerookt, of ze hadden een nieuwe truc bedacht.'

Vijf uur later rijdt het mini-konvooi Arlit binnen. De woestijnstad is in de jaren zestig gesticht om uranium te delven, maar ook de autohandel prijkt hoog op de lijst van inkomstenbronnen. De doldwaze taferelen zoals door Peter omschreven op de eerste reis, doen zich ook nu in alle hevigheid voor, met drommen mensen die zich opdringen. Willem-Alexander is zelden ergens groter en populairder geweest dan in Arlit. Maar eerst wordt koers gezet naar het politiebureau voor het halen van de benodigde stempels. 'Dat leek wel zo'n houten *Sheriff's office* als in een western met John Wayne,' aldus Joop, 'inclusief een cel met tralies. Peter bood een van de gevangenen een sigaret aan, maar kreeg van de commissaris direct de wind van voren. Nee, dat was niet de bedoeling. Je moest geen criminelen helpen.'

Terug op de automarkt begint het loven en bieden. Het Nederlandse viertal probeert eerst de Peugeot voor een mooie prijs van de hand te doen. Joop rept van een uiterst merkwaardige belevenis. 'Je zit in een kring met potentiële kopers en daaromheen een dichte haag van mensen van wie je niet weet of ze voor of tegen je zijn. Wel weet je dat het om opportunisten gaat die ieder voordeeltje zullen willen aangrijpen. Toen er een akkoord leek te zijn, begon een van de zittende autokopers het overeengekomen bedrag te tellen. Die gaf het door aan een ander. Die telde het weer na en gaf het wéér aan iemand anders. Die gaf het aan mij. Ik telde het uit en gaf het aan Peter, die het ook nog eens natelde. Het was niet helemaal het afgesproken bedrag, en toen moesten ze bijleggen. Dat ging niet van harte.'

Het is continu balanceren op een dun koord, zegt Joop. 'Je wilt niemand voor het hoofd stoten of uitdagen, maar je kon en mocht je ook niet te onderdanig tonen, want dan was je de sigaar. Mel Gibson presenteerde zich in de *Lethal Weapon*-films als een klein beetje gestoorde en dus onberekenbare persoon. Dat gedrag probeerden wij zo goed als mogelijk te kopiëren.'

Dat lukt. Hoewel: de spreekwoordelijke inkt van de overeenkomst is nauwelijks opgedroogd, of de kersverse eigenaren – vier man sterk – komen hun beklag doen. 'Ze waren erachter gekomen dat het om een diesel ging,' stelt Rijn, 'en met veel misbaar maakten ze duidelijk de koop ongedaan te willen maken, of anders meer geld wilden hebben voor het betalen van extra invoerrechten. Daar peinsden wij niet over. We hadden weliswaar niet gezegd dat Willem-Alexander diesel slurpte, maar zij hadden er ook niet naar gevraagd. Tja. Ze hadden de auto uitgebreid geïnspecteerd en de papieren en kentekengegevens van ons overhandigd gekregen. Dat zou genoeg moeten zijn.'

De kopers nemen geen genoegen met die uitleg, de sfeer slaat om. Ze maken agressieve gebaren en beginnen te dreigen met geweld. 'Het werd angstaanjagend,' huivert Joop nóg. 'Als we niet deden wat zij wilden, zouden we het niet overleven, riepen ze ons toe.' In de chaos die ontstaat, raken ze hun belagers op de drukke automarkt even kwijt. Rijn: 'We verstopten ons onder de banken van een van de bussen van onze Duitse vrienden.' Maar in het niets verdwijnen lukt niet. 'Want we zouden ons vanaf dat moment verplaatsen met Daphne, en laat dat nu juist een van de meest opvallende auto's zijn die ooit op het Afrikaanse continent heeft rondgereden. Na een uur stonden die gasten weer dreigend voor onze neus. Ze hoefden alleen maar bij Daphne te wachten.'

Joop: 'Ze kwamen met het verhaal dat ze de kwestie wilden voorleggen aan de politie, en dwongen ons achter hen aan te rijden naar het politiebureau. Dus wij in Daphne achter die gasten aan, om onze goede wil te tonen. Op dat moment smeedden we een ontsnappingsplan. Want een onderhoud met de politie zagen we niet zitten, in een land waar corruptie hoogtij viert. Na onze belagers een tijdje trouw gevolgd te hebben, gingen wij ervandoor. Waar zij de laatste afslag naar het politiebureau namen, reden wij plankgas rechtdoor. Op de vlucht, richting Agadez, de volgende stad.' De bescherming van een konvooi is er dan niet meer. De Duitse vrienden hebben hun bussen inmiddels in Arlit voor de gewenste bedragen kunnen verkopen en zich naar een regionaal vliegveld begeven, om van daaruit de terugreis te aanvaarden.

Het viertal hoopt verlost te zijn van de dreiging, maar niets is minder waar. Joop: 'Na een halfuur werden we bijgehaald door een grote auto met boos kijkende mannen. Ze gingen dreigend naast en achter ons rijden. Het kon niet anders of zij moesten behoren tot de groep aan wie wij de auto hadden verkocht. We knepen hem behoorlijk, want als ze ons met wapens zouden dwingen te stoppen, was het een kansloze affaire geworden. Als ze ons daar door de kop hadden geschoten, in *the middle of nowhere,* zou er geen haan naar gekraaid hebben.'

Rijn: 'We hadden precies één honkbalknuppel bij ons, op vier man. En een heuse honkbal, zodat we bij de doorzoekingen aan de grens steeds konden zeggen: *we like baseball.* Dat was feitelijk juist, maar uiteraard zou de knuppel in noodgevallen kunnen dienen als slagwapen om "vijanden" mee op afstand te houden. We moesten iets hebben om ons mee te verdedigen.'

Het scenario van een wanhopige verdediging lijkt lange tijd realistisch. Joop: 'Die auto bleef ons achtervolgen. Soms op tweehonderd meter afstand, dan weer dreigend opdoemend vlak achter ons. Na twee uur zeiden we tegen elkaar: "We komen er niet vanaf, laten we maar stoppen, en dan maar kijken wat er gaat gebeuren." We minderden vaart, parkeerden Daphne langs de kant van de weg, in de veronderstelling dat er een confrontatie zou volgen. Het was angstaanjagend. Die auto kwam inderdaad stapvoets dichterbij, maar reed plotseling hard door. En weg waren ze, een grote stofwolk achterlatend.' Rijn: 'Er viel een last van onze schouders. Tot op de dag van vandaag weten we niet wat er in die mannen omging, maar het kan bijna niet anders dan dat ze ons een tijdje schrik moesten aanjagen, als een soort van represaille.'

Ook in het vervolg blijkt dat de Renault Estafette in Niger een 'besmette' auto is. In de hoofdstad Niamey raken de jongens Daphne aan de straatstenen niet kwijt. Rijn: 'Op de automarkten, in kroegen met potentiële handelaars: niemand wilde het busje kopen. Kennelijk was doorgebriefd dat we onbetrouwbaar waren, vanwege dat gezeik in Arlit. Daphne stond op een zwarte lijst. Ook in dit geval hielp haar uiterlijk niet mee. Zelfs in een stad met bijna een miljoen inwoners was de potsierlijk uitziende Estafette niet over het hoofd te zien.' Joop: 'Toen bekroop ons opnieuw een angstig gevoel. Als de lange arm van die autoverkopers al tot de ziel van Niamey reikte, konden we misschien alsnog een confrontatie verwachten.'

Zover komt het niet, maar het busje moet en zal verkocht worden. Er rest één optie: een poging wagen in buurland Mali, op de populaire automarkt van Gao. 'Daar hadden we goede verhalen over gehoord,' zegt Rijn. 'En het leek ons sterk dat Daphne ook daar ongewenst was.' Peter en Rijn vangen getweeën de reis aan, Joop en Michael blijven achter in Niamey. Zij proberen de eerstvolgende vlucht naar Brussel te pakken, met de Belgische luchtvaartmaatschappij Sabena.

Rijn: 'Peter en ik zouden dan vanuit Gao terugvliegen, met tickets die werden bekostigd uit de opbrengst van Daphne. Het was 450 kilometer rijden, richting het noordwesten. Dat moest in een dag kunnen, hadden we berekend. Maar onderweg werden we, na een uur of drie, ziek. Hondsberoerd. Zo slap als een vaatdoek, niet meer vooruit te branden. Waarschijnlijk hadden we iets verkeerds gegeten of gedronken. Er zat niets anders op dan terug te keren naar Niamey. Zonder te weten waar jij en Michael precies uithingen.'

Toevalligerwijs komt het tot een snelle hereniging. Joop: 'We hadden geen communicatiemiddelen, maar troffen elkaar in een kroeg waar veel autohandelaren kwamen. Inmiddels was ook Michael ziek geworden, en omdat de bus niet was verkocht, zaten we niet ruim bij kas. Het was zelfs de vraag of we genoeg geld hadden om met vier man terug te vliegen.'

Joop is als enige fit en helder. Op de luchthaven opent hij de jacht op vliegtickets. 'Dat was nog een heel gedoe. Veel mannetjes, op het eerste gezicht sjacheraars, boden een oplossing: als ik onze paspoorten zou afgeven, regelden zij vier tickets. Dat was me te link, daar tuinde ik niet in. Aan de andere kant wilden en moesten we weg. Op mijn instinct ben ik met iemand in zee gegaan die betrouwbaar overkwam. Hij bleek piloot te zijn bij Sabena. Via hem kwamen we aan relatief goedkope vliegtickets naar Brussel.'

De Renault Estafette laten ze achter in een straatje op loopafstand van het vliegveld. Rijn: 'We gooiden zand in de tank. Als wij er niets mee konden, dan een ander ook niet, zo was de redenatie. In het vliegtuig kregen we daar al spijt van. We hadden er beter een arme sloeber blij mee kunnen maken. Maar we waren ziek en kennelijk niet meer fris van geest, op een andere manier kan ik die handelwijze niet verklaren.' Joop: 'We waren blij dat we de thuisreis konden aanvaarden. Ik weet nog dat aan boord van het toestel veel autohandelaren en vrije geesten zaten. Qua uiterlijk en hygiëne een schril contrast met de stewardessen van Sabena.'

In Brussel stappen de vermoeide Sahara-reizigers op de trein naar Nederland. Joop vervolgt: 'Het was een gewone doordeweekse ochtend, de coupés zaten vol met opgeschoten schooljeugd. Zodra wij binnenkwamen vielen de gesprekken stil en keek iedereen ons aan. Alsof we zombies waren, of ontsnapte criminelen. Zonder moeite vonden we genoeg plekken om te liggen, de jeugd maakte direct plaats, al zou het ook aan onze geur kunnen hebben gelegen. Hoewel: het Toeareg-zwaard dat

Peter in Niger had gekocht, en duidelijk zichtbaar uit zijn rugzak hing, kan daarmee te maken hebben gehad.' Rijn: 'Dat weet ik wel zeker. Het zag er nogal vervaarlijk uit.'

Alles bij elkaar overheerst bij de woestijnreizigers de voldoening van een bizarre maar geslaagde trip. Voor Joop is de kennismaking met de Sahara een verrijkende ervaring geweest. 'Daar vallen het gezeik bij de grensposten en de dreiging van die autokopers bij in het niet. Ik heb de magie van de woestijn geproefd en gevoeld. Op je rug liggend in het zand een sterrenhemel zien tot waar je maar kunt kijken. De stilte om je heen. Je hoorde alleen een zacht ruisen in je oor, verder niets. De verzengende hitte overdag. Het desolate karakter van het landschap. Heel, heel bijzonder. Ik had het voor geen goud willen missen, ben blij en dankbaar dat ik ben meegegaan.'

Bij ons weerzien in Nederland benadrukt ook Peter 'een fantastisch avontuur' te hebben meegemaakt. 'De verslaving is alleen maar in hevigheid toegenomen,' zegt hij lachend. 'Dat we ondanks de verkoop van de Peugeot nauwelijks iets aan de trip hebben overgehouden, is van ondergeschikt belang. Ook nu weer. Als puntje bij paaltje komt is geld het slijk der aarde. En gaat het om vriendschap, vrijheid en blijheid.' Het zijn de gevleugelde woorden die naadloos bij zijn karakter en levensfilosofie passen.

Busondernemer in Ghana

Medio februari 1992, nog geen twee maanden na zijn terugkeer van de tweede Sahara-reis, krijgt Peters nieuwe avontuur gestalte. Dankzij een verbintenis in de familie zijn er kansen komen te liggen in Ghana. Zijn (peet)tante Monie, net als hij roodharig en temperamentvol, is getrouwd met een Ghanese arts. Deze woont weliswaar met haar in achtereenvolgens Nederland en Duitsland, maar in zijn geboorteland draagt hij de titel van stamhoofd; een status die ter plekke vele deuren opent. Met de zoon van het Ghanees-Nederlandse echtpaar, een volle neef, raakt Peter op een familiefeestje aan de praat over het opzetten van een busonderneming in het Afrikaanse land.

Het blijft niet bij een vrijblijvend onderhoud. De neef is net klaar met school en voelt wel voor een avontuur als beginnend ondernemer in de vervoersbranche. Ook zijn ouders zijn enthousiast. Zijn vader laat op dat moment aan de oever van het Voltameer een huis en een kliniek bouwen. Hij is van plan te gaan pendelen tussen Duitsland en Ghana. Waar nodig kan hij zijn invloed aanwenden. Peter is enthousiast. Hij doktert een ondernemingsplan uit en schaft, met financiële hulp van de oom, een tweedehands Mazda-bus aan voor vijftien personen.

Een 22-jarige Nederlander die naar Ghana 'emigreert' om er een busonderneming te beginnen; het verhaal lijkt me geknipt voor het *Algemeen Dagblad*, in de categorie human interest met een *newsy* ondertoon. Zo denkt de redactie er ook over. Met alle soorten van genoegen teken ik, in het kader van de rubriek 'Mensen', het verhaal op van mijn flamboyante bloedbroeder, met als kop 'Met een kleine bus op weg naar het grote geld'. Voor de foto neemt Peter breed lachend plaats achter het stuur van een stadsbus in Hengelo. Een ritueel dat zich de volgende dag herhaalt, want ook de *Twentsche Courant* wil de lezers informeren over de nieuwste stunt van haar freelance sportverslaggever.

Uit de verhalen komt naar voren dat het avontuur de nodige voeten in de aarde heeft, door duistere en magische krachten. Zo lijkt het transport van de Mazda-bus omgeven met een voodoo-achtige dreiging. 'We waren van plan de bus zelf naar Ghana te rijden, dwars door de Sahara,' vertelt Peter, 'want ik wilde die beleving nog weer een keer voelen. Maar een waarzegster voorspelde mijn tante dat we die trip niet zouden overleven. Ook bij een tweede bezoek aan de waarzegster kreeg ze dezelfde boodschap te horen. Mijn tante nam dat heel erg serieus. Ze kwam tien jaar geleden toevallig bij die zieneres terecht. De vrouw waarschuwde haar toen dat ze per se niet met een bepaald vliegtuig moest reizen, een dag later, omdat het haar dood zou betekenen. Naderhand kwam mijn tante erachter dat zij en haar man op het vliegveld inderdaad waren opgewacht door een commando van zwaarbewapende gasten. Dat had te maken met een verder ingewikkelde politieke geschiedenis, maar feit is dat ze volgens haar aan een aanslag waren ontsnapt. Sindsdien zweert mijn tante bij de voorspellingen van die waarzegster. En ofschoon ik zelf niet van het bijgeloof ben, moeten we het noodlot niet tarten. Dus wordt de bus verscheept.'

Over de 'lange arm' van zijn oom in Ghana zegt hij: 'Hij en zijn familie hebben daar veel invloed, zo kon alles snel en makkelijk geregeld worden. De verblijfsvergunningen, de vergunning voor het invoeren van de bus die deze week in Rotterdam op de boot gaat. Zelf pakken we het vliegtuig en als we geland zijn, hebben we nog een week de tijd een geschikte buslijn uit te stippelen. Er staan al mensen klaar om ons te helpen, daar is ook voor gezorgd.'

Zijn nieuwe woonplaats gaat vooralsnog Accra worden, de hoofdstad van Ghana. 'Het is er warm, maar niet zo warm als in het binnenland. We zitten aan de kust, aan een prachtig strand. Dat is lekker, maar ook vanuit bedrijfseconomisch opzicht gunstig, omdat we over een paar maanden met meer bussen willen gaan rijden. Om ook toeristen te vervoeren, van het vliegveld naar hotels bij het strand. Mijn oom en tante zijn van plan in Duitsland een reisorganisatie op te zetten, zodat zij ons de klanten kunnen toespelen.'

De Mazda is volgens West-Europese begrippen weliswaar stokoud, hij moet in Ghana flink aan de bak. 'De bus moet iedere dag leveren, dat is duidelijk. Je rijdt om een uur of halfzes 's ochtends naar het centrale busplein in Accra en begint daar kaartjes te verkopen. Als je de bus vol hebt, vertrek je. Om precieze tijden bekommert niemand zich. Het is vooral de kunst een route uit te puzzelen die voortdurend passagiers oplevert. We zitten op dit moment te denken aan een route naar het Voltameer. Een volle bus heen, een volle bus terug zou moeten lukken. Als je daarin slaagt, zit je goed.'

Zeker ook financieel. 'We hebben uitgerekend dat we per dag zo'n 30.000 sidi's kunnen verdienen. Dat is veel. Een topambtenaar verdient in Ghana zo'n 100.000 sidi's per maand, dat kunnen wij in drie dagen toucheren. Als je dat bedrag naar Nederlands geld zou omrekenen, zit je zo'n beetje aan een modaal inkomen. Naar Ghanese begrippen ben je rijk. Eigenaren van bussen zijn rijke mensen. Tenminste, als ze een bus voor zichzelf hebben. Maar het komt ook veel voor dat een hele groep samen één bus koopt.'

Het bedrijfsplan behelst de intentie om na een halfjaar kort terug te keren in Nederland, en met Rijn een tweede bus naar Ghana te brengen. Maar tussen droom en daad gaapt niet zelden een groot gat, zo tempert Peter al te hoge verwachtingen. 'Voor mijzelf is het de bedoeling dat het drie keer scheepsrecht gaat worden in Afrika. Dat er na die twee weinig lucratieve woestijnreizen nu wél een beetje geld aan de strijkstok blijft hangen. Maar ik weet ook: als we die bus binnen de kortste keren aan puin rijden, is het uit met de pret.' Ook in dit geval geldt: 'Het gaat in eerste aanleg om het avontuur. De rest is meegenomen.'

Door de te voorziene matige communicatie met Ghana, en het wankele vooruitzicht van een bestaan zonder president-directeur, besluiten we de PREM op te heffen. Kleine jongetjes worden groot, we slaan nieuwe richtingen in. Op 8 en 9 februari 1992, om precies te zijn de zevende jaargang nummer 26, wagen we ons voor het laatst aan de prognoses. Op het menu staan louter voetbalwedstrijden, van Ajax-PSV (beker) tot Notts County-Arsenal en van Foggia-Fiorentina tot Tenerife-Deportivo La Coruña. Het is Peter die zich tot winnaar kroont van die memorabele sloteditie. Naar elkaar spreken we spottend de wens uit ooit, in de verre toekomst, een doorstart te maken, wellicht 'in de setting van een bejaardentehuis'. Maar de correctie komt binnen een nanoseconde. 'Wij in een bejaardentehuis? Nooit! Voordat die route dreigt, zijn we naar de kloten.' Nee, we laten ons in dit leven geen afhankelijkheid aanleunen. Voor zover we daarover kunnen beslissen, uiteraard.

Bij aankomst in Accra, half februari, staat er een chique limousine op Peter en zijn neef te wachten. Ze worden met alle denkbare egards behandeld.

Op 26 februari krijg ik vanuit Accra een eerste briefkaart toegestuurd. Afzender: Peter Teggelaar c/o J.K. Owusu, Principal Secretary. Ministry of Energy, PO Box T40, Stadium Post Office, Accra, Ghana. Peter opent met: 'Bloedbroeder, het begin is daar, het eerste schriftelijke teken van een schier oneindige reeks.' Dan: 'Morgen zal ik voor 80.000 toeschouwers de Ghanese voetbalkraker Kotoko-Hearts of Oak aanschouwen. Welke club ik reeds in mijn hart gesloten heb, moge duidelijk zijn. Jaaahhh! Hearts of Oak! Wat een naam! Met natte groet, uw Ghanese galeislaaf.'

De ontwikkelingen bij de kersverse busonderneming stemmen minder vreugdevol. Als jonge, energieke wereldveroveraar neemt Peter zelf plaats achter het stuur van de Mazda, maar dat stuit al snel op boze reacties. Later zegt hij daarover: 'Een blanke die een bus bestuurt met zwarte passagiers in een land met een zwarte bevolking, dat was dus geen goed idee. Vanuit de geschiedenis leeft in Ghana heel nadrukkelijk de gedachte dat blanken superieur zijn en leidende posities zouden moeten innemen. Een blanke kan kennelijk niet dienend zijn aan zwarte mensen. Dat kan ik wel onzin vinden, en dat vind ik ook, maar deze rolverdeling was onbestaanbaar, zo werd me van alle kanten duidelijk gemaakt. Eerlijk gezegd had ik me dat totaal niet gerealiseerd.' Met zelfspot: 'Ghana was nog niet klaar voor een blanke buschauffeur met, ook dat nog, een rode haardos. Het was olie op het vuur.'

In de daaropvolgende weken neemt Peter, tegen wil en dank, een andere rol op zich. 'Ik werd verantwoordelijk voor de financiën. Geld tellen, de boekhouding bijhouden. Het busbedrijfje liep best aardig, maar dit was niet waarvoor ik naar Ghana gekomen was. Ik wilde ook zelf actief zijn, energie in het avontuur steken, had geen zin om – bij wijze van spreken – vanuit mijn luie stoel een administratieve functie uit te oefenen.' Het Ghanese avontuur breekt in de knop. In de wetenschap dat het leven meer te bieden heeft, gaat de bus in de verkoop en keert Peter met zijn neef terug naar Nederland. 'Ik heb er geen seconde spijt van gehad,' zegt hij bij thuiskomst. 'Als je zulke dingen niet probeert, weet je ook niet hoe het uitpakt. Ik ben weer een fascinerende ervaring rijker.'

Na zijn terugkeer uit Ghana strijkt Peter, uit praktische overwegingen, neer in Arnhem. Hij komt tijdelijk weer in het goeie ouwe pand aan de Pauwstraat te wonen, onder één dak met vrienden Rijn, Frank Dankaart en Frank Huning. Marc Gilsing is dan net verhuisd naar een woning verderop in Arnhem, aangekocht door zijn ouders.

Peter filosofeert met Rijn en Joop over nieuwe, grootse avonturen. Geïnspireerd door zeezeiler Henk de Velde, die pogingen doet het wereldrecord 'solo rond de wereld zeilen' te verbeteren, lanceren zij het lumineuze idee per auto de aardbol over te trekken. In de *Arnhemse Courant* doet Peter, samen met Rijn, zijn plannen uit de doeken. 'Het traject staat in grote lijnen vast. Van hier naar Vladivostok in het uiterste oosten van Rusland, dan met de boot de Beringstraat over, naar Alaska, vervolgens zuidwaarts via Midden- en Zuid-Amerika, om in Brazilië de Atlantische Oceaan over te steken en via Afrika terug te keren naar Europa.'

Voorwaarde is dat de avonturiers worden gesponsord. 'We hebben naar verwachting 80.000 gulden nodig,' stelt Peter in het bewuste artikel, 'waarbij we zonder problemen kunnen ingaan op verzoeken van een sponsor om ter promotie video's of reisverslagen te maken. We azen dan ook vooral op bedrijven met vestigingen in het buitenland.' Rijn, daarop terugkijkend: 'Uiteindelijk hebben we tientallen brieven de deur uit gedaan. Onder meer naar het automerk Opel, met het verzoek om een nieuw exemplaar te testen en daar dan over te schrijven. Ook hebben we de redactie van het *Guinness Book of Records* aangeschreven, of we met deze reis in aanmerking zouden komen voor een vermelding, een wereldrecord. Maar een serieuze poging de uitdaging aan te gaan kwam er niet van, want uiteindelijk bleef de respons van geldschieters uit.'

Ondertussen pakt Peter een andere passie op: het schrijven over sport. Hij vindt emplooi bij de *Arnhemse Courant*, waar hij aanvankelijk de functie van korfbalmedewerker krijgt toebedeeld. Dat komt hem op de hoon en spot te staan van vrienden, maar bovenal van hemzelf. Zijn werkveld breidt zich evenwel snel uit; de redactiechef herkent zijn potentieel en zet hem in als vliegende verslaggever. Voor wie er – in Arnhem en ommelanden – oog voor heeft, is het smullen geblazen met Peters tekstuele vindingrijkheid. Zo schrijft hij, zelf een fervent snookerspeler, veel over de snookersport.

Naar aanleiding van het Derde Open Arnhem snookertoernooi:

Snooker is het elitaire niveau inmiddels ontstegen. Het zijn alleen de vlinderstrikken en keurig zwarte vestjes die herinneren aan vroegere tijden. Vooral het laatste decennium heeft de meest kleurrijke snookerspelers voortgebracht, de conservatieve façade ten spijt. Meest bekende, en tevens beruchte, is Alex Higgins. De Ier heeft al vele jaren een hartstochtelijke relatie met de whiskyfles en dat levert vele anekdotes op. Zo speelde hij regelmatig in stomdronken toestand zijn partijen, waarbij hij nauwelijks meer tot lopen in staat was. Het getuigt van zijn gigantische talent dat hij desondanks nog vaak wist te winnen ook. Sterker nog: hij werd wereldkampioen. Twee jaar geleden bombardeerde Higgins zichzelf tot persona non grata door een medespeler, lolbroek Dennis Taylor, met de dood te bedreigen. En de afgelopen maand kwam hij niet opdagen bij het World Trickshot Championship omdat hij in Dublin een schip te water moest laten, maar daarbij weigerde de fles los te laten.

In een verhaal over het WK Snooker:

De strijd van beide eilandbewoners is een botsing van karakters en speelstijlen. Tegenover de koorknaap Stephen Hendry staat de flamboyante Jimmy White, wiens wereld niet alleen uit de snookertafel bestaat. Dat is ook de reden van zijn relatief matig gevulde prijzenkast, want dit natuurtalent laat geen kans voorbijgaan zijn slokdarm te laten beminnen door schuimend bier.

Ook ik heb weer een reeks opdrachten voor Peter in petto. Zo betrek ik hem én Joop bij een magazine over FC Twente. Omdat er een samenwerking loopt tussen de club en Scholengemeenschap Zuid, moeten er verhalen komen met twee scholieren annex topvoetballers-in-de-dop: Arnold Bruggink en Rik Platvoet. Contactpersoon is conrector Wim Gobius du Sart, de man die in een vorig leven stapelgek van ons moet zijn geworden. In de nieuwe realiteit stelt hij zich uitermate sportief op. Hij verleent alle medewerking en complimenteert ons met de weg die we zijn ingeslagen. Dat hoeft hij niet te doen, maar hij doet het wel.

In september blijkt dat mijn vriendin Carmen in verwachting is van onze eersteling. Als alles goed verloopt, ga ik nog voor mijn 25ste vader worden. In onze vriendenkring heb ik, met afstand, de primeur. Hartverwarmend is het ongebreidelde enthousiasme van Peter. Hij is dol op kinderen en denkt hardop mee over potentiële namen. Als Feyenoord-adept komt hij met Gaston, Regi, Arnold, József en Ruudje op de proppen. 'Kies er daar nu maar eentje van uit, dan ga ik te zijner tijd op zoek naar een rompertje van Neerlands beste club,' knipoogt hij.

Eind 1992 verhuist Peter met Rijn naar het Luthers Hofje in de Arnhemse volkswijk Klarendal. In die periode reis ik regelmatig naar Duitsland voor het verslaan van voetbalwedstrijden in de Bundesliga. Ik neem Peter dan mee als 'stagiair'. Onze verhouding met Duitsland en Duitsers neemt steeds hoffelijker vormen aan; het stadium van de opgeklopte kift lijkt voorbij. Ook bij interviews met Feyenoorders is Peter vaak van de partij. Zo bezoeken we de in België als trainer werkzame Jan Boskamp. Het wordt een gedenkwaardige middag vol onversneden humor.

Ik overlaad Peter met freelance schrijfopdrachten en we speculeren over het opstarten van een eigen krant. Er ligt zowaar een leven van structuur op de loer, maar Peter zou Peter niet zijn wanneer in zijn bovenkamer niet de symfonie van een nieuw avontuur zou rondzingen. Of beter gezegd: het mooie, mystieke en bij tijd en wijle meedogenloze karakter van de Sahara. De twee eerdere reizen hebben dat verlangen alleen maar doen toenemen, merk ik.

Op 6 april 1993 ziet, om 11.20 uur, mijn zoon Pjotr het levenslicht. Wanneer ik Peter om 11.35 uur op de hoogte breng van dat heuglijke nieuws, weet hij niet hoe snel hij in de auto moet springen. Samen met Rijn arriveert hij, nog vóór 13.15 uur, in het Stadsmaten-ziekenhuis in Enschede, eerder nog dan veel familieleden, om het kersverse wereldwonder met eigen ogen te aanschouwen. Met een welgemeend 'jaaahhhhh' verwelkomt hij Pjotr in het ondermaanse. De betrokkenheid van Peter doet me veel. Gevoelsmatig is hij de peetvader van Pjotr, die zonder Russisch-Poolse 'omvorming' zijn naam zou dragen. Niet bewust overigens, want de inspiratie, van vrouwlief, komt van het gelijknamige boek van Jan Terlouw.

Terwijl moeder en baby uit voorzorg een nacht in het ziekenhuis blijven, vieren we thuis de geboorte van Pjotr. In die roes van geluk en prettige verwondering vertelt Peter dat zijn besluit over een nieuwe Sahara-reis vaststaat. 'Ik kan de verleiding simpelweg niet weerstaan,' zegt hij, 'en laten we wel zijn: ik ben ook te lang niet geweest. Liefst anderhalf jaar!' Om daaraan toe te voegen: 'Aan de andere kant zou het zomaar kunnen zijn dat dit de laatste reis door de Sahara gaat worden. Misschien moet ik maar iets rustiger gaan leven.' Ook Rijn zegt veel voor een derde, gezamenlijke woestijntrip te voelen, ook al begint hij als zelfstandig ondernemer aan de weg te timmeren met zijn bedrijfje in boekhoudkundige diensten, Rijnland Consultancy geheten. 'Maar in de zomer zou het moeten kunnen,' zo taxeert hij de status van dat moment.

Vier dagen na de geboorte van Pjotr publiceert Peter in de kranten van de GPD-persgroep, waaronder de *Twentsche Courant* en de *Arnhemse Courant*, een verhaal met als kop 'Zuigeling krijgt seizoenkaart van FC Twente'. Het gaat over Pjotr, die van FC Twente een jaarkaart toegezegd heeft gekregen voor het seizoen 1998-1999. Peter, in het verslag: 'Over zes jaar kan Pjotr de familietraditie voortzetten, als hij zich met sjaal, pet en Bengaals vuurwerk richting Vak P zal begeven. [...] Toen zijn vriendin zwanger was, stond het besluit van Eddy vast. Hij spoedde zich richting Diekmanstadion en bestelde vast een seizoenkaart voor de baby. Kritische opmerkingen over sportverdwazing werden weggehoond.'

Voor de trip naar de Sahara is Joop dit keer niet beschikbaar. Hij heeft zijn rijbewijs nog niet. 'Bij een nieuwe reis wilde ik niet alleen als passagier en bijrijder mee, maar ook zelf een inbreng hebben, als bestuurder.' Wel zijn andere extra reispartners in beeld. Erwin van Marle voelt veel voor het avontuur. Ook Marc Gilsing bruist van enthousiasme. In gesprekken over de Sahara stelt hij zich voortdurend kandidaat. Dat Marc koste wat kost een keertje mee wil, verbaast niemand. Ook hij verlegt graag zijn grenzen en dit is de ultieme kans daarop. Allengs worden wilde ideeën omgezet in concrete plannen.

Half april leert Peter tijdens een avondje stappen in Arnhem de achttienjarige Alma van Steenbergen kennen. Het is een gevalletje van liefde op het eerste gezicht. De twee zijn al snel onafscheidelijk. Het leeftijdsverschil is fors, bijna zes jaar, maar het zit de intensiteit van de prille relatie niet in de weg. Alma: 'We hadden het flink te pakken. En natuurlijk was Peter veel ervarener dan ik. Hij had al de nodige liefjes en scharrels gehad. Toch was duidelijk dat deze liefde anders was. Hij was heel beschermend en respectvol richting mij. Nooit had ik het gevoel dat hij sneller wilde dan ik, die nog groen als gras was, qua alles.'

Begin mei kondig ik aan later dat jaar te gaan trouwen. 'De eerste van ons die aan de ketting komt te liggen,' klinkt het honend. De plechtigheid en het bijbehorende feest worden gepland voor 19 november. Peter werpt zich alvast op als regisseur van wat, in zijn ogen, een 'epische gebeurtenis' moet gaan worden. Hij doelt vooral op het bijbehorende vrijgezellenfeest. 'De regio Twente zal niet alleen op haar grondvesten trillen,' belooft hij, 'ze zal definitief haar onschuld verliezen. Je hebt vrijgezellenfeesten en vrijgezellenfeesten. Dit gaat de overtreffende trap worden.'

Maar eerst wacht hem een zinderende zomer met een avontuurlijke woestijnreis. Ik krijg het nodige mee van de voorbereidingen, omdat we elkaar veel zien. We gaan regelmatig stappen in Arnhem. Op en rond de Korenmarkt filosoferen we, deels beneveld door de uitwerking van een salvo van De Koninck-biertjes, over de zin en onzin van het leven. Ook Alma is soms van de partij. Ik merk dat de verliefdheid tussen het tweetal alleen maar in hevigheid toeneemt. 'We wisten echt zeker dat we bij elkaar hoorden,' zegt Alma. 'Waren er regelmatig heel geëmotioneerd door, tranen van geluk. We wilden niets liever dan bij elkaar zijn. Het deed bijna pijn als dat niet lukte.'

Als verslaggever kiest Peter soms voor een even verrassend als subtiel communicatiemiddel. Alma: 'In de verhalen die hij voor de krant schreef, verpakte hij boodschappen voor me. Het ging dan over een voetbalwedstrijd, maar als ik goed las, stond er een liefdesverklaring in. Erg creatief van hem. Lezers hebben daar nooit iets van gemerkt, maar ik vond het fantastisch en ontroerend tegelijk.'

Alma vindt het 'serieus spannend' dat Peter een Sahara-reis onderneemt. 'Maar omdat hij het al twee keer eerder had gedaan, had ik toch ook vertrouwen. Ik keek wat dat betreft ook wel een beetje tegen hem op, denk ik. Zelf zou ik rond hetzelfde tijdstip met mijn vriendin Daniëlle kriskras door Europa een treinreis maken, een zogenoemde Interrail-trip. Dus we zouden elkaar zeker lange tijd niet zien, misschien wel een maand. Dat vonden we best heftig. Het was bijna niet voor te stellen hoe dat zou zijn.'

Ook potentieel reisgenoot Erwin van Marle raakt in de ban van de liefde. Voor hem aanleiding zijn deelname aan het Sahara-avontuur af te blazen. 'Ik was hoteldebotel,' vertelt hij, 'al had ik daar in die tijd wel vaker last van. Maar ik moest duidelijkheid geven aan Peter, dat was wel zo fair. Overigens strandde de romance al na anderhalve maand, maar toen waren ze net vertrokken.' Marc houdt wél vast aan zijn droom, met overtuiging. Na het afhaken van Erwin probeert hij zijn neef Freek Wennekes te porren voor de reis. Maar die is resoluut in zijn afwijzing. 'Zo'n avontuur paste op dat moment niet bij hoe ik mijn leven leefde. Ik zag Marc en ook Peter, die ik een keer had ontmoet, als echte lefgozers. Heel andere types dan ik, veel vooruitstrevender. Ik wilde een vakantie om te chillen, niet om te werken.'

Niettemin is Freek vier handen op één buik met Marc. Als tieners halen ze samen een boel kattenkwaad uit. 'Daarbij ging Marc net iets verder dan ik,' vertelt hij. Aan het eind van de jaren tachtig wordt hun band nog sterker. Freek: 'Mede door de ellende in de familie. In de zomer van 1988 overleed eerst mijn moeder, na een ziekbed van ruim tien jaar, en twee maanden later mijn vader, na een korte ziekteperiode. In één klap was ik mijn ouders kwijt. Ik zag de bodem onder mijn voeten wegzakken, het was een erg pittige periode voor me. Aan Marc had ik veel steun. Toen vervolgens zijn moeder, mijn tante dus, ernstig ziek werd en in 1992 overleed, werd het contact als het ware nog intenser. Zijn moeder betekende veel voor mij. Marc noemde haar een keer 'jouw tweede moeder', zonder dat we het daar specifiek over hadden gehad. Dat was een treffende typering. Zo voelde het ook. Zijn moeder leek in veel op mijn moeder. Daardoor konden we elkaar steunen in het verlies.'

In de tussenliggende periode maakt Freek het nodige mee met Marc. 'Het bestaan in Nederland voelde voor hem soms benauwend, met alle regeltjes en wetten. In 1989 vertrok hij naar Portugal. Hij had het hier wel gezien, het was een soort van vlucht. Hij wilde uittesten of Portugal misschien het beloofde land voor hem was.' In de zomer bezoekt Freek hem daar, op de bonnefooi, met een gitaar en een rugzak. 'Toen ik op het

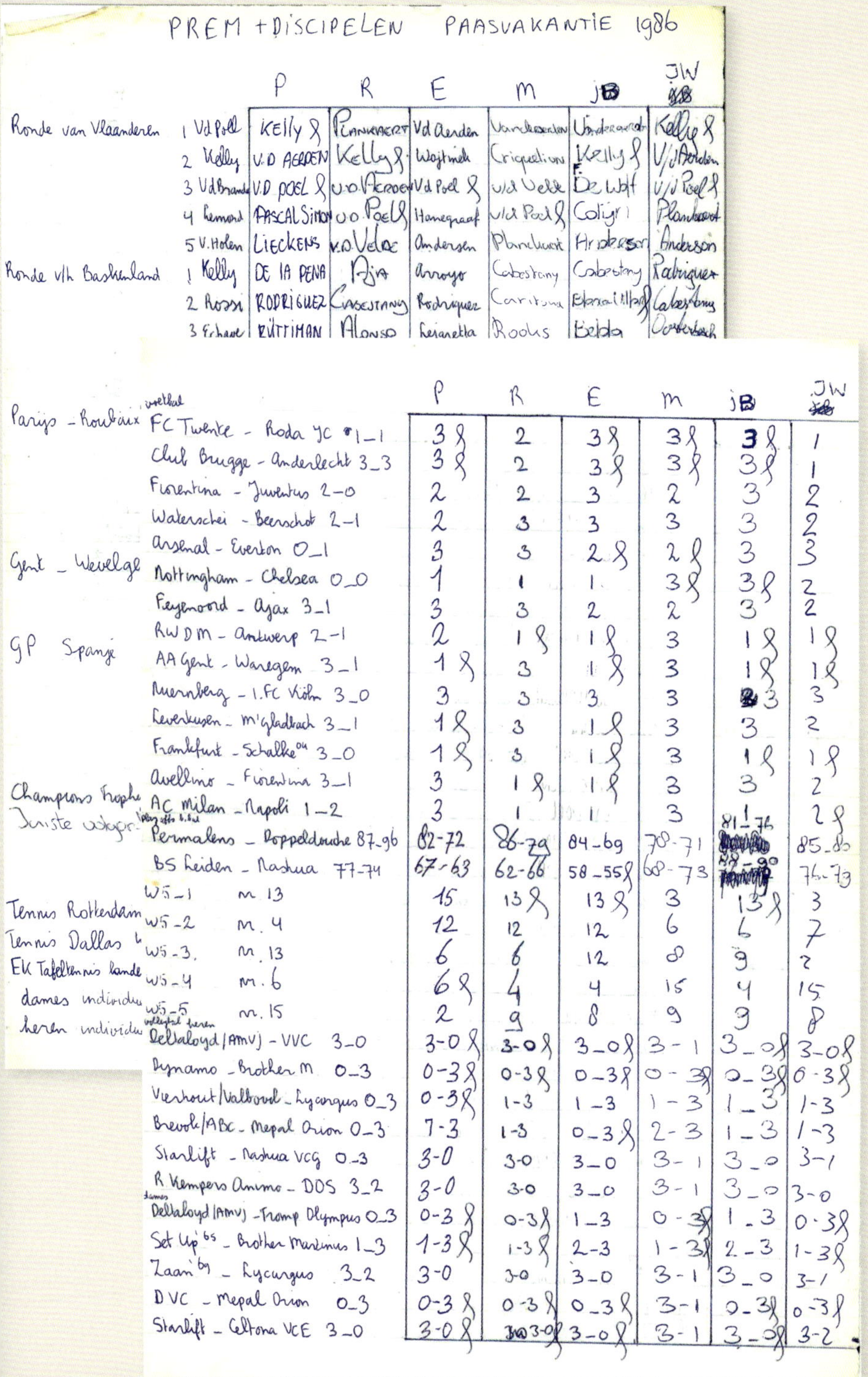

PREM + DISCIPELEN PAASVAKANTIE 1986

		P	R	E	M	JB	JW
Ronde van Vlaanderen	1 Vd Poel	Kelly &	Planckaert	Vd Aerden	Vanderaerden	Vanderaerden	Kelly &
	2 Kelly	V.D AERDEN	Kelly &	Wojtinek	Criquielion	Kelly &	V/d Aerden
	3 Vd Brande	V.D POEL &	V.D Aerden	Vd Poel &	V/d Velde	F. De Wolf	V/d Poel &
	4 Lemond	PASCAL SIMON	V.D Poel &	Hanegraaf	V/d Poel &	Colijn	Planckaert
	5 V.Holen	LIECKENS	V.D Velde	Andersen	Planckaert	Andersen	Anderson
Ronde v/h Baskenland	1 Kelly	DE LA PENA	Ajja?	Arroyo	Cabestany	Cabestany	Rodriguez
	2 Rossi	RODRIGUEZ	CABESTANY	Rodriquez	Caritoux	Elorza?	Cabestany
	3 Echave	RÜTTIMAN	ALONSO	Feiarella?	Rooks	Belda	Oosterbosch

Parijs – Roubaix
Gent – Wevelgem
GP Spanje
Champions Trophy
Juiste volgorde
Tennis Rotterdam
Tennis Dallas
EK Tafeltennis landen
dames individu
heren individu

	P	R	E	M	JB	JW
voetbal						
FC Twente – Roda JC 1–1	3 &	2	3 &	3 &	3 &	1
Club Brugge – Anderlecht 3–3	3 &	2	3 &	3 &	3 &	1
Fiorentina – Juventus 2–0	2	2	3	2	3	2
Waterschei – Beerschot 2–1	2	3	3	3	3	2
Arsenal – Everton 0–1	3	3	2 &	2 &	3	3
Nottingham – Chelsea 0–0	1	1	1	3 &	3 &	2
Feyenoord – Ajax 3–1	3	3	2	2	3	2
RWDM – Antwerp 2–1	2	1 &	1 &	3	1 &	1 &
AA Gent – Waregem 3–1	1 &	3	1 &	3	1 &	1 &
Nuernberg – 1.FC Köln 3–0	3	3	3	3	3	3
Leverkusen – M'gladbach 3–1	1 &	3	1 &	3	3	2
Frankfurt – Schalke 04 3–0	1 &	3	1 &	3	1 &	1 &
Avellino – Fiorentina 3–1	3	1 &	1 &	3	3	2
AC Milan – Napoli 1–2	3	1	1	3	1	2 &
play offs b.bal						
Permalens – Doppeldouche 87–96	82-72	86-79	84-69	78-71	81-76	85-80
BS Leiden – Nashua 77–74	67-63	62-66	58-55 &	68-73	88-90?	76-73
WS-1 M.13	15	13 &	13 &	3	13 &	3
WS-2 M.4	12	12	12	6	6	7
WS-3 M.13	6	6	12	8	9	2
WS-4 M.6	6 &	4	4	15	4	15
WS-5 M.15	2	9	8	9	9	8
volleybal heren						
Dellaloyd/AMVJ – VVC 3–0	3-0 &	3-0 &	3-0 &	3-1	3-0 &	3-0 &
Dynamo – Brother M 0–3	0-3 &	0-3 &	0-3 &	0-3 &	0-3 &	0-3 &
Vierhout/Valkbond – Lycurgus 0–3	0-3 &	1-3	1-3	1-3	1-3	1-3
Brevok/ABC – Mepal Orion 0–3	7-3	1-3	0-3 &	2-3	1-3	1-3
Starlift – Nashua VCG 0–3	3-0	3-0	3-0	3-1	3-0	3-1
R Kempers Animo – DOS 3–2	3-0	3-0	3-0	3-1	3-0	3-0
dames						
Dellaloyd (AMVJ) – Tromp Olympus 0–3	0-3 &	0-3 &	1-3	0-3 &	1-3	0-3 &
Set Up '65 – Brother Martinus 1–3	1-3 &	1-3 &	2-3	1-3 &	2-3	1-3 &
Zaan '69 – Lycurgus 3–2	3-0	3-0	3-0	3-1	3-0	3-1
DVC – Mepal Orion 0–3	0-3 &	0-3 &	0-3 &	3-1	0-3 &	0-3 &
Starlift – Celtona VCE 3–0	3-0 &	3-0 &	3-0 &	3-1	3-0 &	3-2

PREM-formulieren

Linksboven: Aan het ontbijt in München: Peter, Eddy, Joop en Reszö Somfai
Linksonder: Op weg naar het EK in 1988: Eddy, Peter, Floris
Rechtsboven: Peter bij de Fiat 128 op het circuit van Le Mans, als ‘aftrap’ van de eerste woestijnreis
Rechtsonder: De Fiat 128 op de drempel van de Sahara

CITROEN
CHELIN MICHELIN MICHELIN
les mutuelles du mans

JL-73-JZ

ZATERDAG 24 AUGUSTUS 1991 WEEKEND

Met een ouwe bak door de Sahara

door Peter Teggelaar

De voornaamste reden waarom iemand het in zijn hoofd haalt om met een ouwe bak door de Sahara te rijden, is de uiterst lucratieve autohandel in Niger. In deze voormalig Franse kolonie zweert men bij Peugeots, hetgeen in de prijs dan ook volledig tot uitdrukking komt. Voor een oude wagen, die bij iedere zichzelf respecterende APK-keuring geweigerd wordt, leggen ze in die contreien grif duizenden guldens op tafel. Deze spectaculaire manier van geld verdienen doet velen besluiten spoorslags af te reizen naar deze hel van zand, steen en zon. Vooral in het voor- en najaar scheuren deze occasionkonvooien door de woestijn, omdat de temperaturen dan nog enigszins te harden zijn. In de zomer wagen slechts weinigen een poging, of het moeten idioten zijn zoals wij, die in verband met de vakantieperiode geen andere keus heb-

Honderden kilometers diepzand, temperaturen van tegen de 60 graden celsius, omkooppraktijken, bloeddorstige Touaregs, dronken douaniers, total-loss gereden auto's en het lekkerste glas bier aller tijden. Oftewel: het verhaal van twee jongens uit Hengelo en Arnhem die hartje zomer dwars door de Sahara reden.

deze trip begint, dient weer eens een controlepost met een bezoek vereerd te worden. De aanwezige soldaten verklaren ons voor gek. „Met dát ding?!" Het was een opmerking die we al vaker hadden gehoord. Een stel Engelsen had ons daarvoor al van zelfmoordneigingen beticht. Waarom ons deze hoon ten deel viel, werd de daaropvolgende dagen volko-

sprongen en proberen de potentiële kopers de eigenaren uit de auto's te sleuren om de concurrentie voor te zijn. „How much, how much?!"; we moeten het urenlang aanhoren. Als plaats voor de onderhandeling wordt door het hele konvooi unaniem gekozen voor de kroeg. De smaak van een koud glas bier na dagenlang in de [illegible] gezweet te

Links: Artikel van Peter in de Twentsche Courant
Rechtsboven: 'Willem Alexander', Daphne, daarachter een van de Duitse bussen,
en rechts de andere Peugeot en de tweede Duitse bus. Op de voorgrond: Joop (links) en Rijn
Rechtsonder: Daphne in de woestijn

PAGINA 2

ZATERDAG 1 FEBRUARI 1992

door Bert Diphooren

HENGELO - Peter Teggelaar (22, Hengelo): „Ik weet het, het klinkt raar. We waren van plan om de bus zelf naar Ghana te rijden, dwars door de Sahara. Maar een waarzegster voorspelde, dat we dat niet zouden overleven. Nu gaat de bus op de boot."
Hij wil niet voor bijgelovig doorgaan, maar deze waarzegster heeft een reputatie in zijn familie, en zeker is zeker: „Het is een lang verhaal, maar het komt erop neer, dat mijn tante een jaar of tien geleden toevallig bij die waarzegster terecht kwam, die haar zei dat ze persé niet met een bepaald vliegtuig moest reizen, omdat dat haar dood zou zijn. Later zijn ze erachter gekomen dat zij en haar man bij dat vliegtuig werden opgewacht door één of ander commando, en dat het echt slecht met ze was afgelopen als ze uit dat vliegtuig waren gekomen."
Dat is de essentie van een „verder ingewikkelde politieke geschiedenis".

Peter Teggelaar: straks busondernemer in Ghana. FOTO: HENK OFFENBERG

Aan de vooravond van de onderneming, die de jonge Hengeloër op touw wil zetten, ging zijn tante andermaal bij die zieneres te rade. Niet alleen uit zorg om het heil van haar neef, maar ook om dat van haar zoon Kwasi. Want hij en Peter beginnen 'de zaak' samen. Peters oom en tante, die in Duitsland wonen en werken, verschaffen hen de financiële middelen. Een schappelijke lening, onder andere. Het doel: de beide neefs zullen in Ghana een busonderneming op poten zetten. De Ghanese oom van Peter heeft zijn niet geringe invloed al aangewend om het pad te effenen voor zijn zoon en zijn neef.

Hengeloër begint in Ghana met busonderneming

verdiend, dachten we. We kopen hier een oude wagen, we rijden hem daar naar toe, we beuren er zes keer zoveel voor dan we hier hebben gegeven, en we zijn het mannetje."
Alleen: de geschikte Franse wagen vonden ze niet, dus waagden ze het met een Fiat. Dwars door de woestijn. Moeilijkheden te over. Te water geraakt, alle soorten panne onderweg, en tenslotte voor de vrijwel verwoeste wagen een heel klein prijsje.
Peter herinnert zich verder voornamelijk de temperatuur onderweg: „Die liep op tot tegen de zestig graden."

TECHNIEK & WETENSCHAP

Eerste Zwolse diepvriesbaby

De eerste Zwolse diepvriesbaby is dezer dagen ter wereld gekomen. Gezond en wel. Zo'n negen maanden geleden werd in de baarmoeder van de vrouw een ingevroren en vervolgens ontdooide (bevruchte) eicel geplaatst. Een aangename verrassing wachtte ook de artsen, die dit medisch-technische hoogstandje hadden verricht: de vrouw werd zwanger. Zwolles eerste 'diepvriesbaby' kondigde zich aan.
Op de IVF-afdeling (afkorting staat voor In Vitro Fertilisatie, in de volksmond 'reageerbuisbevruchting') van het Sophia Ziekenhuis werden vorig jaar in totaal zo'n 430 bevruchte eicellen geplaatst, resulterend in 116 zwangerschappen. Embryoloog dr. J.H. Cleine vertelt dit met gepaste trots: „Dat aantal zwangerschappen is circa 20 procent, hetgeen landelijk gezien een zeer hoge successcore is. Naast de plaatsing van de genoemde 430 'verse' bevruchte eicellen zijn we in mei vorig jaar - negen maanden geleden - op onze afdeling ook voorzichtig begonnen met het plaatsen van ingevoren 'vruchten', 34 om precies te zijn. Dat resulteerde in een vijftal zwangerschappen. Drie ervan werden in een pril stadium afgebroken. Twee zwangerschappen zetten zich positief door en daaruit is nu de eerste 'diepvriesbaby' geboren'.

De moeder van de eerste 'diepvriesbaby' heeft in totaal drie IVF-pogingen ondergaan. Ter verduidelijking iets over de IVF-techniek: de arts neemt bij de vrouw eicellen uit de eierstok en die eicellen worden bevrucht met de zaadcellen van de man. De bevruchte eicellen, ook wel pré-embryo's genoemd, worden vervolgens teruggeplaatst in de baarmoeder. Daar dient de vrucht, als het goed gaat, zich te nestelen in de wand van de baarmoeder. Bij IVF worden doorgaans meerdere bevruchte eicellen teruggeplaatst, om een grotere kans op succes te hebben.

Dat succes leek in het geval van de Zwolse vrouw uit te blijven. Tot driemaal toe (niet alleen 'scheepsrecht', maar ook het maximale aantal dat door het ziekenfonds wordt vergoed) werden bevruchte eicellen geplaatst. Succes bleef uit, maar dankzij de invriestechniek kon nog een extra poging gewaagd worden met ingevroren eicellen van eerdere 'afzuigpuncties'. Dat lukte uiteindelijk wel.

later te openbaren. In het o
zoek wordt een aantal erfelij
niet-erfelijke factoren gen
die onafhankelijk van elka
kans op de ziekte kunnen v
gen. Zo hadden eerstegraads
lieleden van patiënten ook op
kelijk vaker het syndroom
Down (mongolisme) of de z
van Parkinson.

Bij mensen die niet-erfelijk v
belast met de ziekte bleker
aantal andere factoren mee t
len. Een duidelijk grotere
hadden mensen van wie de
der bij de geboorte jonger da
gentien of ouder dan veerti
was. Opvallend was het a
Alzheimer-patiënten dat
hoofdletsel had gehad, minde
tien jaar voor het optreden v
eerste verschijnselen. Ook m
die eerder last hadden van s
klierziekte, depressies of h
schudding hadden opgelope
pen een groter risico.

Astronauten zetten koelkast op tien

Moet het bier nog kouder
Voer dan het geluidsvolun
Dat is het principe van de
mo-akoestische" koelkast di
ruimte zal worden getest d
bemanning van het Amerik
ruimteveer Discovery. Ove
tijdje zou de koelkast ook i
kunnen staan. De Discovery
vorige week gelanceerd vo
wetenschappelijke onder
missie van een week. Naast
andere vindingen wordt o
koelkast bekeken, die is on
pen door Steven Garrett v
wetenschappelijk instituut
marine in Monterey. G
noemt zijn 90 kilo wegend
ding „beschamend" simpe
plaats van een motorisch a
dreven compressor, die in co
tionele koelkasten wordt a
troffen, heeft Garrett een
spreker genomen, die 160 d
kan produceren. Daarnaas
hij wat visdraad, dat rond
folie is gedraaid en in een b
gevat. De geluidsgolven w
afgevuurd op de edelgasse
lium en xenon, waarvan de
culen verhit raken, het plas
zoeken en daar hun warmte
ven. Resultaat: het gas word
der. Als het geluidsvolume
opgedraaid neemt de tempe
in de koelkast af. Het sy
werkt zonder chemicalie
schadelijk zijn voor de ozo

Links: artikel uit de Twentsche Courant over Peters busonderneming in Ghana. Rechts: fotocollage van Marc.

MENTION DE LA DISPARITION

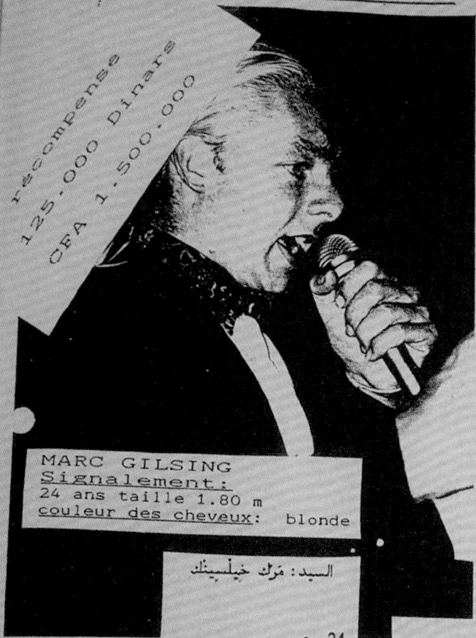

MARC GILSING
Signalement:
24 ans taille 1.80 m
couleur des cheveux: blonde

السيد: مَرك خيلسينك

PETER TEGGELAAR

24 ans taille 1.80 m
ROUGE

السيد: بيتر تيخلار

اوصـــاف :

24 سنة	العمر	24 سنة
أحمر !!!	لون الشعر	اشقر \ أصفر
1,80 م	القامة \ الطول	1,80 م

مُكافأة
1.500.000 صيـــفة
125.000 دينـــار

السيارة: بيجو 505 GL ، اللون: قهوي ، رقم السيارة: JL-90-TX

أي معلومات تدلنا على وجود أو تساعدنا في العثور على هذين الشخصين تستحق مكافأة قيمتها1250 دينار او 15.000 صيفة .

أما اذا ما عثر أحدكم على بيتر وعلى مَرك أحياء فإن قيمة المكافئة التي ستقدم الب هي 125.000 دينار او1.500.000 صيفة.

نرجوكم للمزيد من المعلومات أن تتصلوا بالسفارة الهولندية بالجزائر العاصمة ورقم التليفون هو: 2782828 أو في بماكو (المالي) ورقم التليفون هو: 229572 أو بالقنصلية الهولندية بنيامي (النيجر) ورقم التليفون هو: 722731 أو في نفس المدينة (نيامي) بالسادة: هافينخا، أو بافل رأرقام التليفون هي:
723633-734307-735839

__VOITURE:__ PEUGEOT 505 GL, __COULEUR:__ BEIGE __PLAQUE D' IMMATRICULATION:__ JL - 90 - TX.

Toutes personnes qui pourraient nous fournir des informations afin de retrouver Peter et Marc seront récompensées de 1250 Dinars ou CFA 15.000.
Si Peter et Marc sont ramenés vivants au l'ambassade récompense sera de 125.000 Dinars ou CFA 1.500.000.

Dernier contact dans __le 25 juillet à Tamanrasset__ (au camping Zeribas). L' intention d'aller à la direction Niamey (Niger) ou Kana (Nigerie) par Arlit (Niger) ou Tessalit / Gao (Mali). __Informations à déposer__ :

à l'ambassade des Pays-Bas à Alger:	*2782828*
à l'ambassade des Pays-Bas à Bamako (Mali):	*229572*
à Niamey (Niger) le consul des Pays-Bas:	*722731*
à Niamey Le SMV Monsieur Havinga ou Bavel:	*723633 734307*

Opsporingsbericht Marc en Peter in de Franse en Arabische taal station van Coimbra aankwam, in het midden van Portugal, reed er net een trein weg. Ik zag iemand uit het raam hangen. Dat was Marc, die schreeuwde dat ik op die rijdende trein moest springen. Dat lukte nét, aan de achterkant. Marc ving me op, pakte mijn rugzak met gitaar en baande zich door het gangpad een weg naar voren.' Lachend: 'Diverse passagiers kregen die gitaar tegen hun hoofd. Daar stond Marc helemaal niet bij stil. Dus ik almaar excuses maken aan al die mensen.'

Marc heeft ook een verrassing voor Freek in petto: hij geeft aan de volgende dag te zullen afreizen naar Nederland. 'Lekker dan, dacht ik. Maar hij was verliefd op een meisje in Arnhem en kennelijk was er iets gebeurd wat hem niet zinde. Het moest uitgepraat worden. We spraken af dat hij precies een week later terug zou zijn, op dezelfde plek in het midden van Portugal. Liftend, per bus of per trein, dat zou hij wel zien. Ik ging nog een paar dagen naar het noorden, om na een week terug te keren naar Coimbra. Marc kwam zijn belofte na. Hij was precies op tijd terug.'

Freek verblijft nog drie weken in het gezelschap van zijn neef. Met zijn tweeën beleven ze een prachtige tijd. 'We hebben rondgereisd, feestgevierd, gezwommen, van kliffen gedoken. Voor mij was dat helemaal nieuw. En Marc blufte ook, hè. Dan ging ik voor de ingang van een treinstation gitaar spelen en zong hij, als volleerd collega-straatmuzikant, uit volle borst mee, terwijl hij toch niet echt een begaafde zanger was. Hij was sowieso een sfeermaker. Op een dag stond er een groepje bejaarde Portugese vrouwen op de bus te wachten waarin wij zaten. "Moet je opletten," zei-ie, "dit wordt lachen." Toen ze eenmaal ingestapt waren, zocht hij contact en een minuut later sloegen die dames zich op de dijen van het lachen. De sfeer was geweldig. Met mooie verhalen hing hij de entertainer uit, de verbinder. Ik kon alleen maar bewonderend toekijken.' Het is de Marc die hij kent van feesten en partijen in de familie. 'Daar nam hij ook vaak de gedaante van spreekstalmeester aan. Recht voor zijn raap, en met humor, sprak hij de menigte toe. Die rol was hem op het lijf geschreven.'

Na een half jaar houdt Marc het voor gezien in Portugal, vertelt Freek. 'Marc had gehoopt in een land terecht te komen met vrije geesten en levensgenieters, maar moest constateren dat de mensen er – gemiddeld gezien – net zo bekrompen waren als bij ons. Emigreren naar Portugal zou geen meerwaarde hebben, stelde hij teleurgesteld vast.'

Terug in Nederland zoeken de neven elkaar vaak op. 'We moesten elkaar zien, dat werd een vanzelfsprekendheid. Of ik kwam naar hem toe, of hij naar mij. Hij heeft zelfs nog een tijdje in mijn ouderlijk huis gewoond, in Doetinchem. Dat was na de dood van mijn ouders nog niet verkocht. Hij veranderde met zijn creatieve blik eigenhandig de inrichting van het huis. Op een dag trof ik hem zelfs aan in het trouwpak van mijn overleden vader. Dat was wel even slikken. Maar ach, zag ik dat pak ook weer eens.'

Soms heeft Freek last van plaatsvervangende schaamte. 'Marc deed dingen die ik zelf nooit gedaan zou hebben. Liep-ie in het studentenhuis waar ik woonde, in Utrecht, zomaar een vreemde kamer binnen en trok hij prompt de sloffen van de bewoner aan. Dat deed hij met zo veel charme en humor dat-ie ermee wegkwam. Zoals-ie overal mee wegkwam. Soms sprak ik hem aan op zulke dingen. Dat accepteerde hij, er was veel onderling respect. Want we mochten dan verschillend zijn, we leerden ook van elkaar.'

Eind juni brengt Marc zijn zus op de hoogte van zijn voornemen naar Afrika te reizen. Telefonisch. Myriam reageert met ongeloof en irritatie. 'Ik hamerde op het feit dat hij daar geen geld voor had,' zegt ze. 'Dat zei hij zelf altijd en ik begon hem verwijten te maken over zijn schuld bij onze vader. Hij gooide de hoorn erop, waarna ik in tranen terugbelde. Zo had ik het niet bedoeld en tot op de dag van vandaag heb ik spijt van mijn reactie. Ik nam zijn plan totaal niet serieus. Achteraf is het natuurlijk een heel beladen gesprek geworden, want ik heb toen voor de laatste keer zijn stem gehoord.'

Het gesprek blijft in haar hoofd nagalmen. Ze kan niet geloven dat hij echt gaat, maar hoort er ook niets meer over. 'Ik ging over tot de orde van de dag. Ik vergat er zelfs mijn vader over te informeren. Marc had wel vaker uitspattingen en ik wist niet zeker of hij daadwerkelijk zou gaan, het kon best een losse flodder geweest zijn. We probeerden die zomer vanaf ons vakantieadres nog contact met hem op te nemen, thuis, en vonden het vreemd dat we hem niet te pakken konden krijgen.'

De zoektocht (3)

Op de achtergrond van de zoektocht worden de voorbereidingen voor mijn huwelijksdag, 19 november, in gang gezet. Ik overweeg sterk de handel af te kappen, want een trouwerij zonder grote aanjager? De gedachte alleen al is nauwelijks te verteren. Peter zou de vrijgezellenparty regisseren en had me, grijnzend, een aantal 'passende cadeaus' in het vooruitzicht gesteld. Een van zijn acties was me, via via, al ter ore gekomen. Het bed voor de huwelijksnacht zou worden bezaaid met rozen en de klanken van 'Bed of Roses', de zoetsappige ballade van Bon Jovi zouden klinken. Het kan niet anders of dit zou met afstand de meest onschuldige activiteit rondom de huwelijksviering moeten worden.

Of: gáán zijn. In mijn optimistische buien reken ik 'gewoon' op een wonder en ga ik uit van Peters sprankelende aanwezigheid. En niet te vergeten van die van Marc, als speciale gast. Met z'n allen gaan we op 19 november de vrijheid vieren, een maandje (of twee) na hun wonderbaarlijke ontsnapping uit de Sahara, zo stel ik me voor. De verhalen zullen sterk en heldhaftig zijn, we zullen aan hun lippen hangen. Ik droom er zelfs van.

Helaas is de realiteit een stuk killer. De beloning voor de gouden tip, tussentijds verhoogd, trekt vooral gelukszoekers aan, zoals wel te verwachten was. Er komen veel vage en soms iets concreter ogende berichten binnen, waarvan het waarheidsgehalte moeilijk te checken valt. Een medewerker van OXFAM International, de organisatie die strijdt tegen honger in de wereld, meldt dat Marc en Peter bij de nederzetting Tinzawatène de Algerijns-Malinese grens zouden zijn gepasseerd.

Onze harten bonken van opwinding. Zonder de 'bewijslast' af te wachten, slaan we aan het speculeren. Stel dat de jongens bij In Guezzam, aan de Algerijns-Nigerese grens, zijn blijven steken, omdat ze geen visum voor Niger hebben, en alsnog naar Mali hebben willen gaan, ja, dan zou dat best logisch klinken. Ook al is de route van In Guezzam naar Tinzawatène normaal gesproken nauwelijks te doen. Sterker nog, er ligt daar geen weg, je zou er op goed geluk doorheen moeten. Marc en Peter kennende, hebben ze dat risico niet genomen, maar wie zijn wij om – in tijden van toenemende wanhoop – niet ieder vermeend levensteken serieus te nemen?

Aan de andere kant, ook Mark Thatcher, de zoon van de Britse premier Margaret Thatcher, en zijn co-chauffeur Anne-Charlotte Verney raken in die regio het spoor bijster, als deelnemers aan de woestijnrally Parijs-Dakar, editie 1982. Rijdend in een Peugeot 504 raken ze de weg kwijt op het onherbergzame stuk tussen Tamanrasset en Timiaouine en krijgen prompt autopech: de achteras breekt. De vermissing van het duo doet alle alarmbellen rinkelen, zeker in het Britse parlement. Na een zoektocht van zes dagen wordt het tweetal door een Herculesvliegtuig van de Algerijnse luchtmacht in redelijke conditie gevonden, op 35 kilometer afstand van de route. Na gered te zijn, zegt Mark Thatcher in Engelse media, enigszins nonchalant: 'Alles wat ik nodig heb is een biertje, een sandwich, een bad en een scheerbeurt.' Dat krijgt-ie ook, in een hotel in Tamanrasset. Later wordt bekend dat moeder Margaret 1789 Engelse ponden heeft betaald voor de reddingsoperatie. Het voordeel van Thatcher en Verney is bovendien dat er meteen groot alarm is geslagen. Dat geluk hebben Marc en Peter niet.

Waar bij ons, de vrienden en familie van Peter, de onderlinge verbondenheid groot is, voelt Myriam zich alleen. 'Contact met vrienden van Marc was er nauwelijks, zijn twee beste vrienden waren overleden. Nu begrijp ik soms beter zijn drang naar avontuur, zijn vlucht misschien wel. Hij had op jonge leeftijd drie dierbaren verloren en wilde alles uit zijn leven halen, met de hoogst haalbare intensiteit.' Zij mist de schouder van haar vader Theo. 'Ik merkte dat hij niet de ruimte had om me te steunen en andersom lukte het mij ook niet. Mijn vader had moeite met de omvang van de zoektocht, omdat hij zich geneerde voor de in zijn ogen onbezonnen reis van zijn zoon. Ik probeerde er begrip voor te hebben, maar de paniek om wat er met Marc kon zijn gebeurd overheerste. Ik had gelukkig veel steun aan Eelco, mijn schoonfamilie, onze vrienden en collega's. Zij probeerden me overeind te houden, mijn vader te ondersteunen en hem ervan te overtuigen dat deze zoektocht echt nodig was.'

Het besef dat ze Marc misschien nooit meer ziet, zorgt voor hoogspanning. 'Ik voelde angst, maar schakelde dat uit. Ik was een jaar eerder op 25-jarige leeftijd mijn moeder na drie jaar ziekte verloren. Niet weer zoiets heftigs, dacht en hoopte ik.' De zoektocht beheerst haar leven. 'We hadden in die periode de oplevering van ons nieuwe huis, dat ging volledig aan me voorbij. Met Marc en mijn vader hadden we nog gelopen op de plek waar het huis gebouwd zou worden.' Myriam gaat, net als ik, trouwen. Bij de ambtenaar van de burgerlijke stand staat al een datum vast: 10 juni 1994. 'Ik had Marc willen vragen onze trouwkaart te ontwerpen. Hij zou uit zijn dak zijn gegaan van trots dat zijn grote zus zou gaan trouwen, en de trouwdag hebben omlijst met de nodige fratsen en grollen. Die ideeën waren nu heel ver weg. Ik probeerde mijn leven op te bouwen, maar plots stond het weer stil. Voor de tweede keer overwogen Eelco en ik de trouwdag uit te stellen.'

In het kader van de speurtocht naar Marc en Peter wachten we nog steeds op harde informatie van de autoriteiten. Om het zoekgebied te verkleinen, moeten we weten of en waar de jongens de zuidelijke grens van Algerije zijn gepasseerd. Het antwoord, een paar dagen later, is ronduit ontnuchterend: nergens. Uit de administratie van politie en grenswachten in Bordj Badji Mokhtar en In Guezzam blijkt dat Marc en Peter nooit bij de grens zijn aangekomen. Wanneer vanuit Mali en Niger ten overvloede de bevestiging komt dat het tweetal niet voorkomt op de lijst met personen die het land in zijn gereisd, zakt de moed ons in de schoenen. Ervan uitgaande dat ze met een auto niet illegaal de grens zijn gepasseerd, zouden ze zich ergens moeten ophouden tussen Tamanrasset en In Guezzam. En dan niet op of direct langs de enige piste, want op dat bijna 400 kilometer lange traject concentreert zich juist de – vruchteloos verlopen – zoektocht.

Alleen de grootste optimist ziet een klein pluspuntje: het vermoedelijke zoekgebied is beduidend minder omvangrijk geworden. Maar afgezet tegen de duur van de vermissing, inmiddels een kleine twee maanden, resteert een flinterdunne overlevingskans. In het onherbergzame gebied ten oosten en ten westen van de hoofdroute, met een meedogenloos klimaat, is er niets, helemaal niets. Zelfs rondtrekkende Toearegs mijden de betreffende woestijnstroken als de pest. Er komen nu ook tips binnen met een morbide karakter. Dat Marc en Peter overleden zijn en zelfs al begraven, in de buurt van In Guezzam. Onze magen draaien zich om. Maar de tipgever is anoniem en een bevestiging ontbreekt.

Ook in oktober weigeren we de moed op te geven, al is de hoop vrijwel vervlogen. Zelfs de stroom wilde theorieën droogt langzamerhand op. Het sentiment helt over naar donker en negatief, met als grote vraag: zullen Marc en Peter ooit worden gevonden? Zullen we überhaupt te weten komen wat er zich heeft afgespeeld? Zullen we fatsoenlijk afscheid kunnen nemen? Of blijven we, tot in de eeuwigheid, in het duister tasten? Uit de media kennen we genoeg verhalen van mensen die in het niets verdwijnen en van wie nooit iets is teruggevonden. Het moet extra pijnlijk zijn om met onbeantwoorde vragen achter te blijven.

Op microniveau vraag ik me nogmaals af of we de trouwerij moeten doorzetten. Mocht het lot van de jongens op 19 november nog ongewis zijn, dan zal dat zeker zijn weerslag hebben op de sfeer. Maar Peters familie drukt me op het hart de plechtigheid door te laten gaan, 'omdat hij dat honderd procent gewild zou hebben'. Het voelt als een dooddoener van jewelste, maar tegelijkertijd weet ik dat het zo is. Wel schrap ik alvast het vrijgezellenfeest. Geen zin in. Onbestaanbaar ook, zonder Peter.

Dan wordt het vrijdag 12 november, een week voor de bruiloft. Aan het eind van de middag luister ik met een half oor naar het nieuws op Radio 3. Ik krijg iets mee over 'twee Arnhemmers'. Hoor ik dat goed? Ik spits mijn oren en krijg dan ook de kern van het bericht mee. Twee mannen zijn in de woestijn aangetroffen. Dood. Ten zuiden van Tamanrasset, Algerije. 'De lichamen moeten nog geïdentificeerd worden,' klinkt het. Maar ik weet genoeg. Het is zover. Marc en Peter zijn niet meer in leven, het doemscenario is bewaarheid geworden. Ik word bevangen door koude rillingen, opwellende tranen. Ik ben alleen thuis, wil bellen. Met zijn ouders, met vrienden. Weten zij het al? Hoe kan het dat we door een bericht op het NOS-nieuws zijn overvallen? Zonder eerst door de autoriteiten op de hoogte te zijn gebracht? Bij José en Jan stuit ik op het antwoordapparaat. Wel krijg ik vrienden en mijn eigen familieleden te pakken. De een heeft het nieuws net gehoord, de ander niet. Half in shock condoleren we elkaar. We maken plannen om elkaar dezelfde avond te zien, te omarmen, het naadje van de kous te achterhalen.

Na anderhalf uur belt José terug, de verbazing en shock nauwelijks te boven. Ze heeft het nieuws nota bene in de sauna vernomen. Maandenlang hebben zij en Jan alle uitnodigingen voor uitjes afgeslagen, omdat ze per se in de buurt van de telefoon wilden blijven en hun hoofd niet naar ontspanning stond. 'Vrienden van ons kregen ons zover om, eindelijk, een keer mee te gaan naar de sauna, in Lunteren. Uiteraard hadden we thuis het telefoonnummer achtergelaten, zodat we in noodgevallen snel te bereiken waren.' Alsof de duvel ermee speelt, krijgen ze al na tien minuten een seintje van de receptiemedewerker. 'Telefoon voor ons. Ik zie Jan nog uit het bubbelbad stappen. Even later kwam hij met een asgrauw gezicht terug.'

Het telefoontje komt niet van Buitenlandse Zaken, maar van Tom, die het nieuws op tv heeft gehoord. Slordig? Heel erg slordig, maar het heeft geen zin wie dan ook de schuld te geven. Niet de omroep, niet de bron. Het is zoals het is. Jan en José gaan proberen meer details te achterhalen, ik zeg toe snel naar Heveadorp te komen. Een uurtje later stap ik, met Joop, in de auto. Onderweg dringt het tot ons door dat het voorbij is. Het leven van Marc en Peter, de zoektocht, de tergende onzekerheid over hun lot. Een wonder is uitgebleven, zoals gevreesd. Er is iets van opluchting, dat ook, maar de mengeling van droefenis en ongeloof overheerst.

Op de autoradio komt 'Them Bones' voorbij, van de grungeband Alice in Chains. Vrij vertaald: hun botten. Een favoriet nummer, ook van Peter, maar niet nu. Te beladen, te heftig. We draaien het weg en praten over de jongens. Over de grilligheid en eindigheid van het leven, over hoe het gegaan moet zijn. In Heveadorp vallen we familie en vrienden in de armen, tranen vloeien. Wat onvermijdelijk leek, is onvermijdelijk gebleken. Ook nu, of juist nu, is de onderlinge band sterk. We zijn verenigd in verdriet.

De pogingen van Jan die avond om meer informatie in te winnen zijn tevergeefs. Pas de volgende ochtend meldt het ministerie van Buitenlandse Zaken 'dat het niet de bedoeling was dat het nieuws ongefilterd naar buiten zou komen', maar 'dat het met aan zekerheid grenzende waarschijnlijkheid om Marc en Peter gaat'. Ze zijn op woensdagavond 10 november, 20.00 uur plaatselijke tijd, bij toeval aangetroffen door een politiepatrouille, naast het wrak van een uitgebrande auto. Dat moet de beige Peugeot 505 GL zijn, stellen we bedroefd vast.

De families krijgen de vraag gebitsgegevens aan te leveren, om de officiële identificatie te bespoedigen. De lichamen verkeren in verregaande staat van ontbinding, er is aanvullende informatie nodig. Maar er is niemand die nog twijfelt. Het aangetroffen paspoort van Marc spreekt voor zich. Ook het metalen SOS-plaatje om de hals van Peter, met persoonsgegevens en bloedgroep, laat er geen twijfel over bestaan. Twee dagen later vliegt een staffunctionaris van de Nederlandse ambassade met de doorgefaxte gebitsröntgenfoto's van Algiers naar Tamanrasset. Aansluitend reist hij per truck, en onder begeleiding van de politie, verder naar de vindplaats: een desolate plek, zo'n 130 kilometer ten zuiden van de woestijnstad, pakweg 40 kilometer ten oosten van de hoofdroute.

We hebben alles uit de kast gehaald om ze te vinden, maar deze specifieke locatie zou, zelfs bij benadering, niet te traceren zijn geweest. Hopelijk krijgen we ooit antwoord op de vraag hoe het drama zich heeft kunnen voltrekken. In dat kader bereiken ons vanuit Algerije onbevestigde berichten over een dagboek, aangetroffen naast de lichamen van de jongens. We kijken elkaar aan: zou het echt? Het zou typisch iets zijn voor Marc en Peter, dat zeker. Maar duidelijkheid komt er nog niet. Jan spreekt met de Nederlandse ambassade in Algiers af dat zij de instantie zijn die met nadere en officiële berichtgeving komt. Gelijk heeft-ie: aan indianenverhalen hebben we niets.

We leven in een vervelende roes. Marc en Peter zijn niet meer, een nauwelijks te bevatten werkelijkheid. Ik worstel met mijn dubbelrol. Ik ga trouwen en moet, in principe, voor het *Algemeen Dagblad* verslag doen van het nieuws uit wat voor mij de hel van Algerije is geworden. Wat te doen? In overleg met vrienden en de familie van Peter zet ik beide 'projecten' door, hoe emotioneel beladen ook.

Het dagboek

De verhalen over de vondst van een dagboek blijken op waarheid te berusten, meldt de ambassade vanuit Algiers. Het gaat om een dik schrift met plastic voorblad, aangetroffen op nog geen twintig meter van de ontzielde lichamen en gemarkeerd door stenen, om bescherming te bieden tegen de natuurlijke grillen van de Sahara, tegen zandstormen, tegen reptielen. Een ongekend staaltje verantwoordelijkheidsgevoel van de jongens, concludeer ik alvast. Het dagboek is ter plekke door de Algerijnse politie overhandigd aan de staffunctionaris van de Nederlandse ambassade. Vanuit Algiers stelt hij de families van Marc en Peter telefonisch op de hoogte van een aantal cruciale passages. Op donderdag 18 november rolt vervolgens een deel van het dagboek uit de fax: de pagina's die de aanleiding van het drama weergeven, maar ook de pagina's waarop de jongens afscheid nemen van familie, vrienden en het leven. Het voelt, gezien de verdrietige omstandigheden, als een geschenk uit de hemel. In een begeleidend schrijven rept de ambassade in Algiers van 'een monument van liefde voor het leven en hun dierbaren'.

Nu de aanzet tot het drama duidelijk is, delen we de dagboekfragmenten met de media. Voor het *Algemeen Dagblad* maak ik het verhaal zelf, zoals afgesproken. Dat leidt tot een curieuze speling van het lot. Op de ochtend van mijn trouwdag, 19 november, kopt het *Algemeen Dagblad* op de voorpagina 'Onbetrouwbare gids werd tweetal fataal' en als onderkop 'Arnhemmers beschrijven in dagboek hopeloze dwaaltocht', voorzien van mijn naam, als de schrijver van het artikel. Het openen van de krant met jouw verhaal; het wordt in journalistieke kringen als uitermate prestigieus beschouwd, maar in dit geval kan alle zogenoemde eer me gestolen worden. Wel voelt het goed om de aanleiding van het drama uit de doeken te doen, en een deel van de heldhaftige, warme afscheidswoorden van Marc en Peter te kunnen publiceren.

Dat de geschiedenis zich zeven jaar later zal herhalen, is te bizar en toevallig voor woorden. Op 17 mei 2000 publiceer ik in het *Algemeen Dagblad* over de dood van een andere vriend: Marcel van Nieuwenhoven. Hij komt om het leven bij de vuurwerkramp in Enschede. Wéér worstel ik met mijn verantwoordelijkheid, wéér ben ik de boodschapper van dienst en wéér weet ik zeker dat de persoon in kwestie, Marcel in dit geval, gewild zou hebben dat als iemand verslag zou doen van het onvermijdelijke, ik dat zou moeten zijn. Zoals dat op 19 november 1993 dus aan de orde is met Marc en Peter.

Op de dag dat heel Nederland hoort of leest van de heldendood van mijn vriend en zijn reisgezel, stap ik in het huwelijksbootje. Paradoxaler kan het nauwelijks. Dat het een dag belooft te worden met uiteenlopende emoties, is evident. De harde waarheid dringt zich diverse keren op aan mij en de aanwezigen. Aan het eind van de ochtend is het raak. Wanneer ik, naast bijna-echtgenote Carmen en met zoonlief Pjotr op de arm, over de rode loper naar de ingang van het stadhuis in Enschede loop, spot ik in de haag van mensen opeens Jan, José en Alma. Met daarachter Tom, makkelijk te herkennen aan de Feyenoord-sjaal om zijn nek.

Wow. De aanblik van Peters ouders, broer en vriendin komt binnen als een emotionele bliksemflits. Met een huid vol kippenvel vervolg ik mijn weg, mijn gezicht tegen het jasje van de kleine Pjotr duwend, in een poging het vrije spel van opkomende tranen te verbergen. Tsjonge, deze heb ik niet zien aankomen. Natuurlijk, ze zijn uitgenodigd, met liefde, maar om op zo'n heftige dag als representanten van de overleden Peter naar Enschede af te reizen voor het bijwonen van de plechtigheid? Dat had ik niet kunnen bevroeden. Op de foto's van het bewuste moment spot ik ook Marcel van Nieuwenhoven. Hij is die dag de cameraman van dienst en wijkt nauwelijks van mijn zijde.

De aanwezigheid van Jan, José, Tom en Alma is hartverwarmend en waardevol. Ook de andere vrienden zijn van de partij. De trouwdag valt sowieso niet los te zien van de liefdevolle herinnering aan de jongens. De ambtenaar die het huwelijk voltrekt, verwijst in zijn verhaal uitgebreid naar mijn vriendschap met Peter en de sluier van tragiek die onmiskenbaar over de plechtigheid is komen te hangen.

In het restaurant waar de feestelijkheden zich later die dag in gepaste sfeer voltrekken, wijd ik het openingswoord aan Marc en Peter. Het maakt dat de bruiloft ook uitgroeit tot een eresaluut aan de jongens. Een hartenbreker is het moment dat Tom de kleine Pjotr in een shirt en broekje van Feyenoord hult. De spullen zijn eerder dat jaar door Peter gekocht, om de bruiloft, zo heeft hij aangekondigd, 'op volstrekt legale wijze een Rotterdams tintje te geven'. Pjotr krijgt er sokjes bij van de Turkse topclub Beşiktaş, door Peter aangeschaft tijdens een trip door Turkije. Het zijn cadeautjes van onschatbare waarde.

In de avonduren opent de band op mijn verzoek met 'Rockin' All Over The World' van Status Quo, opgedragen aan de globetrotters die er niet meer zijn. Later gaan we los op nummers van Jimi Hendrix, Aerosmith en Bon Jovi. Tijdens het bespelen van de luchtgitaar dwalen mijn gedachten voortdurend af naar Peter. Als hij toch eens van de partij was geweest, in volle glorie – het zou de avond tot de 'epische gebeurtenis' hebben gemaakt die hij in gedachten had.

Mijn worsteling tussen het harde verdriet en de vermetele poging tot relativering houdt ook in de dagen na de bruiloft aan. In Algerije worden intussen voorbereidingen getroffen tot repatriëring van de lichamen. Dat heeft, door de afstand en de papieren beslommeringen, heel wat voeten in de aarde. De situatie doet zich voor dat de stoffelijke overschotten eerst op de vindplek worden begraven, gemarkeerd met stenen, om pas twee weken later te worden geborgen – een bepaald macabere gedachte. Pas in de tweede week van december kunnen de lichamen van Marc en Peter worden gerepatrieerd. Intussen is met de voorbereiding van beide uitvaarten begonnen. Maar eerst krijgen we het complete fysieke dagboek ter hand gesteld, dat per koerier vanuit Algerije is overgevlogen naar Nederland.

Marcs familie haalt het reisverslag op in Den Haag, bij het ministerie van Buitenlandse Zaken. Ze melden zich in dezelfde ruimte als waar begin september het gesprek plaatsvond over de voortgang van de zoektocht. Vader Theo, zus Myriam en neef Freek zijn gespannen. Myriam: 'Omdat het originele document, waarvan het tragische deel middels kopie bekend was, ons overhandigd zou worden. En we de handgeschreven woorden en zinnen onder ogen zouden krijgen. Het dagboek dat drie maanden naast de lichamen van de jongens had gelegen, duizenden kilometers ver weg. Dat kwam nu thuis.' Het boekwerk zit in een grote envelop, de overhandiging verloopt vlotjes.

'Daarna hebben we met z'n drieën een wandeling over het strand gemaakt,' herinnert Myriam zich, 'met onze hoofden in de wind, de envelop afwisselend onder onze arm dragend, verzonken in onze eigen gedachten.' Later die dag buigen ze zich thuis over het eerste deel van het, redelijk intact gebleven, 'geschenk uit de hemel'.

De volgende dag brengt familievriend Piet Atteveld het even unieke als beladen reisverslag ter inzage naar het gezin Teggelaar in Heveadorp. Ter plekke worden kopieën gemaakt voor het eigen archief. Het originele dagboek behoort feitelijk toe aan Marc en keert terug naar de kluis van zijn zus. Daar bevindt het zich, anno 2023, nog steeds.

Het dagboek dus.[1] Wat medio juni 1993 begint als een door Marc opgetekend avontuurlijk reisverslag, ontaardt in emotionele en heldhaftige afscheidsbrieven van beide jongens aan hun naasten.

Op de cover staat bovenaan, in grote letters, door Peter geschreven: MONSIEURS DE LA POLICE, ICI C'EST POUR NOTRE DE FAMILIE ET AMI A D'OLLANDE!! (Heren van de politie, dit is voor onze familie en vrienden in Nederland!!) Daaronder, in Marcs handschrift, het adres van Rijn in Arnhem, met de toevoeging: 'De laatste paar foto's zijn mooi voor op je kantoor, Rijn!' En daar weer onder de titel van het dagboek: *The Sahara, the story*.

[1] In de weergave van het dagboek zijn enkele woorden in overleg met de families weggelaten of vervangen. Verder is ervoor gekozen om het dagboek zo getrouw mogelijk weer te geven.

Donderdag 17 juni 1993

Van Freek uit bel ik naar Peter of hij me iets meer duidelijkheid kan verschaffen over een artikel in **Voetbal International**. Wat hij kan. Meteen daarop vertelt hij mij het grote nieuws:

'Raad 's wat we gekocht hebben?'

'Een Peugeot 504?'

'505!'

Ik realiseerde me op dat moment nog lang niet wat me te wachten stond, maar ik was er zielsgelukkig mee. Eindelijk. Eindelijk de kans om door de Sahara te rijden.

Maandag 28 juni

De kaart van Afrika ligt op de grond bij Rijn en Peter thuis. Om niet meer opgeraapt te worden tot we vertrekken. Het leek Peter spannend de route te volgen die hij nog nooit had gereden. Hij was er twee keer doorheen gegaan. Een andere mogelijke route was er een die zo'n twee jaar dicht zat wegens de onveilige situatie. Die route, ook door Algerije, werd door Toearegs onveilig gemaakt. Menig toerist had het daar moeten ontgelden. Sommigen hadden het daar zelfs met 't leven moeten bekopen. Een reden te meer om te gaan dus.

Donderdag 1 juli

Voor zo'n 250 gulden spuiten en medicijnen gehaald. Sommige zijn gelukkig lang van preventieve waarde. Mijn medisch paspoort, die ik nog niet had, staat al bijna vol. Rijn zegt niet mee te gaan.

Vrijdag 2 juli

Alle verzekeringen afgesloten. Weer een smak geld over de balk, maar het schijnt het allemaal waard te zijn. Alle ambassades afgebeld. Visa zijn geen probleem. Alleen voor Mali moeten we de hele mikmak opsturen met een geldbedrag van fl. 75,- per persoon in Belgisch geld.

Zaterdag 3 juli

De spanning loopt vooral bij Peter op. Nu hij zich realiseert dat hij tot nu toe alleen aan mij overgeleverd is. Die brief naar de ambassade van Mali in Brussel zit aangetekend op de post en we brengen Rizla naar de garage. Ons grietje heeft wat moeilijkheden. Welke vrouw heeft dat niet? De vering, voor, moet minimaal doorgesmeerd worden, de rem is maar voor de helft in staat om te remmen en de startmotor heeft kuren. Die heeft-ie al langer. Peter probeerde de auto eerst bij een beunhaas te droppen, maar de eerste kon hij niet bereiken, Simon. De tweede, de vader van een ex van Frank, zat helemaal vol en de derde, de man van de werkster van zijn moeder, had er niet genoeg verstand van. Dus Rizla ging onder professionele behandeling. En wat is er nou beter dan een professionele behandeling voor een opgewonden deerntje?

Peter belt met een vrouw die samen met haar man door de Sahara is geweest en wel over de route die wij gaan nemen. De route is veel langer, veel meer zand, veel meer eenzaamheid. Hij heet de route van de enorme dorst. Wat een fantastische naam.

Met Peter naar omaatje

Op dezelfde dag, 3 juli, heeft Alma een afsluitend zeilkamp van de middelbare school. Peter haalt haar op in Wageningen met de Peugeot 505 GL, die dus Rizla is gedoopt, vrij naar het merk vloeipapier om shag mee te draaien. 'Mijn ouders waren op vakantie en ik maakte van de gelegenheid gebruik hem mijn ouderlijk huis te laten zien. Mijn ouders waren geen fan van het idee dat ik een ruim vijf jaar ouder vriendje had in Arnhem. Een ontmoeting was er dus nog niet van gekomen. Wel nam ik Peter mee naar het huis van mijn grootouders, gelegen naast dat van mijn ouders. Ik heb hem daar aan mijn allerliefste omaatje voorgesteld. Zij is de enige van mijn familie die hem ontmoet heeft.'

Maandag 5 juli

Rijn gaat dus inderdaad écht niet mee. Hij kreeg een baan aangeboden met autootje. Leuk verdienen, maar al op 12 juli beginnen. En hij doet het. Dus de auto moet van naam veranderen en de verzekeringen ook. Daarna snel naar de garage om te kijken of ons troeteldier al stevig onder handen is genomen. Hetgeen ons het water in de mond doet lopen. Komen we daar aan, zijn ze net met ons opgewonden standje bezig. En wie schetst onze verbazing als Simon zijn hoofd onder de motorkap uitsteekt. Peter kent Simon nog van de nachtdiensten die hij draaide voor een groot transportbedrijf hier in de buurt. Wij blij! We wisten meteen dat we nu eens niet genaaid zouden worden. Meteen smoezen met Simon. 'Simon, het is een vrouw. Het is onze vrouw! Je weet hoeveel verzorging die vrouwtjes nodig hebben. Ons lot ligt in jouw handen.' 'Geen probleem kerels, alles komt goed.' En Simon zou woord houden.

Dubbel gevoel

Rijn haakt dus af. 'Met een dubbel gevoel' kijkt hij terug. 'We waren twee maanden bezig geweest met de voorbereidingen, gedrieën. Ik had inmiddels mijn eigen bedrijfje opgestart, dat liep nog niet heel geweldig. Een van mijn klanten vroeg of ik bij hem kwam werken. Fulltime. Hij bood een, voor die tijd, prima salaris, en een auto van de zaak. Dat kon ik op dat moment niet laten liggen. Ik heb er goed over nagedacht, omdat ik heel graag had meegewild, maar hakte na lang wikken en wegen de knoop door. Een overweging was ook dat we maar met één auto gingen. Als we er twee hadden gehad, zoals de vorige keer, zouden we wellicht een extra bestuurder hebben gezocht en met z'n vieren zijn gegaan.'

Dinsdag 6 juli

Grote hoeveelheid tapes opgenomen, al de hele tijd zo nu en dan wat tapes geregeld, maar vandaag slaat alles. We hebben nu al zo'n 30 tapes mee. Inkopen gedaan, een grote doos met blikken. Via de moeder van Peter nylon kousen voor over de carburateur, pleisters en zonnebrandolie geregeld. Het kan zo'n zestig graden boven Celsius worden. We mogen de honkbalknuppel van Rijn mee.

Woensdag 7 juli

Was ik al om half elf bij Peter, meteen door naar de garage om te kijken hoe het met Rizla is. Autoradio gekocht en aangesloten. De hele dag door spullen gekocht, waaronder een heftige zonnebril waar je die Arabieren mee rond ziet lopen, en een paarse hoofddoek met vredestekens erop.

Vrijdag 9 juli

's Ochtends komt Paul in ons Rizlaatje voorrijden. Ze is eindelijk gemaakt. Er is meer dan 10 uur aan gewerkt en nu is ze perfect! Nog wat bandjes opgenomen, we hebben er nu 52! Nog serieus gekletst over de risico's met Peter en we hebben er allebei alle vertrouwen in.

Laatste ontmoeting

Die middag komt Peter naar Hengelo. Hij showt me trots zijn beige Peugeot 505 GL. 'Andere, betere koek dan die Fiat 128 van destijds,' zeg ik lachend. 'Geen kwaad woord over jouw Fiat,' repliceert Peter, 'dat autootje heeft mijn leven verrijkt. Dat vergeet ik nooit meer.' Hij levert een floppy disk aan met teksten voor weekbladen die we in Twente hebben opgestart. Peter heeft interviews uitgewerkt met de eigenaren van een Oosters tapijthuis, een meubelzaak en een zoncentrum. 'Een desperaat beroep op mijn vermeende veelzijdigheid,' noemt hij dat. 'Tja, de kachel moet wel branden.' We pakken een terrasje, praten over de nakende woestijntrip. Over de monteurscursus die hij gevolgd heeft ('je weet maar nooit') en over de burgeroorlog die gaande is in Algerije, en waarvan de gewapende strijd zich toespitst op het noordelijke deel van het immense land. 'We zijn niet zo gek om via Algiers te gaan,' zegt hij, 'maar duiken vanuit Marokko direct naar het zuiden, de Sahara in, richting Mali. We hebben de zegen van de ambassade, er geldt geen negatief reisadvies voor die regio.'

Het plan voor de terugreis is ook al klaar. 'We willen via Egypte terugvliegen, om in de buurt van Caïro de piramide van Cheops te bezoeken en, uiteraard, het voetbalstadion van landskampioen Zamalek mee te pakken.' Peter zegt te verwachten uiterlijk 8 augustus terug te zijn. Lachend: 'Kan ook niet anders, want het weekend erop begint Feyenoord aan de weg die gaat leiden tot prolongatie van de landstitel.' Op de parkeerplaats van Yips Snookerpalace, aan de Oude Molenweg, nemen we afscheid. Voor hooguit een maand of twee, is de bedoeling. Met een grote grijns scheurt hij weg. Ik zwaai hem na. Het is een beeld dat voor eeuwig op mijn netvlies geëtst staat; het is de laatste keer dat ik Peter in levenden lijve zie. Wel bel ik hem nog een keer, een dag voor vertrek. Hij eindigt het telefoontje op typerende wijze: 'Tot snel. Jaaahhh.'

Zaterdag 10 juli

Afspraak met Simon. Hij kijkt haar nog één keer na. Peter en ik hebben een heel goed gevoel over onze Rizla. Simon doet nog een paar dingetjes, maar kan haar niet helemaal prepareren, dus maandag weer een afspraak. 's Avonds naar Freek. Muziek opnemen en dergelijke.

Maandag 12 juli

Er meteen weer tegenaan. Nog een lading spullen gekocht en de thermostaat eruit laten halen door Simon. Een klus die moeilijker leek te worden dan dat hij werd. 's Avonds nog wat tapes opgenomen. Een moer zat muurvast maar goeie kruipolie doet wonderen. Het moment dat de moer losschoot miste ik helaas, ik was even met Wil meegelopen die langskwam. Hij woont sinds kort daar in de buurt. 's Avonds nog wat tapes opgenomen. We hebben er nu zo'n 60! Bijna alles al in dozen gepakt, we staan alle twee strak van de spanning. Nog zo'n 4 dagen!

Dinsdag 13 juli

Peter belde me net op: het paspoort is weer thuis en visa voor Mali, alles geregeld. Morgen de andere visa regelen. De voorbereidingen lopen gesmeerd. En op schema.

Woensdag 14 juli

Het geld is er nog steeds niet. Ik moet nog een hoop betalen en minimaal duizend gulden meenemen in travellercheques. We zijn naar Den Haag geweest, het tweede visum is een feit: Algerije. Go go go!

We spraken een Algerijn met twee kleine jochies. Hij vond het echt tof wat we gingen doen.

Donderdag 15 juli

Morgen gaat het echt gebeuren. Het is heel moeilijk voor te stellen wat er allemaal staat te gebeuren. Vrijheid! Vrijheid! Vandaag het derde en voor nu het laatste visum geregeld voor Marokko. Het ging erg soepel. Nog wat spullen gekocht en geld gehaald. Ik sta voor 800 gulden rood giraal en voor 2700 gulden rood bij Theo. Lul die ik ben. Maar ik betaal het terug! Alles!

Zo even naar Marcel, muziek opnemen. En dan goed slapen... lang slapen!

Vrijdag 16 juli

Het is vandaag de dag van vertrek. Ik voel een zekere gelatenheid over me heen komen. Het is 11 uur en we hoeven nog maar een paar dingen te regelen. Om half 4 gaan we.

Zaterdag 17 juli (1)

Peter ligt lekker te slapen. Echt lekker. Ik ben nog in staat om te schrijven. Om het ritme te bewaren. Iedere dag van deze trip moet op papier! We wilden met z'n tweeën zo snel mogelijk weg uit Nederland. ZZ Top was de eerste band die ons de zogenoemde vrijheid deed toejuichen. King en Hun en Alma zwaaiden ons uit. Rijn niet! Rijn baalde enorm dat wij gingen en hij niet. Hij wilde ons zelfs niet uitzwaaien. Zo zwaar viel het hem om ons te laten gaan, zonder dat hij erbij was om ons in juiste banen te leiden.

Vliegende start

Rijn mist dan weliswaar het 'uitzwaaimoment', hij zorgt wel voor een vliegende start. 'Drie uur voor vertrek ben ik met Peter meegereden naar een tankstation,' vertelt hij. 'Ik heb Rizla voor de heren volgetankt. Op die wijze kon ik Marc en Peter nog enigszins op weg helpen.' Alma zwaait de jongens dus wel uit. Ze krijgt het bijna te kwaad. 'Het was een pittig afscheid,' zegt ze. 'Ik wisselde mijn oorbel met Peters halsketting. Opdat we de weken erna zo dicht mogelijk bij elkaar zouden zijn, ondanks de grote afstand.' Frank Huning, door Marc aangeduid met zijn bijnaam Hun, geeft de woestijnreizigers zijn inklapbare pioniersschop mee, afkomstig uit de plunjebaal die hij heeft overgehouden aan zijn militaire dienstperiode. 'Een soort veldschep, die ze in de woestijn goed konden gebruiken, schatte ik in. Zelf heb ik nooit de tijd en mogelijkheid gehad om mee te gaan naar de Sahara; op deze manier probeerde ik iets van een steentje bij te dragen.'

Zaterdag 17 juli (2)

Peter was als geen ander gebrand om ons zo snel mogelijk weg uit de gevangenschap te leiden naar de ontsnapping van enkele weken zonder gezeik. Los van al die stress thuis! Hij reed pittig door! Met enkele korte onderbrekingen naar Bordeaux. We vertrokken om ongeveer 13.40 uur en waren om 04.00 uur twintig kilometer boven B. Na een voor de verandering perfecte regenboog te hebben gezien, met reflectie in een regenbui die zijn weerga niet kende. Ik riep al snel: 'Zet 'm langs de kant.' Wat een ongelooflijke stortbui, we zagen niets meer. De muziek bleef hard aan en we gingen strak door. Nu ik het daar toch over heb: de line-up van de tapes was perfect! Hoewel ik niet meer precies weet hoe die was!

We hebben overnacht in de auto, weet ik ook 'ns hoe het is om in een auto te slapen... Prima. Ik lag in coma. Rizla reed perfect. Daarom kwamen we ook zo ver. Geen moeilijke wegen en zo. Na zo'n vijf uur slapen waren we weer weg: zo snel mogelijk, zo ver mogelijk weg. Vlak voor het echt warm werd, had een stel echte Guardia Civilisten ons gescand zonder gordel en een bestuurder die slechts met één hand stuurde... Boete: 15.000 peseta's. Wij lullen! 'We hebben geen contant... alleen geld om bij een bank om te wisselen. Ze trapten er nog in ook, ja, echt!!

Wat een sukkels! Alsof we geen poen nodig hebben om te tanken en zo! We zijn al meerdere uren trots op hoe snel we ver weg raken en laten dat ook regelmatig aan elkaar blijken. We gooien alle gevoelens eruit! Dat wat er staat te gebeuren is zo heftig! En we weten het allebei. Ik moet me morgen scheren. Ik wil netjes voor het eerst Europa uit. Echt wel!!

Dinsdag 20 juli

Algerije, ongeveer 10 km over de Maroc-Algeria grens. Al twee blikken gegeten en één omgegooid. Het was kicken om voor het eerst Europa uit te kachelen, op zo'n boot nog wel. En bier gezopen! De rit van Bordeaux naar Maroc was werkelijk perfect! Alleen nog maar zon! Joehoe! Ik zit nu al weer strak in het zonnetje met een blote borst ('t is half negen). Alleen maar Marokkanen gezien op weg hierheen, nu niet meer.

Ergens in Spanje bij Cordoba, waar we terechtkwamen omdat we verkeerd waren gereden – die Spanjolen geven het slecht aan – gefrituurde inktvis gegeten. Goed en duur! Daarna zonder te betalen een duik genomen in een zwembadje.

Al uren de drinkfles in een legersok uit het raam en het water is koud. Ongelooflijk wat gaaf! De weg naar Zuid-Spanje was heel mooi en opeens was daar de zee: Torremolinos, Marbella. Even tickets voor de veerboot; geen probleem daarna: Plons! De Middellandse Zee in. Heerlijk. Heel lang wachten, gelukkig was er bier. Op weg naar Algeciras-Tanger. Voetbal was het voornaamste babbelonderwerp en kinderen krijgen. In het geval van Peter niet eens zo'n gekke gedachte.

Het eerste gezeik met paspoorten en daarna inkakken in de chique lounge: Europa uit!

Peter rijdt stevig door, we rijden een strak schema. In de eerste plaats in Maroc begon het gezeik al met de autoriteiten. Sukkel nr. 1 zei dat we verkeerd geparkeerd stonden terwijl er zo'n twee auto's aan dezelfde kant van de weg stonden, achter ons, en terwijl ik er gewoon nog naast stond. Hij zag dat Peter naar de bank was geweest en wilde gewoon geld hebben. Eerst zelfs 50. Maar Peet is niet gek. Op naar het bureau en toen was het nog maar 10.

'Vous etes un Valeur?'

'Non'

'Oui!'

Adios amigo, and we're out.

De route in Maroc was erg mooi. Wat een andere wereld. Wat een armoede en ellende. Ze hebben ons bij de Maroc-Algeria grens 8 uur opgehouden. De eikels! Het Maroc gedeelte was geen probleem, maar Algerije allemaal papieren en alles uitpakken, Maar het hoort erbij. Op het allerlaatste moment moesten we nog een verzekering afsluiten. Maar we hebben alleen Travellercheques, geen Algerijnse poen. Peter terug naar Maroc met zo'n grensbeambte, maar nakko! Dus met een kapotte Walkman een verzekering gekocht!

Zaterdag 24 juli

Het echte avontuur is dan eindelijk begonnen. Wat eerst een spel leek is nu duidelijk veranderd in een gevecht. Alles in Algerije was tot gister easy. Very easy. Op de laatste druppels van Oujda, Maroc naar Tlemcen in Algerije gereden. Door de bergen op zoek naar Super. Rizla lust alleen Super en niets minder. We herkennen ons daarin. Telkens worden we zo'n 10 km verder gestuurd.

'Pas de Super' hoorden we vele malen.

Op de laatste druppel het eindstation bereikt.

'Avez vous du Super'

'Oui!'

'Oui?'

'Oui.'

'C'est Super!!'

Heerlijk doorkachelend, prachtig landschap, enkele hotelletjes, fototje hier, fotootje daar. Perfect hoor. Zelfs van de bewakingsposten ivm de fundamentalisten geen last gehad. Wel veel bekijks. Alles loopt gesmeerd. Tot Reggane. Het einde van de wereld. Wat een hel. Een zelfmoordoord. Here Jezus. Agenten die ons niet begrepen, en tevens de enigen die er te vinden waren. Even een tripje naar de hel. Wat een zandstorm. Een afgrijselijk gevoel bekroop ons. Solo? Forget it! Never! Da's strak de dood in! Die agenten stuurden ons ergens heen, ik weet nog steeds niet waarheen en al snel kwamen we op een spookweg. Mike Oldfield op de achtergrond en we raakten daar toch vast zeg. Ongelooflijk. Gelukkig met behulp van 4 bewoners en 2 zandplaten eruit gekomen. Ze zeiden dat hier geen enkele Sahara-reiziger te vinden was. Jezus! Weg hier.

Telefoontje van Peter

Thuis in Arnhem heeft Rijn een telefoontje gekregen van Peter. 'Hij vertelde kort dat ze afzagen van de route naar Mali, omdat ze daar geen goed gevoel bij hadden. Dat stelde me best gerust. Want nu zouden ze via Tamanrasset naar Niger proberen te reizen. En met die route was Peter bekend. Ik voorzag geen problemen. 'Tot over twee weken,' zei Peter toen-ie ophing. Hij klonk optimistisch, zoals hij altijd optimistisch klonk.

Terug naar Adrar. En dan via een omweg toch naar Niger. Een omweg van zo'n 2000 kilometer. Geld raakt op. Blikken raken op. Bijna ziek; besmet water gezopen. Volgende dag (niet echt geslapen) naar 't noorden. Rijden maar. Rizla ging steeds meer haperen, de weg was regelmatig klote en na de eerste overnachting was ze niet meer aan te krijgen. Hulp van een monteur/vrachtwagenchauffeur; geen idee! Hij ons naar een vrachtwagencafé slepen. Hulp van een stel anderen; geen idee. Ze gingen toen een echte elektriciën/monteur halen, wachten. Veel later kwam een ander stel even kijken. Die overigens ook veel verstand van motoren hadden, maar tevens geen idee! Zij weg. Wij wachten! Toen kwam de held. 10 minuten later startte onze scheet. Hé hé. Een hele dag verloren.

Dinsdag 27 juli

We zitten goed in de ellende, nou nou! Wij op safe spelen. Ja, Alma, je leest het goed. Peet en ik; op safe! Door 'n gids te nemen. 'Pas de problème,' werd er door de gids geroepen. Wij goedgelovig, zeg maar gerust naïef als we zijn, stapte hij in de auto. Wat een klootzak, hij was zelfs nog aanbevolen door de campingbaas van de camping waar helemaal niemand stond. Niemand gaat erdoorheen, niemand. En dat breekt ons nu op. Ook het tekort aan water is bijzonder vervelend. Zo'n 30 liter voor drie man is niet veel. Die lul van een gids zei dat hij ons er in 7 uur door zou hebben, maar dat ging goed fout. De eerste avond nam hij het stuur over van Peet en maakte er een enorme bende van. Hij reed als een dolle. Peet vond het nog wel gaaf, ik merkte dat hij niet zeker van z'n zaak was en voelde me wat kut. De volgende ochtend ging het goed, totdat we vast kwamen te zitten. En nog 'ns, en nog 'ns tot heel veel, heel lang aan toe. Ik heb me gek geduwd, gister. Ik was kapot. En toen begon het echte gekloot!

De gids zei dat-ie spijt had dat hij deze route had genomen en we keerden om. Terwijl we volgens zijn zeggen nog maar 90 kilometer van In Guezzam waren. Het was inderdaad ondoenlijk en we wilden zo snel mogelijk terug. Het was ook 'n route die nog minder bereden werd dan al het geval was met de route national. Wij als 'n speer terug. Weer vast. Heel vast. Later nog eens. En sommigen weten hoe erg 't is om vast te zitten in het diepzand. Peter reed hard om niet vast te komen zitten. Bang! Boven op een weetikveelwat. De koeling naar de klote. Van Simon geleerd om zo'n potje erin te pleuren, maar dan moet ze koud zijn en bij Rizla duurt dat nogal. Logisch. Volgende ochtend pas dus. Die avond toch nog genoten van elkaar alhoewel we een ongelooflijke dreiging voelden. We hadden die dag toch 't gevoel de dood strak in de ogen te kijken. Volgende ochtend olie, koelvloeistof, accuspul en dus die reparatietroep erin! 15 minuten en lopen die motor. Wij de auto opruimen. Sinds die gids bij ons aan boord zit is alle structuur verdwenen en ook een hoop water.

Opeens sloeg ze af en wilde ze niet meer aan. In the middle of fuckin' nowhere, waar echt niemand langs komt. Wij terug bij af. Weer wanhopig.

Na een uur probeerden we 't weer en ze deed 't. We keken elkaar aan en wat waren we blij zeg. Peet weer pittig rijden ivm diepzand even later. Bang! Klapband. Wij allerlei dekens in de band proppen en na een hele tijd weer door. Nu gaat 't echt niet meer. We zijn al zo'n 3 uur aan het wachten tot het donker wordt, dan is 't tenminste koeler. Sinds we weg zijn met die gids hebben we geen mens meer gezien. Da's al zo'n twee dagen. Volgens hem is het enige probleem 't water. 50 à 60 kilometer verderop is een legerplaats met water (en bier hopen we), maar die gozer is zo vaag, het is zo'n waardeloze gids. We vertrouwen niet meer op hem, al 1 dag niet meer. En dat vreet! Volgens hem is de politie al naar hem op zoek en uiterlijk lijkt hij kalm. Wij voelen ons meer dood dan levend. Wij en geen drank! Pfff! De band is zo naar de klote dat we stapvoets moeten of zo. Vanavond gaan we weer vechten voor wat we waard zijn en da's veel. Net wereldelftallen samengesteld. Ik heb dorst! Wat een kutgevoel is dat!

We hebben nu zoveel pech en het is zo zwaar en de gids is zo slecht dat we makkelijk dood kunnen gaan. En dat weten we alle twee, maar we zijn er nog geen van beiden aan toe. Het is nog veel te vroeg voor ons. Het leven begint pas.

28 juli – 6 uur 's ochtends

Het wiel is compleet naar de klote, we hebben er nog 6 kilometer mee kunnen rijden. Peet heeft 'm nog net op 'n heuvel kunnen krijgen. Staat-ie lekker hoog als we 'm in de fik steken. We waren al om ongeveer 19.30 uur op deze plek en we hebben de avond goed doorgebracht. We zitten onszelf niet op te vreten over onze laksheid en over het gevaar wat ons te wachten staat. We zijn zeer relaxed. Toen we net stonden probeerde Peet 'n afscheidsbrief te schrijven. Het lukte hem niet. We denken beiden dat het alleen erger wordt daardoor.

Ik probeer wat zekerheid te vinden bij de gids, maar er is werkelijk geen peil op te trekken. Erg frustrerend. Hij zegt wel dat er vandaag om ongeveer elf uur 's ochtends een patrouillewagen langs moet komen. Hoe hij dat moet weten is ons een raadsel, maar we vestigen al onze hoop daarop. Vanaf nu 1 liter per dag, want als de wagen vandaag niet komt dan morgen, volgens onze gids. Het is nu gelukkig nog koel, maar het wordt weer extreem warm. Het stemt ons bijzonder verdrietig dat dit op deze manier verloopt. Peet en ik geven ons nog zo'n 15% kans te overleven en als ik denk hoe graag ik door wil, springen de tranen me in de ogen. Als ik denk aan wie ik achterlaat raak ik zelfs in paniek. Die gedachte ban ik uit! We laten een tattoo zetten, dezelfde, als we hier levend uitkomen. Een hele grote, mooie! We gaan ons ook een avond dronken drinken aan De Koninck-bier. Da's 1 avond in een lange rij van dronken avonden.

Peet had heel veel vertrouwen in de gids, omdat hij heel veel geld vroeg: 80000 CFA, da's zo'n 550 gulden. Dan denk je toch dat je de beste gids van heel Algerije te pakken hebt. Daarbij komt nog 't verhaal van 2 gozers die 's nachts met een gids binnen 7 uur de grens haalden. Dan geloof je dat toch? We vertrouwen blijkbaar nog te veel op de mensheid. Wat 'n land. Wat 'n land om in te sterven. Wat zonde! We hebben de auto al helemaal afgedekt tegen de zon die zo meteen opkomt. En dan breekt de pleuris uit!

Ik kan nog steeds niet geloven dat ik hier aan m'n einde kom, en hoe?! We hebben het er al over gehad. Hoe het moet zijn. Gister een flink vuur gemaakt. Mooi gezicht. Heeft niets geholpen. Ik heb dorst. Heel veel dorst. Gisteravond zitten lullen over Susan en Alma. Heel ontspannen. Het zit gelukkig goed tussen Peet en mij. Zelfs ík mis Alma. Kan je nagaan door welk een hel Peter moet gaan, zeg! Hij houdt zich heel goed, vind ik. Hij is mentaal beresterk.

Ik heb gezegd dat als-ie zijn afscheidsbrief toch wil schrijven, dat-ie 't maar in mijn dagboek moet doen. Dan hebben we alles lekker bij elkaar. Het leven draait voor ons nu alleen nog om water, een stel suffe politieventjes en het weghouden van enge gedachten. Da's niet veel. Ik hoop dat ik ma tegenkom boven. Daar ga ik gewoon van uit! Zo ook Paul is al boven. Zie ik ook hem eindelijk weer 'ns. Hun mis ik al jaren. Maar ik wil niet dood!!!!! Na dit moment (de gids geeft ons wat van zijn water) zal ik nooit maar dan ook nooit meer iets zomaar wegslurpen zonder er even bij stil te staan.

De gids blijft erbij dat de kans groot is dat we om ongeveer 11 uur gered worden.

We kunnen het niet geloven, we zien het somber in. Het is zo vaag allemaal. Ik ben ook heel boos op mezelf dat ik zo blind ben geweest van vertrouwen. Maar daar schiet ik niets mee op! Helaas. We hebben net de derde nacht dus gehad. Terwijl we er na zeven uur hadden moeten zijn. Dan kunnen ze al twee dagen naar ons op zoek zijn. Da's ergens toch wel een geruststellende gedachte. Maar 't is zo weinig. We praten wat op elkaar in, dat we op de tweede nomadenroute zitten en dat we gevonden worden. Peet zit achterin te kaarten. Ik durf me niet meer te bewegen. Ik zie ons de hele tijd zitten in The Move, zitten we ons ongans te zuipen. Wat pijnlijk.

Peter

Na het mislukken van de afscheidsbrief, probeer ik hier maar wat neer te zetten. We hebben nog acht liter water en we hebben allemaal verschrikkelijke dorst. De laatste hoop is gevestigd op de prinsemarij, de politie dus. Toch wel tragisch dat ons leven in handen van dergelijke figuren ligt. Over ironie gesproken, zeg!

De afscheidsbrief lukte niet; simpelweg omdat zoiets niet te doen is. Tarzan en ik zijn nog steeds wonderbaarlijk rustig en dat willen we graag zo houden, vandaar. De gedachte aan jullie verdriet bij de bekendmaking van onze dood is onverdraaglijk. Ik sta mezelf niet toe om daar aan te denken, al lukt dat helaas niet constant. Op mijn zwakke ogenblikken denk ik veel aan Alma, die nu op Corfu (waarschijnlijk) in de zon ligt. Ik weet hoeveel verdriet het haar zal doen, dat snijdt hard door mijn ziel heen. Het doet bij mij letterlijk pijn. Verder denk ik natuurlijk aan mijn vader en moeder, Tom en Clemi, van wie ik allemaal heel veel hou en hoop dat ze deze ellende snel kunnen verwerken. Er is voor hen ook geen enkele reden om medelijden met me te hebben, daarvoor is mijn leven veel te mooi geweest. Waarvoor bedankt trouwens, pa en ma. Bovendien heb ik absoluut geen medelijden met mezelf, ik hou me, net als Tars, nog steeds prima staande. Ik had gedacht in een geval als deze bang voor de dood te zijn, maar dat is niet het geval.

[...] Waarschijnlijk omdat we alles hier zo goed kunnen relativeren. Al zal dat misschien wel veranderen als het laatste water op is en de dood met rasse schreden nadert. Voor mezelf maakt het me niet zoveel uit, maar wel heel veel voor wat ik achterlaat. Lieve Alma, probeer alsjeblieft het betrekkelijke van alles in te zien en verwerk dit zo snel mogelijk. Je bent een schat van een meid van nog maar 18 jaar en je hebt nog een heel leven voor je. Zie de gave tijd die wij samen hadden als een mooie herinnering en ga verder met je leven. Zoals je ziet kan het zo voorbij zijn, dus geniet in plaats van te treuren. Ik wil je bedanken voor een prachtige, liefdevolle tijd, in welke ik zielsveel van je gehouden heb. Je bent sterk genoeg om dit te verwerken en verder te gaan met een mooi leven. Voel je ook alsjeblieft niet schuldig aan wat er gebeurd is, want daar kun jij echt niets aan doen. En voel je vanaf nu ook niet schuldig als je een andere jongen ontmoet, ik wil zelfs dat je een andere relatie probeert op te bouwen. Het leven is nou eenmaal keihard en dat moet je accepteren. Heb met ons geen medelijden, we zitten in de eerste kroeg links voorbij de hemelpoort alwaar het goudgele gerstenat rijkelijk vloeit. Hier wachten we op je. Wees een bikkel, scheet. Ik hou van je, Peter

Woensdag – 11 uur 's ochtends

Marc

Het is nu al ik weet niet hoelang elf uur en de hoop op redding van de politie heb ik voor vandaag laten varen. Peet had die hoop al niet eens. Hij gokt op morgen. Ik nu ook. Op morgenavond. Op de vrienden van die gids. Ook hele goeie gidsen. Nou nou nou. Dat hebben we gemerkt. Hij zette daarstraks de wereldontvanger aan en het eerste wat we hoorden was een commercial over frisdrank. Gaaf hè?

Peter

De Koninck, De Koninck, De Koninck, De Koninck. Wat zal dat smaken! Als we hier nog uit komen, dan gaan we nog meer bier drinken dan dat we al deden. Vanaf nu regeert koning Pils ons leven en wij zijn zijn slaafse dienaren. Zouden ze in het hiernamaals bier hebben?

Marc

Op de optimistische momenten is dit overigens prima vol te houden, hoor! Dan denk ik aan de prachtige ervaring en heftige herinnering die ik hieraan overhoud. En dat het m'n persoonlijkheid vergroot, want hier moet je goed sterk voor zijn wil je hier niet gek worden. En zolang ik leef is er godverdomme nog hoop. Ik voel me nu nog topfit, dus geestelijk sla ik me er ook nog doorheen. Ik geef ons nog 30 uur... Waarin ik overigens ook nog een brief ga schrijven aan Pa en Myr en één aan mijn lieve Freek. Maar daar is het nu nog te vroeg voor. Veel te vroeg! God wat is het heet en wat verlang ik naar de nacht, de kou, dan ga ik lekker languit in het zand liggen. Denken aan Susan. Hoe lekker ze is! En hoe lief ook, en zo.

Peter

In tegenstelling tot mijn compaan neem ik liever alvast afscheid, anders sla ik straks louter onsamenhangende teksten uit. Van mijn vrienden neem ik geen afscheid. Goede vrienden hebben voor deze ellende geen woorden nodig. Ik ga ervan uit dat ze het begrijpen en weten hoeveel ik hun, hoewel vaak buitensporig lelijk gezelschap op prijs stelde. Bovendien slaan zij zich hier wel doorheen. Daar maak ik me totaal geen zorgen over. Ik hou me wat dat betreft louter met mijn familie en met Alma bezig. Alleen kan ik voor hen de woorden niet vinden. Daar is de dood te wreed voor. [...]

maar ik denk dat mannen wat harder, wat relativerender zijn dan vrouwen. Daarom maak ik me meer zorgen om mijn moeder dan om mijn vader, hoewel er qua liefde geen verschil in zit. Het is eigenlijk onvoorstelbaar dat wij dit soort dingen aan het opschrijven zijn. We maken het er misschien alleen maar erger mee, hoewel dat dus echt niet de bedoeling is. We proberen alleen maar duidelijk te maken, dat onze enige échte hel de gedachte aan jullie verdriet is. Doe ons dus postuum een plezier en leef vrolijk verder, zonder om ons te treuren. Daar zouden jullie ons namelijk het meest pijn mee doen. Onze eigen lasten kunnen we wel dragen. We zijn als grote jongens de uitdaging aangegaan en we zullen ook als grote jongens ons verlies ondergaan.

Marc

Nou nou, die gaat er meteen flink op zeg! Tarzan voelt zich nog lang niet echt opgegeven. Hij denkt namelijk dat hij het nog wel anderhalve dag uitzingt tot morgenavond, wanneer er volgens hem dus redding komt. Kloteband!

Peter

Tarzan heeft godverdomme gelijk ook, maar ik heb nou eenmaal behoefte aan serieuze zaken. Laat ik namelijk het meest zware onderwerp vast afhandelen. Over een paar weken is het namelijk al zover... zoz

11 Regi Blinker 9 Mike Obiku 8 Gaston Taument
10 Robbie Witschge 6 Peter Bosz 7 Arnold Scholten
5 Ruudje Heus 3 John de Wolf 4 Henk Fraser 2 Ulrich van Gobbel
1 Ed de Goey

Ze zullen in de hemel toch wel kabel hebben?

Marc
Hoewel ik me hier toch wel volledig bij aan moet sluiten, ben ik er toch voor om onze ome Willem dringend te adviseren die dartelende ballerina van een Gaston (alleen die naam al) er keihard naast te smijten en de heer John Metgod (Big John) naar zijn naamgenoot voor de knapste speler van het intercontinentale balspel op te stellen, daar verdedigen (schoppen) Feyenoord toch 't allerbeste ligt. Nietwaar Theo? Nietwaar Rinus?

Feyenoord kampioen

Voor het eerst sinds 1984, het seizoen met Johan Cruijff in de gelederen, kan Feyenoord zich, eind mei 1993, tot kampioen van Nederland kronen. De hunkering bij het Feyenoord-legioen is na negen jaar van leegte nauwelijks in woorden uit te drukken. 'Het was een geweldige maand,' herinnert Tom zich. 'Ik was veel op het Luthers Hofje en daar waren we eindeloos opstellingen van Feyenoord aan het maken. Marc, Peter, maar ook Rijn en Frank Dankaart. Eén overeenkomst was er sowieso: Ruudje Heus speelde altijd, als linksback, bij iedereen. Wie aan Ruudje kwam, kwam aan ons.'

Op de voorlaatste speeldag van de competitie komt Feyenoord plots op *pole position* te liggen. Tom: 'Concurrent PSV verloor van Vitesse, nota bene in het stadion van NEC in Nijmegen. De wetenschap dat Feyenoord de week erop, in Groningen, kampioen kon worden, maakte een enorme euforie bij ons los. We konden niet wachten tot het zondag was.'

Met de landstitel als wenkend perspectief beleven de jongens een week van dolle voorpret en hilariteit. 'Ik herinner me dat we midden in de nacht, misschien met een klein biertje achter de kiezen, nog de gekste spelletjes deden. Landje veroveren door met een zakmes in het zand jouw gebied af te bakenen. En daar zat dan weer een theorie aan vast met winnaars en verliezers. Hoe dan ook, de verliezer moest in adamskostuum een rondje rennen in de buurt van het Luthers Hofje, waarbij ook een aantal coffeeshops gepasseerd moest worden. Ik verloor, moest niet helemaal gekleed, zullen we maar zeggen, om vier uur 's nachts dat rondje doen, maar Marc toonde zich solidair en rende poedelnaakt met me mee. Hij deed zijn bijnaam, Tarzan, andermaal eer aan. Ja, het was lachen, gieren en brullen geblazen.'

Marc is helemaal in z'n element, merkt Tom. 'Ik vond hem sowieso een relaxte gast, die zich werkelijk nergens druk om leek te maken. Hij paste, in dat opzicht, goed bij Peter. Was een groot Feyenoord-fan geworden. Volgens mij had Peter daar ook de hand in. Voor ons was, van huis uit, allang duidelijk dat Feyenoord meer was en is dan een voetbalclub: een religie, een manier van leven. Marc begon dat ook op te pakken. Hij werd met de dag enthousiaster.'

Op 31 mei moet het gaan gebeuren, in de uitwedstrijd tegen FC Groningen. Bij een overwinning is Feyenoord kampioen. Vol verwachting reist een groepje Arnhemse Feyenoord-fanatici per trein af naar het noorden. 'Ik was er godzijdank ook bij, als negentienjarig broekie,' zegt Tom. 'Dat had ik afgedwongen door een paar dagen eerder, op mijn ov-kaart, met de trein naar Groningen af te reizen om kaarten te kopen. Peter had mij als "vrijwilliger" aangewezen.'

De Arnhemse delegatie bestaat uit zes man. 'Bij FC Groningen konden ze de toeloop van Feyenoord-supporters niet aan. Wij kwamen nog even in het verkeerde vak terecht, maar we waren erbij, daar ging het om. In de wedstrijd zaten we al snel op rozen, door een treffer van Mike Obiku in de negende minuut. Uiteindelijk wonnen we met 5-0 en barstte er een feest los dat me eeuwig zal heugen. En ja, we waren in tranen, ook Marc en Peter. Na de wedstrijd gingen we met speciale treinen naar Rotterdam. De deuren bleven open, onderweg werd er niet één keer gestopt. In Rotterdam werden we naar een plek geleid onder het balkon van het stadhuis op de Coolsingel. Daar hebben we genoten van de huldiging en de festiviteiten, met bier, veel bier. Pas later, onderweg naar Arnhem, hoorden we dat er in Rotterdam rellen waren uitgebroken. Hadden we niets van gemerkt.'

+/- 4.00 uur
Wat een hel, ik voel me met de minuut zwakker worden, maar het is ook zo heet! En 't water is zo lekker. Maar ik ga maar weer 'ns proberen te slapen. We worden toch wel gered!

Peter
Het is nu de 29e juli, we hebben net alle drie een beker water gedronken en dat betekent dat we nog maar twee liter water over hebben. We houden het dus niet lang meer vol. Volgens onze gids moeten we dat allemaal tot vanavond bewaren, an-

ders slapen we niet meer. Dat betekent vanaf nu (6.30 uur) twaalf uur afschuwelijke hitte zonder ook maar een druppel water. Ga er maar aan staan! Het is dat we bikkels zijn, anders had het er beroerd uitgezien.

We moeten voor morgenmiddag gered zijn, anders is het afgelopen. We begrijpen maar niet waar de politie blijft! Ze zijn ons volgens de gids al minimaal een dag aan het zoeken. Zo moeilijk kan het niet zijn, want we zitten midden op de 2e route (van de 2!) We staan met de auto op een heuveltje en kijken over een vlakte uit die vol staat met sporen en toch hebben we al vier volle dagen geen auto gezien. We begrijpen de wereld niet meer. Ondanks alle ellende is de verstandhouding onderling nog steeds beangstigend goed. Er is nog geen onvertogen woord gevallen. De gids hebben we ook niet aangepakt, hoewel daar reden genoeg voor is. Wat heet zeg! De lul! Alles is tot nu toe eerlijk verdeeld en dat zullen we tot het einde toe doen. Meer valt er niet te zeggen.

We bannen nare gedachten uit en blijven hopen op een wonder. Keep the faith, zei Jon Bon Jovi en gelijk heeft-ie.

Gek van 'Dry County'

In november 1992 brengt Bon Jovi het album *Keep the Faith* uit. Met Peter oordeel ik dat de band afdwaalt van de lijn uit de eighties, maar dat de langspeler wel degelijk een aantal pareltjes bevat. Titeltrack 'Keep the Faith' is lekker uptempo. 'If I Was Your Mother' is een flirt met de betere hardrock. Het catchy, swingende 'I'll Sleep When I'm Dead' had voor ons geschreven kunnen zijn, maar boven alles verheven is wat ons betreft 'Dry County'. Een goddelijke rockballade met als breekeen hoogtepunt een weergaloze solo van leadgitarist Richie Sambora. Het nummer gaat over de teloorgang van de Amerikaanse olie-industrie en de meedogenloze gevolgen daarvan voor werknemers, maar vertoont huiveringwekkende overeenkomsten met de situatie waarin Peter een paar maanden later met Marc terechtkomt.

Here in Dry County
They're swimming in the sand
Praying for some holy water
To wash these sins from off our hands
In Dry County
The promise has run dry
Where nobody cries
And no one's getting out of here alive
Not this time

I cursed the sky to open
I begged the clouds for rain
I prayed all night for water
For this burning in my veins
It was like my soul's on fire
And I had to watch the flames
All my dreams went up in ashes
And my future blew away

Ongelooflijk! Die associaties, het is bijna te toevallig voor woorden. Ik heb me vaak afgevraagd of Peter in die laatste uren en dagen aan dit nummer heeft gedacht.

Ook met Aerosmith is er een connectie. In april 1993 presenteert de Amerikaanse rockband het album *Get a Grip*. Het meest tot de verbeelding sprekende nummer is 'Livin' on the Edge', vinden we. Niet alleen muzikaal, ook tekstueel. 'Op mijn lijf geschreven,' lacht Peter. Prompt voegt hij het album toe aan het repertoire van een nieuwe Sahara-reis. 'We hebben *Get a Grip* in die maanden letterlijk grijsgedraaid,' zegt Alma.

We're living on the edge
(You can't help yourself from falling)
Living on the edge
(You can't help yourself at all)
Living on the edge
(You can't stop yourself from falling)
Living on the edge

Tell me what you think about your situation
Complication, aggravation
Is getting to you, yeah

Marc

Lieve Pa,

Dit is voor mij de laatste kans om nog een beetje uit m'n woorden te komen. Ik mis je enorm en wil je ontzettend graag weer zien. Ik geef kanonnen veel om je. Ik moet deze brief afraffelen, anders barst ik in tranen uit, ik kan niet stilstaan bij mijn gemis en jouw ellende zonder gek te worden van verdriet. Het spijt me ongelooflijk dat ik dit jou aan doe. Het was niet de bedoeling dat we hier aan ons einde zouden komen. Hoewel we verdomd goed wisten waar we aan begonnen en we accepteren ons lot als de bikkels die we altijd zijn.

Jij moet verder zonder mij.

Alsjeblieft pa, doe me een lol en vecht zo hard je kunt tegen deze klotezooi. Doe het voor mij! Marc

Lieve Myr,

Het is zo klote jou nooit meer te zien, ik kan het gewoon nog niet geloven. We hebben zo'n speciale band. Al twijfel jij daar wel 'ns aan. Maar liefje wat hou ik van je. Ik zit hier met tranen in m'n ogen te schrijven. De gids zei dat ik dat maar beter niet kon doen. Ook die lieve Peter troostte me een beetje. Lieve Myr, ik mis je heel erg! Maar daar ga ik vanaf nu niet meer aan denken, want dan word ik gek!

Dag lieve sheet!

Steun Pa!

Gelukkig heb je Co nog!!!

Lieve Freek,

Wat ben ik trots op onze vriendschap. Ik hou gewoon van je. En niet zo'n klein beetje ook! Als we niet gered worden zie ik je nooit meer en dat is een ondraaglijke gedachte. Daar ik zo graag bij je ben!

Jij redt je wel, daar ben ik niet bang voor. Dat stemt me ook gelukkig! Je bent oersterk. Net als ik. Daarom klikte 't ook zo goed. Ik schrijf al in de verleden tijd. Succes met alles, lieve Freek. Ik hoop dat de school geen problemen oplevert en geef Bea maar een kus van me, liefs Marc xxx

Testament

Alles wat ik heb is voor m'n vader.
Alle spaargelden, het huis, de inboedel.
PS ik heb ook 'n ANWB-verzekering afgesloten voor 150 gulden, de papieren liggen in de bovenste la van m'n bureau

Verder wil ik gecremeerd worden en naast mijn moeder geplaatst worden met precies dezelfde steen. Da's voor mij heel belangrijk.

Onze herdenkingsbijeenkomst wel samen! Met alleen muziek van **Once Upon a Time in the West**!

Vaarwel wereld, we waren
nog lang niet met je klaar!

(kut steen!)

Peter

Hierbij kan ik moeilijk achterblijven. Al mijn spullen (god, wat heb ik veel) laat ik na aan Tom, Clemi en Alma. Ik ga er vanuit dat jullie, pa en ma, daar niet om zitten te springen. Tom gaat op kamers, die kan eventueel mijn zolder overnemen. Alma gaat ook het huis uit, maar heeft nog geen meubels. Onze schuur staat er vol mee schatje, zoek maar uit wat je wil. Vergeet niet mijn kleren, die je altijd aan had. Ik hou van je!

En dan nu de begrafenis. Het is een klote-onderwerp, maar een mens moet zich daar nu eenmaal een keer in zijn leven mee bezighouden. Ik moet zelfs opschieten, want zoals te doen gebruikelijk stel ik alles tot het laatste moment uit. Cremeren of begraven interesseert me geen reet, zolang ik maar mijn steen in Arnhem krijg. (Tarzan zegt dat dat bij crematie ook het geval is.)

Verder wil ik absoluut geen kerkdienst hebben, of ook maar iets dat daarmee te maken heeft.

Wat betreft de tekst op de steen; ik heb geen idee, probeer zelf maar wat origineels te verzinnen. En laat de muziek svp vrolijk zijn, dat was ik zelf grotendeels ook wel, denk ik...

Sahara, 29-7-1993

Geachte (vage) vrienden,

Danky, Rijn, Eddy, King, Joop, Erwin, Hün en alle andere kennissen.

Het afscheid is daar, het doek is gevallen, Teggel is niet meer. Voor diegenen die nog geld van me kregen is dat vervelend, ik kan me dat goed voorstellen, Rijn! Klote, hè!

Ik ga me hier niet overgeven aan allerlei emotionele betogen, zoals jullie ongetwijfeld zullen begrijpen, kan ik dat zo langzamerhand niet meer opbrengen. We hebben samen een hoop fantastische dingen meegemaakt en daar ben ik jullie dankbaar voor. Vooral voor al het bier dat daarbij rijkelijk vloeide, god wat heb ik daar nu zin in! We hebben nog twee liter water en het zal dus wel snel met ons afgelopen zijn. Het is kennelijk onze tijd om te gaan! Want we zitten op een normale route waar al vier dagen niemand langs is gekomen. Dat hebben we maar te accepteren, klotezooi!!

Als laatste verzoek heb ik het volgende: willen jullie mijn familie in deze barre tijden bijstaan en waar mogelijk helpen. En vergeet daarbij Alma niet, want die krijgt het misschien wel het zwaarst. Beloof me dat jullie haar niet aan haar lot overlaten en haar zo veel mogelijk bijstaan. Ik ga er gevoeglijk van uit dat jullie je wel redden. Dankzij mijn begrafenis, mits niet te vroeg, hebben jullie tenminste weer een goede smoes om je overvol te laten lopen. Gaaf hè? Denk bij de smaak van het koude bier aan ons en maak er een leuke avond van. De groeten aan jullie vriendinnen en maîtresses. Vaarwel, Teggel

Marc: Wat 'n gelul zeg!!

Marc

Nou, dat was 't dan.

We hebben t waarschijnlijk wat overdreven, maar we zijn vrij sentimenteel...

Dit boek is voor een ieder die het maar wil lezen

We willen samen met een sprekende tekst in een overlijdensadvertentie in De Volkskrant en De Gelderlander.

Bon, il ny'a pas de problem

NB:
Rizla: het lag niet aan de naam! ze was fantastisch.
Rijn: het is amper onze schuld, vertrouwen in de mens wordt niet op prijs gesteld.
Simon: jou treft geen enkele blaam!
Alma: we waren sowieso gegaan!
Eddy: schrijf hier een groot artikel over, vooral over de laksheid waarmee hier met 't leven wordt omgesprongen.
Pa, Myr en Freek: ik hou enorm veel van jullie.

Peter
Het is al de zesde dag. Het wordt de 2e hete dag zonder water. Onze gids ging anderhalve dag terug lopend naar een dorp zo'n 50 km hiervandaan. Is nog steeds niet terug. Hij ging zonder water, dus zal nu wel dood zijn.

Ik denk veel aan onze zomervakanties. Tikkertje met Clemi en Tom onder de surfplanken, wat was dat mooi!

De auto hebben we inmiddels ook al in de brand gestoken

Marc

Ps: lieve, lieve mensen. Onze gemoedstoestand is nog steeds perfect. Geen greintje paniek. Peet en ik houden van elkaar. We zijn niet bang om te sterven. Ik zie Lida, Paul en Rinie, en Peet gaat mee. We gaan ook zijn opa opzoeken. Peet is z'n 1e kleinkind. Dat zal hij fantastisch vinden.

De hemel is voor ons een 5 sterrenhotel in the Caribbean, met 'n groot zwembad. Drinks are on the house en we hebben een grote suite met uitzicht op zee. De meiden zijn heel makkelijk; het bier, de frisdrank en de cocktails zijn heerlijk. Er zijn veel sportvelden in de buurt. Ik heb een mannetje ingehuurd die als ik in mijn strandstoel lig zo nu en dan koud water over me heen gooit en dan neem ik weer een slok bier en dan duik ik 't zwembad in. Vrees niet vrienden, we zullen ons kostelijk vermaken daarboven!
Peace!

Ik reïncarneer als oermens. Dan loop ik altijd lekker naakt rond, drink een zoetwatermeer leeg, want daar kan ik toch tegen met m'n weerstand die ongelooflijk is. Ik eet lekker vers wild en fruit en zo

Peter reïncarneert als de nieuwe nummer 10 van Napoli, daar zitten ze dan alweer enorm om te springen, na een blessure op zijn 36ste ziet hij zijn kinderen opgroeien en gaat lekker vaak kamperen met Alma en de kinderen. Veel zeilen en zo. Ajuu paraplu!

1e avond: Reggane, de gids met dezelfde naam als de spookstad des doods aan de andere kant van de hel waar ik me overigens prima thuis voel, rijdt als een blinde.

2e avond: Na een loodzware dag van slechts 20 km en alleen maar duwen voor mij en de gids.
3e avond: Koeling naar de klote na een ongeval, vanaf +/- 1 uur 's middags moeten wachten tot ochtend om koeling te kunnen repareren.
4e avond: rijden omdat de kapotte band gevuld met doeken het beter houdt als het koud is. Komen maar 6 km verder. Waar we nog staan.
5e avond: Relaxed met zijn drieën. We schelden echter wel zo nu en dan de gids in het Frans verrot: salot, idiot, toilet enz.
6e avond: er is nog wat water, dus het gaat allemaal nog net, de dagen worden ondraaglijk. De gids blijft vol goede moed.
7e avond: Na de eerste dag zonder water gaat het hard achteruit. Ik zie al dagen niets meer. 'k kan mijn lenzen niet meer dragen. De gids is weg naar een dorp met militairen op 60 km afstand, we zien hem nooit weer. Peet en ik hebben nog hoop.
8e avond: Misschien komt de gids de volgende ochtend, zo niet...

Eddy, doe er wat mee! De laksheid als het gaat om Sahara-reizigers is schrijnend te noemen. Er was geeneens meer een securitépost!

Al die tijd op 1e route en nog niet gevonden worden. Als Feyenoord-fan word je ook altijd genaaid.
FIN!

PS. Het hele laatste rolletje (mochten jullie dit ooit zien) is volgeschoten door Tarzan (Marc, dus)

***

Wow! Wow! Wow! Wat een afscheid! Dit is een heldendaad. Een heldendood.

Wanneer je op deze evenwichtige, moedige, realistische, humorvolle wijze afscheid kunt nemen van het leven, zonder een greintje zelfmedelijden, en met de zorg voor hen die achterblijven als veruit het belangrijkste thema, dan verdient dat alle denkbare lof. Marc en Peter zijn helden, en niets minder. En dan de menswaardigheid van de jongens. 'Alles is tot nu toe eerlijk verdeeld en dat zullen we tot het einde doen.' Het staat er met een ontroerende vanzelfsprekendheid. Tot in het uur van je dood het water delen met de man die je, zo geven ze aan, in deze uitzichtloze positie heeft gemanoeuvreerd: het is ongekend groots.

Afscheid nemen

Na zijn eerste woestijnreis heeft Peter tegen vader Jan gezegd: 'Pa, ik weet zeker dat ik stressbestendig ben.' Oftewel: hij kan het leven aan zoals het op zijn weg komt, ook in de meest moeilijke gradaties. Dat is geen prestatie die je in de schoolbanken leert, integendeel. Het is de vrucht van een gerijpt karakter, gewassen door de wateren van de praktijk. Hebben we niet altijd gezegd 'aan de hogeschool van het leven' te studeren? Eerlijk is eerlijk: dat was best een tikkeltje provocerend bedoeld en misschien ook wel gekscherend. Maar met zijn houding op zijn plotselinge sterfbed in de woestijn slaagt Peter cum laude voor die incourante 'opleiding'. In Marc heeft hij zijn gelijke getroffen: ook hij stelt zich, nota bene zonder Sahara-verleden, op het uur U groots, groter, grootst op.

In een eerste reactie zegt Jan tegenover de pers: 'Marc en Peter werden als 'sufferds' en 'oenen' afgeschilderd, maar dat waren de meningen van mensen die sowieso tegen avontuur zijn. Het veroordelen van de jongens zonder de feiten te kennen, maakte ons kwaad. Marc en Peter verdienen dat niet. Uit het dagboek blijkt dat ze het juist fantastisch hebben gedaan.' Gegeven de moeilijke omstandigheden hebben ze inderdaad de meest logische keuzes gemaakt. Het op een heuvel krijgen van de Peugeot, om de herkenning vanuit de verte en vanuit de lucht te vergroten, en het (later) in brand steken van de auto, om – via de rookontwikkeling – de aandacht te trekken: dat is hoe je in noodsituaties als deze moet handelen.

De vraag is wel hoe het kon gebeuren dat ze zo ver van de hoofdroute zijn afgeweken. Foto's van de reis, die ter verklaring zouden hebben kunnen dienen, hebben we niet. De rolletjes waarover ze in het dagboek spreken, zijn nooit teruggevonden.

In het verslag van zijn eerste woestijnreis, in 1991, zegt Peter over het bewuste, kritieke stuk van Tamanrasset naar de grens met Niger: 'Wie van de route afwijkt en vervolgens strandt, kan een lift van een nakomende auto wel vergeten en is dus ten dode opgeschreven. Wie gewoon de bakens volgt, bestaande uit betonnen palen om de zoveel kilometer, heeft hier niets te vrezen.'

Peter kent dus de extreme gevaren, hij voorspelt hier nota bene het scenario van zijn eigen dood. Hij heeft de piste, een 'hel van zand en steen', twee keer met succes afgelegd, in konvooi. Dit keer heeft hij vertrouwd op de mensheid, op een duurbetaalde gids, aangeraden door de baas van camping Zeribas. Wanneer Marc en Peter op een konvooi hadden gewacht en 'gewoon' op de hoofdroute naar In Guezzam waren gebleven, zou er niets aan de hand zijn geweest, lijkt me. Een gevalletje van autopech is dan niet fataal, omdat er altijd verkeer langskomt, ook al duurt het misschien een tijdje. Alleen is het op dat moment erg rustig op de piste naar Niger. Niemand maakt de oversteek van Tamanrasset naar de grens, althans niet vanaf camping Zeribas, lezen we in het dagboek. Misschien wel vanwege de latente dreiging van islamisten, die andere toeristen ervan weerhoudt door de Sahara te trekken.

Feit is dat de optie van blinde roekeloosheid kan worden weggestreept. Alma: 'Ik had Peter en Marc juist op het hart gedrukt dat zonder een gids gaan echt een brug te ver was. Ik heb

Peter zelfs laten beloven een gids te nemen. Dat deed hij. Misschien wel speciaal voor mij. Wel erg zuur dat achteraf gebleken is dat de verkeerde inschatting van die gids hun fataal is geworden. Terwijl je juist verwacht dat hij een vrijgeleide voor veiligheid is.'

Marc en Peter zijn in het dagboek uitermate kritisch op de gids. Hij is degene die, als bestuurder van de auto, het verkeerde traject kiest. Volgens de info van de autoriteiten stranden ze uiteindelijk in een onherbergzaam stuk woestijn, zo'n 40 kilometer ten oosten van de hoofdroute. Opvallend is dat Marc en Peter op de plek des onheils bandensporen zien. En volgens de gids op de 'tweede nationale route' zitten. Terwijl het geen doorgaande weg kán betreffen, omdat ze pas ruim drie maanden later gevonden worden, per toeval ook nog, door een politiepatrouille. Net zo opvallend is dat de gids vervolgens zegt dat er '50 tot 60 kilometer verderop een legerplaats moet zijn'. Is het wanhoop? Of toch gebaseerd op feiten? Op de landkaart valt in elk geval geen legerplaats te zien. Het is een mysterie dat misschien ooit nog opgelost zal worden.

En dan het lot van de gids, volgens Marc 'Reggane' geheten. Peter schrijft dat hij zonder water is gaan lopen, naar een 50 kilometer verderop gelegen dorp. De vraag is of hiermee de legerplaats wordt bedoeld. Peter schat een dag later in dat 'de gids nu wel dood moet zijn'. De kans is groot dat hij gelijk heeft gehad. Zonder water houdt niemand het lang vol in de woestijn. In december 1993 vangt een contactpersoon van de familie het bericht op dat 'de stoffelijke resten van de gids zijn gevonden', maar een officiële bevestiging hebben we nooit gehad. Het blijft dus gissen naar zijn lot.

De jongens vragen mij twee keer om iets te schrijven, met het oog op mijn functie als journalist van het *Algemeen Dagblad*: *Eddy, schrijf hier een groot artikel over. Vooral over de laksheid waarmee hier met het leven wordt omgesprongen.* En dan, als de op twee na laatste zin: *Eddy, doe er wat mee! De laksheid als het gaat om Sahara-reizigers is schrijnend te noemen. Er was geeneens meer een securitépost!*

Uiteraard probeer ik in mijn artikelen gehoor te geven aan hun verzoek, alleen is het lastig de situatie vanuit Nederland tot in detail te duiden. Twee keer valt het woord 'laksheid'. Het lijkt erop dat Marc en Peter, in tegenstelling tot de eerdere Sahara-reizen, nergens een stempel hoefden te halen en dus niet geregistreerd stonden. Zelfs niet in Tamanrasset. Het meest waarschijnlijke scenario luidt dat zulks te maken heeft met de gevolgen van de burgeroorlog, maar duidelijke antwoorden krijg ik niet. Ik beloof mezelf én de jongens daar (ooit) nog eens onderzoek naar te doen, om de precieze oorzaken te achterhalen.

Als naasten van Marc en Peter proberen we ons voor te stellen hoe hun laatste momenten zijn geweest. Het antwoord? Kan niet, ook niet bij benadering. Onmogelijk. Maar: hebben ze geleden? Medici met kennis van zaken stellen ons, relatief, gerust. Hoogstwaarschijnlijk zijn Marc en Peter, door de dorst in combinatie met de verzengende hitte, weggegleden in een soort van coma.

Met de afscheidsteksten als leidraad proberen de families zo veel mogelijk aan de wensen van de jongens te voldoen. Zo komen er overlijdensadvertenties in *De Volkskrant* en *De Gelder-*

lander. Er moet een sprekende tekst bij. Myriam komt met het beste idee. Zij oppert om de gezamenlijke rouwadvertentie te beginnen met een van de vele indrukwekkende citaten uit het dagboek: 'We zijn als grote jongens de uitdaging aangegaan, we zullen als grote jongens ons verlies ondergaan.' Iedereen gaat hiermee akkoord, hoe zwaar het ook valt die woorden steeds weer onder ogen te moeten krijgen. Maar ze zijn nu eenmaal symbolisch voor de heldhaftige houding van Marc en Peter. Onder het citaat van het tweetal komen namen en leeftijd te staan. En daaronder:

VERMIST
Omgekomen in de Sahara
Een dagboek als afscheid
Zo evenwichtig, moedig en liefdevol
Het verdriet van degenen die ze achterlieten
was hun grootste zorg.

Ook de respectievelijke vriendengroepen van Marc en Peter plaatsen, gezamenlijk en ook apart van elkaar, rouwadvertenties.

Als sterfdatum houden we 1 augustus aan. Zeker weten doen we het niet, maar op grond van de dagboekteksten lijkt die datum het meest voor de hand liggend.

Intussen verloopt het transport van de stoffelijke overschotten niet zonder slag of stoot. Op het Parijse vliegveld Orly blijken de kisten zelfs enige tijd zoek, zo krijgen we te horen van Buitenlandse Zaken. Kan het gekker? Stiekem moeten we erom gniffelen, omdat het helemaal past bij het non-conformistische karakter van de jongens. Zelfs postuum weten ze te verrassen.

Wanneer de kist met Peter in Arnhem is aanbeland, wil Alma haar vriend het liefst zien. Maar de begrafenisondernemer raadt het haar ten zeerste af. 'Dat begreep ik wel,' zegt ze. 'Maar ik dacht het nodig te hebben om even z'n rooie krullen te zien, om te kunnen accepteren dat het echt mijn liefste Peter was die in de kist lag.' Peter is die dagen spiritueel aanwezig, verklaart ze. 'Ik stond thuis te douchen en hoorde plots een bizar geluid dat ik niet kon thuisbrengen. Ik keek om me heen en zag in eerste instantie niets vreemds. Het geluid bleef, het was heel indringend. Toen zag ik Peters oorbelletje in de douchebak richting het putje drijven. Het oorbelletje dat me heel dierbaar is en dat ik daarna jarenlang in een van mijn oren heb gedragen. Ik schrok me rot en kon het nog snel pakken. Het geluid stopte direct. Een van de vele onverklaarbare momenten uit die periode.'

Ook Myriam, haar vriend Eelco, Theo en Freek krijgen het advies Marcs kist niet te openen. Myriam: 'We liepen om de kist heen, raakten deze aan en vonden rust om op deze manier toch even heel dicht bij Marc te kunnen zijn.'

Op 15 december vindt de uitvaart van Marc plaats, in de H. Michaëlkerk aan de Kerklaan in De Bilt. Op 16 december die van Peter, in Arnhem en Oosterbeek. Beide bijeenkomsten worden druk bezocht. Door het bijzondere karakter zijn er mensen die twee keer van de partij zijn, ook al behoren ze niet tot de intimi van de overledene. Zelf bezoek ik, met de andere vrienden van Peter, vanzelfsprekend ook de dienst van Marc. Myriam: 'Het beeld van hoe de witte rouwauto na de uitvaartdienst bij onze ouderlijke woning kwam aanrijden, zie ik nog kraakhelder voor me. Geen zwarte, maar een witte auto. Dat was zo typisch Marc.'

Vader Theo heet de aanwezigen op zachte toon, en licht haperend, welkom. Daarna nemen zeven sprekers, die elk een kaars aansteken van een zevenarmige kandelaar, het woord. Zo verhaalt Rijn over de verlokkingen van de woestijn en Emile, een neef van Marc, over de diepzinnige gesprekken die hij met hem voerde. Nel van den Belt, de voorganger en hartsvriendin van Lida, de moeder van Marc, vertelt: 'Marc was een zoeker. Zijn artistieke en creatieve belangstelling was terug te zien in zijn haardracht en kledingstijl. Hij zocht uitdaging en spanning in het onbekende, droomde van een wereldreis, wilde de wereldzeeën bevaren, ging parachutespringen, om uiteindelijk met zijn reis naar de Sahara zijn leven te verrijken. Hij was zich bewust van wat er van hem verwacht werd en dat zijn gedrag weerstand opleverde. Maar hij wilde er altijd over praten en zelfs de weerstand accepteren. De ziekte en het overlijden van zijn moeder vielen hem zwaar, zij was degene die beter wist hoe hij ervoor stond op school dan hijzelf. Zij hield zijn agenda bij.'

Het slotstuk van de dienst bestaat uit een brief van een onbekende jongeman, die een jaar eerder precies dezelfde route reed als Marc en Peter. Theo is dermate geraakt door het verhaal, dat hij de tekst laat voorlezen. Die luidt: 'Nadat ik de rouwadvertentie had gelezen in de krant, voelde ik dat mijn luchtpijp langzaam dichtgeschroefd werd. Zonder bijbedoelingen moest ik intuïtief deze brief schrijven. Ik wil jullie laten weten dat de beelden en herinneringen van mijn eigen reis voorbijtrokken en ik denk dat ik niet in staat ben jullie verdriet echt te begrijpen.'

Na afloop nodigt Theo de aanwezigen uit mee te gaan naar het crematorium om het verdriet te delen. 'Zoals Marc en Peter de laatste dagen van hun leven het water hebben gedeeld,' zegt hij met gevoel voor symboliek. Bij binnenkomst vult de filmmuziek van *Once Upon a Time in the West* de ruimte, conform de wens van Marc. De klanken van het klassieke meesterstuk van Ennio Morricone, geschreven voor de gelijknamige spaghettiwestern uit 1972, snijden door je ziel. Toch is het bijzonder om te ervaren dat de geest van Marc boven de ruimte hangt. Hij, bij leven een entertainer, is overduidelijk de regisseur van zijn eigen afscheid.

Een dag later is het, bij de uitvaart van Peter, niet anders. Bij deze bijeenkomst ben ik zelf meer betrokken. De dienst vindt plaats in de Koepelkerk aan het Jansplein in hartje Arnhem, een locatie die allesbehalve uit religieuze overwegingen is gekozen. Peter moest, hoewel hij gedoopt was, juist niets hebben van het geloof en de bijbehorende protocollen. Nee, de Koepelkerk heeft nu eenmaal een grote capaciteit én ligt centraal in wat lange tijd zijn leefgebied is geweest. Om het hoekje bij de Pauwstraat, de Korenmarkt, en schuin tegenover het vaker dan vaak gefrequenteerde snookerpaleis House of Billiards.

Jan Brugman is de voorganger. Hij is een bekende van Jan en José. In de voorafgaande weken is er intensief contact geweest over hoe de dienst vorm te geven. Er zijn veel sprekers. Tom en Rijn lezen stukken voor uit het dagboek. Ik, Jan en Frank Dankaart vertellen in speechvorm over Peter. Daarvoor moeten we het trapje op, naar de kansel. We wensen elkaar vooraf succes. Ik ben eraan gewend te spreken voor grote groepen, maar dit is anders. Bij het spreekgestoelte aangekomen, grijpt de emotie me bij de keel. Mijn hart bonkt als een gek. Ik slik twee keer, probeer mijn ademhaling te temmen en begin mijn lofzang op de vriendschap met Peter getiteld 'Een fantastische vriend'.

'Over een fantastische vriend gesproken
Praten over Peter is praten over een ijzersterke
persoonlijkheid
Een natuurtalent, overlopend van charisma
Een vriend, niet zomaar
Een vriend, een echte vriend
In de meest ware zin van het woord
Ja, een echte vriend

Ik bewonderde Peter
Om zijn nooit aflatende enthousiasme, zijn passie
Om zijn trouw, zijn flair, zijn warmbloedige karakter

Ik leerde van Peter
Om nóg meer te leven, te genieten
Nog meer te ondernemen
Nog meer, ja
Hij was een bron van inspiratie, die nooit opdroogde
Nooit op wilde drogen

Het was een feest
Elke ontmoeting weer
De wereld werd tijdloos, passie regeerde
Sport, muziek, al die andere geneugten des levens
Adoratie was troef, met Peter

Peter leeft voort, in onze harten en zielen
Maar het leven
Het leven heeft aan kleur verloren'

De speech van Frank is getiteld 'Het maisveld'.

'Peter hield van de woestijn. De bekoring van dit landschap kan worden vergeleken met liefde op het eerste gezicht. Het grijpt je, direct, door de overweldigende rust die het uitademt en tegelijk de vijandigheid die voelbaar is. Je mag er zijn, maar eigenlijk hoor je er niet. De onmetelijkheid van de woestijn met daarboven een heelal dat schittert van de sterren. De plots invallende duisternis, met haar grimmige silhouetten. Door de stilte en eenvoud die er heerst, is het de perfecte omgeving om je gedachten te ordenen. Je begint jezelf te begrijpen, los van de westerse wereld. De woestijn geeft je kracht, helpt je een duidelijke weg te vinden in je leven.

Deze woorden schieten me te binnen als ik terugdenk aan een gesprek dat ik met Peter voerde op een niet-alledaagse plek. Na een avond stappen in Hengelo belandden we in het enige stukje woestijn dat Peter in de omgeving kon vinden: een gemaaid maisveld! Daar maakte Peter mij deelgenoot van zijn liefde voor de woestijn. Ik ben bevoorrecht dat ik hem begreep.'

De speech van Jan is getiteld 'Mijn zoon'.

'Je zult het maar meemaken
woensdagavond, acht uur, 10 november

op de kruising van de Chopinstraat
en de Roemer Visscherstraat
het was glad die avond
de straten leeg
tegen een bushaltepaaltje
een dun paaltje
dat zo'n dun paaltje ...

Je zult het maar meemaken
vierenhalf millimeter bandenprofiel
veiligheidsriemen aangesnoerd
Bavaria malt
geen remspoor
op weg naar huis ...

Je zult het maar meemaken
dat jij de vader bent
die zijn dromen niet zag
er nooit over sprak
en dat hij niet naar de Sahara ging
voor jou ...'

Voorganger Jan Brugman sluit af met een mooie observatie over Peter, gebaseerd op gesprekken met familie en vrienden.

'Peter sprak veel over zijn gevoel met anderen, hij deelde zijn leven met anderen. Hij liet zich als mens mede bepalen door de kring van mensen die hem lief waren. Zij waren er voor hem, andersom ook. Hij oordeelde nooit, ook dat getuigt van vertrouwen. Hij heeft zich steeds door het leven zelf over de rand laten duwen, tot aan zijn eigen grenzen. Steeds enthousiast, steeds vol passie. Je kon van Peter leren leven. Het was uitdagend, fantasierijk, opvallend. En dat niet alleen door zijn rode haardos. Niemand weet hoe het leven is. Niemand kent zijn of haar weg. Er zijn wel mensen van wie je het gevoel kunt hebben dat ze je kunnen leren leven, omdat ze doorhebben vanuit welke houding je dat moet doen. Want het leven in al zijn vezels oppakken, dat kon Peter. Natuurlijk niet altijd tot genoegen van José en Jan. Hij kon er ook weleens wat dominants bij hebben.

Maar onuitwisbaar staat vast dat Peter steeds op zoek is gebleven naar zijn authenticiteit. Naar zijn leven, de bron van zijn bestaan, zijn dromen. [...] Vlak voor het vertrek merkte hij in gesprek met José en anderen op dat het voorlopig zijn laatste grote reis kon zijn. Voordat ze Spanje uit waren, stipte Marc het hebben van kinderen aan, zoals Peter ook concrete plannen had voor het maken van een krant. Dat vaste patroon, dat overkwam hem, tot zijn eigen verrassing dus. Tegen vrienden met een maatschappelijk bestaan zei hij: 'Pas op, niet inkakken.' De kans om zelf in te kakken, is hem niet gegeven. Met rust en eenvoud sprak hij over zijn naderende levenseinde, alleen maar denkend aan anderen. Wie als mens zo kan sterven, gaat over de grenzen van de dood heen.'

De muziek tijdens de dienst is passend. 'Keep the Faith' van Bon Jovi ontbreekt uiteraard niet. We overwegen kort ook 'Dry County' te draaien, maar dat wordt als te heftig ervaren. Wel komen 'Father and Son' van Cat Stevens en 'Tears in Heaven' van Eric Clapton voorbij.

In aansluiting op de afscheidsdienst vindt de begrafenis plaats in het aan Arnhem grenzende Oosterbeek. Als vrienden nemen we plaats in de tweede rouwauto, achter die van het gezin. De sfeer is, voor dit moment, eerder uitgelaten dan bedrukt. We passeren plekken die herinneringen oproepen aan ons leven met Peter. Merken dat het Willemsplein in de Arnhemse binnenstad door de politie is afgezet om de rouwstoet vrij baan te geven. 'Dat had Peter eens moeten zien.' We halen humoristische anekdotes op waarin hij de absolute hoofdrol vertolkt. Hilariteit heerst, tranen biggelen over onze wangen. Heel even kijken we elkaar aan: kan dit wel? Dat we nondeju in een lachstuip komen te liggen op de dag dat we Peter begraven? Maar het is een retorische vraag. Hij zou niets anders gewild hebben. Het voelt zelfs alsof hij tussen ons in zit. Hij regisseert de humor zelf, als postume sfeermaker. Omdat het over hem gaat. Over zijn fratsen, over zijn leven, over zijn branie.

Hoezeer Peter in zijn afscheidsbrief ook de betrekkelijkheid van het leven aanstipt, en oproept tot luchtigheid, het blijft een bizarre en tegennatuurlijke gewaarwording hem die middag ten grave te dragen, 24 jaar jong. Aansluitend wordt familie en vrienden verzocht een schep zand op de kist te gooien. We doen het, als versteend. Op de grafsteen komt later 'Goede reis Peter' te staan, verwijzend naar de Sahara-expeditie, zijn reislustige karakter en, toch ook, de meest existentiële vraag die de mensheid vanaf haar ontstaansgeschiedenis in een wurggreep houdt. Waarheen, waarvoor? Starend naar het graf zegt Jan niet te geloven in een leven na de dood. José wel. Door haar tranen heen zegt ze: 'Ik hoop en denk dat ik Peter terugzie in die eerste kroeg links voorbij de hemelpoort. Aan die gedachte zal ik me de rest van mijn leven vasthouden.' Zelf hang ik meer de agnostische gedachte aan. Ik hoop dat José gelijk krijgt, vurig zelfs, maar heb geen idee. Ik kan me er, met mijn aardse nuchterheid, in elk geval niets bij voorstellen.

Bij parkhotel De Branding in Doorwerth vieren we in de namiddag het leven van Peter. Niet met koffie en cake, maar met bier en wijn. Zoals hij het ons heeft gedicteerd, vanaf die uitzichtloze plek in de woestijn. We maken er het beste van, toosten op zijn leven en dat van Marc, draaien de muziek die hem beroerde en raakte. Er wordt gelachen en gehuild. Na afloop van de dienst blijven we in de regio. We overnachten met een aantal vrienden in het ouderlijk huis in Heveadorp. Ook twee weken later, met oud en nieuw, zijn we te gast bij de familie Teggelaar. Juist op de zware momenten staan we elkaar bij. De jaarwisseling vieren we met Alma, vrienden en aanhang in de binnenstad in Arnhem, in de stamkroegen van Marc en Peter. Jan en José blijven thuis. Zij passen op de kleine Pjotr.

Zoals dat meestal gaat bij het verlies van een dierbare, dringt gaandeweg het echte, rauwe besef binnen: een zeurende pijn. Ik zal door moeten zonder zielsverwant, na acht gouden jaren van verpletterende vriendschap. Van de weeromstuit merk ik dat het verlies van Peter ook een soort van oergevoel in me losmaakt. Ik wil en ga door, op de manier zoals we dat beiden voor ogen hadden. Met vrijheid als leidraad, als toverwoord. Nu Peter niet verder kan en mag, en eerder mijn moeder op 46-jarige leeftijd de arena van het leven heeft moeten verlaten, voelt het alsof ik in bonustijd leef. Zij kunnen hun dromen en doelen niet meer waarmaken, dan moet ik het juist wél doen, min of meer plaatsvervangend. Meer dan ooit ga ik de dag plukken, de zelfstandigheid huldigen, triviale zaken relativeren.

Het zit allemaal al in me, maar het krijgt hoe dan ook een extra dimensie.

In de eerste maanden ben ik veel en vaak bezig met het Sahara-verhaal. Ik spreek mezelf bestraffend toe wanneer ik meer water gebruik dan strikt nodig, ga korter onder de douche dan ik gewend ben. Ik denk continu aan de waterschaarste van Marc en Peter in hun laatste dagen, probeer me voor te stellen hoe dat moet zijn geweest. Onmogelijk. Het ís niet voor te stellen. En toch: elke keer wanneer de kraan te lang loopt, denk ik aan de kostbare waarde van water. In de loop der tijd wordt dat minder, maar ik blijf mezelf corrigeren en scherp houden.

Doordeweeks bezoek ik op de Algemene Begraafplaats Noord in Oosterbeek soms het graf van Peter. Ik neem Pjotr dan mee in zijn Maxi-Cosi. Dat doe ik ook bij mijn moeder. Zo'n rustplek heeft een soort van ondefinieerbare aantrekkingskracht op me. Ik praat dan tegen de persoon van wie alleen de stoffelijke resten nog over zijn. Ergens gek, maar het voelt goed. En dat is de maatstaf. De enige.

Uit de vriendschap die is ontstaan met de familie en andere naasten van Peter, komen begin 1994 verrassende initiatieven voort. We tuigen spontaan het Peter Teggelaar-schaakevent op, met tien deelnemers. Zo kan het gebeuren dat ik op een dinsdagavond naar Zutphen rijd, om daar op het schaakbord de degens te kruisen met Paul Botden, een oom van Peter, van wie ik tot voor kort het bestaan niet wist, en hij niet van dat van mij. De week erop schaak ik in Zevenaar tegen Marc Kingma, ook een vriend uit de eerste lijn. Het zijn waardevolle ontmoetingen. We proberen elkaar af te troeven met pionnen en torens, maar belangrijker is dat we met smakelijke anekdotes de herinnering aan Peter springlevend houden. Het is overigens Tom die zich tot winnaar kroont van het toernooi dat om de nagedachtenis van zijn broer draait.

Dat is een prestatie op zich, omdat vader Jan als de beste schaker geldt. Zijn dossierkennis aangaande de schaaksport is fenomenaal. Zo maakt hij ons deelgenoot van de Orang Oetan-opening. We denken dat hij een geintje maakt, omdat we zelf niet verder komen dan Caro-Kann of Nimzo-Indisch, maar nee, de variant bestaat zowaar. Maar welke opening we ook kiezen, Jan blijkt vrijwel altijd een onneembare horde. Op het moment dat hij net iets te hard 'hmmm, interessant' mompelt, weet je dat je nagenoeg verloren staat. Vier zetten later hijs je de witte vlag.

In de zomer reizen we met de witte Citroën CX van Frank Dankaart af naar de Alpen, om de bergetappes in de Tour de France van nabij te volgen. Op de flanken van de Alpe d'Huez en de Col du Galibier kalken we, tussen de namen van Miguel Indurain, Marco Pantani en Erik Breukink, die van onze vriend in grote witte blokletters op het kokende asfalt: TEGGEL. Hij mag dan niet meer onder ons zijn, in uitingen en herinneringen vergeten we hem nooit.

Op dat moment hebben we de eerste Peter Teggelaar-memorial achter de rug. Zo noemen we de jaarlijkse bijeenkomst die in 1994 het levenslicht ziet. Rond de geboortedag van Peter, 8 maart, komen we in het centrum van Arnhem bij elkaar: Jan, José, Tom en wij als vriendengroep. In een eetgelegenheid toosten we op Peter, wisselen we sterke verhalen uit en nemen we de ontwikkelingen in onze levens door. Het is een bijzonder ritueel, dat nooit als een verplichting voelt, maar altijd als een vanzelfsprekendheid, een voorrecht. Met Peter andermaal als bindmiddel. De familie ziet Peter in ons, wij zien Peter in hen. De jaarlijkse sessie is ook hét alibi om ons ouderwets puberaal te 'misdragen'. Wanneer Jan en José zich gearmd richting de auto begeven, trekken wij het kroegleven in, met drank en sterke verhalen als vaste ingrediënten. Peter zou het ferm toegejuicht hebben, Marc niet minder.

Het is goed om te zien dat Jan en José door het verlies van hun oudste zoon niet uit elkaar groeien. Het tegendeel is eerder waar. 'We zijn natuurlijk twee verschillende personen met eigen emoties, maar hebben elkaar altijd de ruimte gegeven in het verlies,' zegt José. 'Het tempo van verwerken ligt nooit helemaal gelijk. Maar als ik een terugval had, dan accepteerde Jan dat. Andersom ook. Natuurlijk kostte dat soms moeite, het is een heftig proces, maar we zijn nooit in het stadium geweest dat we elkaar verwijten gingen maken of niet meer begrepen. Ondanks het peilloos diepe verdriet zijn we altijd een twee-eenheid gebleven.'

De geest van Peter

Mijn werkzame leven leef ik op de wijze die ik altijd voor ogen heb gehad: als zelfstandig ondernemer met een eigen bedrijf in de mediawereld annex journalistiek. Ik doe vooral veel voor het *Algemeen Dagblad*. Voor die krant schrijf ik over alle sectoren, om het zo leuk en uitdagend mogelijk te houden. Als freelancer reis ik heel Europa door; soms pik ik andere delen van de wereld mee. Ook privé onderneem ik avontuurlijke reizen naar verre oorden, met Peru als vaste uitvalsbasis. Dat is geen toeval. Uit dat Zuid-Amerikaanse land is mijn huidige eega afkomstig. Persoonlijk voelt het als een soort van *wiedergutmachung* voor de kilometers die ik in mijn jongere jaren heb laten liggen.

Peter is nooit ver weg. Op reis, maar evenmin in de loop van mijn leven in de nieuwsjournalistiek. Met enige regelmaat kijkt hij over mijn schouder mee. Op momenten dat ik twijfel aan de haalbaarheid van een verhaal of handeling, schreeuwt hij me als het ware toe. 'Doorpakken nu!' Zijn grijns, steevast geprojecteerd op een scherm in mijn hoofd, doet de rest.

In 2003 zoek ik voor het *Algemeen Dagblad*, met fotograaf Eric Brinkhorst, de zes nog levende, voortvluchtige nazibeulen van Nederlandse afkomst op. Dat deze ex-SS'ers, in Nederland tot levenslang veroordeeld maar uit de gevangenis ontsnapt, in Duitsland in alle rust hun levens slijten, is voor de nabestaanden onbestaanbaar. Zo sta ik er ook in. Dus gooi ik het min of meer op een akkoordje met een officier van justitie uit Dortmund. Als ik hem actuele adresgegevens en iets van bekentenissen doorspeel, kan hij die info mogelijk gebruiken bij het alsnog optuigen van een rechtszaak. Het is een stilzwijgend verbond.

In Tübingen wil ik Toon Soetebier spreken, berucht door zijn verleden als SS-officier in Kamp Erica bij Ommen. Wanneer de oude baas na herhaaldelijk aanbellen de deur niet opent, doe ik me tegenover de conciërge voor als een bezorgde neef uit Nederland. 'Ik had een afspraak en hij reageert niet, ik maak me grote zorgen.' De man slaat aan op mijn gespeelde paniek en ook hij tracht roepend en kloppend een teken van leven te krijgen. Zonder succes. Als Soetebier al thuis is, blijft hij zich schuilhouden. 'Het laatste wat ik kan doen, is de politie bellen,' zegt de conciërge. Ik: 'Doe maar.' Vijf minuten later melden zich twee dienders bij het appartementencomplex. Ik geef aan me grote zorgen te maken en verzin ter plekke dat 'mijn oom' vergeetachtig is en soms onsamenhangende teksten uitslaat. Daarmee dek ik mezelf in tegen een eventueel ja/nee-spelletje met de oude baas.

De politiebeambten knikken, haast samenzweerderig. Met stemverheffing gaat het: '*Herr Soetebier, aufmachen bitte*!' Na een halve minuut zwaait de deur open. Een klein, graatmager en tandeloos mannetje met een grote bril kijkt verdwaasd de wereld in. Van de gevreesde nazibeul, veroordeeld voor de moord op talloze onderduikers, is weinig meer over. 'Hallo lieve oom, goed u te zien,' zeg ik in het Duits. Soetebier: 'Wie ben je, ik ken je niet.' Ik, richting de agenten: 'Zie je, dat dacht ik wel, hij is warrig en vergeetachtig.' Zij: 'Ja, duidelijk.' Soetebier: 'Nee, dit verzint hij, ik ken hem niet.' De agenten: 'Rustig maar, meneer, komt u maar even mee naar binnen.'

In Haspe, een voorstadje van Hagen, klim ik op het balkon bij Herbertus Bikker, ook wel bekend als de beul van Ommen. Wanneer ik aanhoudend op zijn raam klop, schreeuwt hij: 'Donder op, ik bel de politie.' Even later loop ik zo in de armen van twee agenten, die me bestraffend toespreken. Ze vaardigen een gebiedsverbod uit voor de stad Hagen, ik mag me daar een jaar niet meer vertonen. Drie dagen later ben ik terug, weer klim ik bij Bikker op het balkon. De oud-SS'er laat nu, via een raam dat op een kiertje openstaat, wel onthullende info los over de moord op Jan Houtman. Zo, de buit is binnen.

Ik geef de info als 'ondersteunend bewijs' door aan de officier van justitie en die slaagt erin Bikker voor de rechter te krijgen. Gedurende het proces probeert de nazibeul een ziekte te simuleren, hij wordt zelfs een keer per ambulance vanuit de rechtbank in Hagen naar het hospitaal vervoerd. Liggend op de brancard kijkt Bikker me een paar seconden lang met priemende ogen aan. 'Je krijgt me toch niet waar je me hebben wilt,' lijkt hij te zeggen. Hij krijgt gelijk: door zijn broze gezondheid ontsnapt hij uiteindelijk aan strafvervolging.

De inspanningen van de officier van justitie blijven niet helemaal zonder resultaat. Naast het opschudden van het geweten én de rustige leventjes van de oud-beulen, krijgt hij Heinrich Boere wél achter slot en grendel. Kort daarvoor heb ik de oude baas in Eschweiler, bij Aken, bezocht én gesproken. Op koele en emotieloze wijze praat hij over de moorden die hij pleegde. In 2010 wordt Boere veroordeeld tot een levenslange gevangenisstraf. Hij overlijdt in 2013, op 92-jarige leeftijd, in het gevangenishospitaal van Fröndenberg.

Tijdens het maken van zo'n reportage denk ik veel aan Peter. Verhalen en journalistieke opsporingspraktijken die verband houden met de Tweede Wereldoorlog: het fascineerde hem mateloos, zeker ook door de lessen en vertellingen van opa Teggelaar en Loe de Jong. Peter duikt toch al veel op in mijn gedachtewereld. Elke keer wanneer ik als voetbalverslaggever aanwezig ben in De Kuip, zoals bij het verslaan van de EK-finale in 2000, tussen Italië en Frankrijk, is-ie bij me. Ik juich nog net niet voor Feyenoord ... Ook mijn journalistieke bezoekjes aan grote, mondiale voetbaltempels, kan ik niet los zien van zijn nagedachtenis: hij hoorde daar ook te zijn.

Mijn werk krijgt vaak een connectie met het verleden. In 2007 trek ik voor een reportage naar Ruurlo. Na het uitzitten van zijn straf voor de moord op Gerrit-Jan Heijn, is Ferdi Elsas met zijn vrouw in het Achterhoekse dorp neergestreken. Met een aangepaste naam doet het echtpaar gezellig mee aan de buurtbarbecue, maar wanneer bekend wordt dat er een prominente moordenaar in het dorp woont, is Ruurlo in last. Ik bel aan bij Elsas om hem naar een reactie te vragen. Hij doet open, laat me binnen en stelt zelfs voor koffie te zetten. De manier waarop hij me aankijkt, met een volstrekt koude, kille blik, vergeet ik nooit meer. Het is een blik van totale emotieloosheid. Het gesprekje verloopt nog relatief prettig ook, maar ik kan me niet losmaken van de wetenschap dat ik converseer met een koelbloedige moordenaar. En natuurlijk denk ik aan Peter, die in 1987 en 1988 zijn hond uitliet op de plek waar Elsas zijn gijzelaar Gerrit-Jan Heijn vermoordde, van een pink ontdeed en begroef. Zo is mijn bloedbroeder altijd in de buurt.

De dood van Marcel

In de jaren na het drama met Marc en Peter blijft mijn vriendschap met Marcel van Nieuwenhoven sterk en goed. We spreken elkaar vaak. Marcel heeft een mooi bestaan kunnen opbouwen in de journalistiek, als schrijver, interviewer en cameraman. Hij, een geboren nieuwsjager, bedient vooral regionale media, maar doet ook dingen voor SBS6. In zijn jacht op nieuws is Marcel, bijnaam 'Kuifje', voor de duvel niet bang. Hij slaapt naast de politiescanner en is vaak sneller bij een brand dan de brandweer. Die botsende belangen maken hem niet bepaald populair bij de opsporingsdiensten, maar hij laat zich nergens door afremmen.

Op zaterdag 13 mei 2000 kom ik, rond 14.00 uur, terug van het boodschappen doen. Op de parkeerplaats naast mijn huis stuit ik op Marcel, die spontaan is komen aanwaaien. Maar ik heb de voordeur nog niet geopend voor een genoeglijk samenzijn, of hij krijgt een berichtje van zijn vader Toon, een trouwe secondant als het gaat om het afluisteren van de scanner. 'Er is een brandje in Enschede-Noord,' herhaalt Marcel de woorden van zijn pa, zonder de precieze impact te kunnen inschatten. 'Ik moet gaan, zie je snel.' Hij sluit af met 'adios', zijn favoriete stopwoordje, stapt in de auto en scheurt weg. Het is de laatste keer dat ik hem zie.

Wat een onschuldig brandje lijkt, culmineert binnen de kortste keren in de vuurwerkramp van Enschede. Rond 15.30 uur hoor ik, met tussenpozen, twee daverende knallen, die de stad, mijn stad, letterlijk op zijn grondvesten doen trillen. Grote rookpluimen doen het ergste vermoeden. Als nieuwsjournalist van het *Algemeen Dagblad* schiet ik gelijk in de 'reportermodus'. Dit lijkt iets heel groots te zijn.

Wanneer ik aanstalten maak op de 'actie' af te gaan, sijpelen op de radio berichten door over een ontploffing bij vuurwerkfabriek SE Fireworks, in de wijk Roombeek. Dan pas leg ik de link met Marcel. De schrik slaat me om het hart. Hij is onverschrokken, deinst nergens voor terug. Het zal toch niet? Rond 17.00 uur krijg ik een telefoontje van zijn vader: of ik iets van Marcel heb gehoord. Ik vertel hem over zijn bliksembezoek aan mij, maar dat is allesbehalve een houvast. Hij is als de brandweer afgegaan op een brandje, het brandje dat – zo lijkt het – tot een regelrechte ramp heeft geleid. We spreken af elkaar in te seinen bij nieuws over het lot van Marcel.

Te midden van de verkeerschaos die in Enschede is ontstaan, probeer ik door te dringen tot de plek des onheils, maar dat is onbegonnen werk. Ik geraak tot aan de Deurningerstraat, de rand van het rampgebied, waar hulpdiensten voor hermetische afsluiting proberen te zorgen. Wanneer ik even later op tv de eerste beelden zie, zakt de moed me in de schoenen. De wijk Roombeek biedt een apocalyptische aanblik, alsof er een vuile oorlog heeft gewoed. Alles is zwartgeblakerd en ligt in puin. Dat er veel doden zijn gevallen, is evident. Met het *Algemeen Dagblad* spreek ik af nieuws- en sfeerverhalen te maken voor de krant van maandag. Het werk gaat door. Ik spreek op zaterdagavond en zondag mensen uit de wijk, slachtoffers die het drama hebben overleefd, persvoorlichters van hulpdiensten.

Maar prioriteit heeft de zoektocht naar Marcel. Ik sta voortdurend in contact met Femmie en Toon, zijn ouders, en bel met collega's. Wie heeft Marcel gezien? En waar voor het laatst? Uit de reconstructie van ooggetuigen, en uit een foto die opduikt, blijkt dat hij met zijn camera filmend op de binnenplaats van SE Fireworks is gesignaleerd, en daarna – met een aantal andere (pers)mensen – het kantoortje van het vuurwerkbedrijf binnen is gevlucht, om zich schuil te houden voor het exploderende vuurwerk. Daarna is niets meer van hem vernomen. We bellen met ziekenhuizen in Twente en de Duitse grensregio. Zonder succes. We struinen sporthallen af die zijn ingericht voor de opvang van evacués en gewonden. Zonder succes.

Op maandagmorgen sta ik met vier verhalen in het *Algemeen Dagblad*. Eén daarvan draait om de vermissing van Marcel. Voor de tweede keer binnen zeven jaar publiceer ik over de zoektocht naar een vermiste vriend. Ik tik de verhalen op adrenaline, half verdoofd. Een andere krant, *De Telegraaf*, komt met een even gruwelijk als belangrijk aanknopingspunt aangaande het lot van mijn vriend. Op de voorpagina staat een foto afgedrukt waarop Marcel, met bebloed gezicht en ogenschijnlijk versuft, in de deuropening van het SE Fireworks-kantoor ligt. De aanblik is schokkend, de publicatie ervan al evenzeer.

Ik neem contact op met de fotograaf, mij zeer wel bekend. Hij geeft aan de foto in een reflex te hebben genomen, kort voor de allesvernietigende tweede klap. Zelf heeft hij het op een rennen gezet, al is hij gewond geraakt en naar het ziekenhuis vervoerd voor behandeling. Ik vraag hem waarom hij Marcel niet heeft versleept in plaats van hem in zwaargewonde toestand te hebben gefotografeerd, maar ik besef ook dat hij niet kon weten dat er nóg een explosie zou volgen, de zwaarste in Nederland sinds de Tweede Wereldoorlog.

Op grond van de nieuwe informatie lijkt het onwaarschijnlijk dat Marcel nog in leven is. Om de simpele reden dat hij zich, door zijn verwondingen, niet uit de voeten heeft kunnen maken. Er volgen nog twee dagen van knagende onzekerheid, dan komt het Rampen Identificatie Team met de ontnuchterende waarheid: de stoffelijke resten van Marcel zijn geïdentificeerd, aan de hand van aangeleverde gebitsgegevens. Een brandweerman heeft nog geprobeerd hem weg te slepen, ook hij heeft een heldhaftige actie met de dood moeten bekopen. Wat onvermijdelijk leek, is onvermijdelijk gebleken. Ik geloof de wereld niet meer.

In de dagen na de onheilstijding probeer ik zo veel mogelijk tijd door te brengen met Femmie en Toon, in het huis waar ik als vierjarig ventje al over de vloer kwam. Ze zijn ontroostbaar. Hun enige kind, de kleurrijke nieuwsjager Marcel van Nieuwenhoven, is zomaar uit het leven gerukt, tijdens de uitoefening van zijn werk. Tussendoor bericht ik voor de krant, nog altijd op adrenaline, over de dood van mijn vriend. Ook in dit geval geldt dat ik daarvoor de aangewezen persoon ben. Als iemand hem kan typeren, ben ik het wel. Marcel zou niet anders hebben gewild.

Wreed is het niettemin. Voor de tweede keer binnen zeven jaar bericht ik op de voorpagina van het *Algemeen Dagblad* over de dood van een vriend. Hoe is het in hemelsnaam mogelijk? Peter en Marcel gingen in hun drang naar avontuur net iets verder dan ik, maar dat ze die instelling beiden op jonge leeftijd met de duurste tol denkbaar hebben moeten bekopen, de dood, dat is niet te bevatten. En dan de manier waarop. Van beide lichamen blijft niet veel over. Peter én Marcel zijn via gebitsgegevens geïdentificeerd, een macabere overeenkomst.

In de dagen volgend op de identificatie blijf ik verslag doen van de gevolgen van de vuurwerkramp, die aan 23 mensen het leven kost, duizend gewonden eist en een complete woonwijk van de aardbodem veegt. Enigszins apathisch zit ik achter de tekstverwerker. Parallel daaraan bereid ik, op verzoek van Femmie en Toon, de afscheidsdienst van Marcel voor. Zij vragen of ik de spreekstalmeester wil zijn. Uiteraard wil ik dat. Ik zoek de muziek uit, schrijf een speech, verstuur uitnodigingen en regel de perscontacten. Tijd om te rouwen is er niet, het keiharde verdriet zal ik later onder ogen moeten zien.

Vanachter het spreekgestoelte in het crematorium van Usselo leid ik de uitvaartdienst. Ik kan mijn ogen nauwelijks afhouden van Femmie en Toon, gezeten op de voorste rij. Zij zien hun leven volledig in elkaar donderen. Het doet me veel, de zielenpijn van de lieve, eenvoudige, zachtaardige ouders van Marcel. Ik hoop maar dat ze iets van troost en levenskracht putten uit de dienst, die waardig is van toon, met diverse sprekers die fraai het leven van hun zoon karakteriseren. Als slotstuk vraag ik de aanwezigen om met mij een ‘eeuwigdurend applaus’ in te zetten, als ultiem eerbetoon aan de man die slechts 31 jaar heeft mogen worden. Ik geef het ritme aan en laat het geklap ruim vier minuten voortduren. Ter afsluiting draaien we ‘The Show Must Go On’ van Queen, ook om Femmie en Toon een hart onder de riem te steken.

Femmie komt nooit meer over de dreun heen. Zij krijgt een ernstige ziekte en blaast in 2004 haar laatste adem uit. ‘Het verdriet om de dood van Marcel is naar binnen geslagen, dat is haar fataal geworden,' zegt een arts tegen Toon. Ook voor de vader van Marcel is de glans van het leven af. Weliswaar krijgt hij een nieuwe vriendin en beleeft nog enkele redelijke jaren, maar zonder echte vreugde. Tijdens mijn bezoekjes praten we veel over Marcel. Dat doet hem goed, merk ik. Ik ben de enige met wie hij over zijn overleden zoon praat. Vanaf 2017 krijgt dementie hem in de greep en in 2020 overlijdt hij. Van het gezin is niemand meer over, wel heb ik nog steeds contact met een oom en tante van Marcel.

In 2015 stop ik na 25 jaar als freelance nieuws- en sportverslaggever bij het *Algemeen Dagblad*. Ik ben me dan inmiddels meer gaan toeleggen op andere werkzaamheden en projecten. Zoals het schrijven van boeken, het fungeren als dagvoorzitter en het lanceren en presenteren van theatershows en -colleges, vaak met prominenten uit de sportwereld, in het bijzonder die uit de voetbalwereld. Ik word, zeg maar, een handelaar in sportbeleving. Zo leid ik een theatercollege over het WK voetbal van 1974, met legendes als Willem van Hanegem, John Rep, Wim Rijsbergen en de gebroeders Van de Kerkhof, maar ook shows met Ajax-legende Sjaak Swart, met alleen Willem van Hanegem en eentje met alleen Wim Kieft. Met die mannen trek ik jaar na jaar het land door, om – aan de hand van beelden – te praten over de hoogte- en dieptepunten uit hun leven. Van de spelers die in 1993 kampioen zijn geworden met Feyenoord kom ik, op sponsoravonden bij business- en amateurvoetbalclubs, samen te werken met Peter Bosz, John de Wolf en Henk Fraser.

Peter en ook Marc zouden dat fantastisch gevonden hebben. Zeker de link met Willem van Hanegem. Zij waren idolaat van 'De Kromme'. Ik heb Willem nooit verteld over het Sahara-verhaal. Tot begin 2023, bij een show in Bergen op Zoom. Geconfronteerd met de woorden uit het dagboek valt hij even stil. De emotie lijkt hem naar de keel te grijpen. Dan, refererend aan de door Marc voorgestelde wissel Taument voor Metgod: 'Hij had er niet echt kijk op. Ik bedoel, ik ga toch geen aanvaller opofferen voor een verdediger ...' Dan, serieuzer: 'Wat een ongelooflijk verhaal. Dat die gasten in zo'n situatie de rust hebben kunnen opbrengen om afscheid te nemen van hun naasten, dat is bijna niet in woorden uit te drukken. Maar dat ze het ook nog diverse keren, met veel humor, over Feyenoord hebben, dat ze een opstelling maken. Tja, dat is nauwelijks voor te stellen, zo bijzonder. Dat geeft aan hoe belangrijk die club ook voor hen is geweest.'

Eind 2019 zijn Jan en José te gast in het theatercollege dat ik met Van Hanegem in Doetinchem geef. Het wordt een prachtige avond, maar het is ook een voorbode voor onheil. Jan voelt zich niet goed en begin 2020 gaat het met zijn gezondheid snel bergafwaarts. De Peter Teggelaar-memorial houden we ditmaal bij Tom thuis. In augustus blijkt dat het leven van Jan niet te redden is, hij kiest noodgedwongen voor euthanasie. Kort voor zijn levenseinde bezoeken we hem nog een keer. Een wrange gewaarwording. Want wat zeg je? Jan breekt zelf het ijs met humor en relativering. Hij vraagt ons op de afscheidsdienst een speech te houden en voegt daar vol zelfspot aan toe: 'Je mag alles over me zeggen, ik hoor het toch niet.' Ik zeg toe dat ik, namens de vrienden van Peter, aan zijn wens zal voldoen. In de speech refereer ik onder meer aan de moedige wijze waarop Jan afscheid heeft genomen van het leven. Via troostrijke gesprekken met zijn naasten, waarin humor, zelfspot, berusting en realiteitszin doorklonk. Net zoals Peter dat 27 jaar eerder op papier deed, vanuit de woestijn.

Bellen met Reszö

Reszö Somfai is nooit uit onze herinnering verdwenen. In de eerste jaren na ons bezoek aan München, in 1988, sturen Peter en Joop hem briefkaarten uit alle hoeken van Europa, en zelfs uit de Sahara, met teksten die appelleren aan de passie voor het leven – en aan onze bewondering voor hem. Omdat hij voor ons belangrijk is geweest én in dit boek een rolletje speelt, besluit ik hem in 2022 op te sporen, zij het telefonisch. Ik heb geen idee of hij nog leeft. In 1988 was hij 56 jaar oud, dan moet hij nu 90 zijn. Ik zie dat hij actief is met een Facebook-pagina, dat lijkt me een goed teken. In het digitale telefoonboek van München traceer ik één vast nummer met de naam Somfai. Dat moet welhaast familie zijn. Wanneer ik op een druilerige dinsdagmiddag een poging waag, krijg ik een dame aan de lijn. Ze blijkt de echtgenote van Reszö te zijn. Ik bel haar in het huis van hun enige zoon. Ze geeft me zonder problemen het mobiele nummer van haar man – hij is gewoon thuis. Reszö sukkelt weliswaar met zijn fysieke gezondheid, vertelt ze, maar wie niet op zo'n leeftijd? Geestelijk is hij, als negentigjarige, nog uitstekend te pas. Dat is mooi om te horen.

Ik bel het nummer. Na een paar seconden klinkt het krakerig: 'Met Somfai.'

'Meneer Somfai, goedemiddag. 1988, het Europees kampioenschap voetbal, vier Nederlanders, uitgedost in het oranje ...'

'Nee, nee. Ben ... ben jij er één van?'

'Ja, ik ben er één van.'

Het is even stil aan de andere kant van de lijn. Dan zegt hij, met een van emotie doortrokken stem: 'Dit is, ja, dit is ongelooflijk!'

'Haha, ja, dat is het ook. Hoe is het met u?' Ook bij mij loopt het kippenvel nu over de armen.

'Heel goed, heel goed. Maar dit is fantastisch. Hoe is het? Heb je enig idee hoe belangrijk jullie voor mij zijn geweest?'

'Nou ja, ik weet dat u onze slechte humor en vrijgevochten houding erg kon waarderen.'

'Zeker, zeker, maar het was meer. Ik raakte geïnspireerd door jullie levenshouding. Vrijheid, blijheid, avontuur. Dat jullie hier zomaar aanbelden, en ook bij al die buren, haha.'

'Woont u dan nog steeds in hetzelfde appartement?'

'Ja, nog steeds. Ik zie jullie hier nog zo staan, als de dag van gisteren.'

'Terwijl het toch bijna 35 jaar geleden is. En het atelier waar we de nacht hebben doorgebracht? Hebt u dat nog?'

'Nee, dat hebben we een aantal jaren geleden van de hand gedaan. Viel niet meer te rijmen met mijn leeftijd. Ik heb daar tientallen jaren met plezier gewerkt, ben nog steeds actief als kunstenaar, maar dan hier thuis. Omdat het mijn passie is, en passie niet aan leeftijd is gebonden.'

'Zeker niet.'

We praten en praten. Ik vertel Somfai dat een van ons vijf jaar na het bezoek aan München is overleden. En ook al kan hij zich onze gezichten niet meer voor de geest halen, hij gruwt van die mededeling. 'Dat zou niet zo moeten zijn. Jonge avonturiers moeten juist beloond worden voor de wijze waarop ze het leven beleven.' Somfai wil graag benadrukken hoezeer ons bezoek in 1988 hem heeft verrijkt. 'Soms word je geraakt door mensen.

Mensen die vaste patronen doorbreken. Jullie dus. Zomaar voor mijn neus,' zegt hij.

'Als u de deur niet had opengedaan, of net zo had gereageerd als uw boven- en onderburen, was er nooit contact geweest.'

'Dat is het juist. Ik vond het geweldig dat jullie de durf hadden dit te doen. Ik hou daarvan. De meeste Duitsers niet,' lacht hij. 'Waarom zou ik niet helpen? Mensen helpen, dat zit in me. Zo ben ik opgevoed, in het Hongarije van de jaren veertig en vijftig. Het was vanzelfsprekend.'

We hebben Somfai feitelijk slechts een paar uur meegemaakt, maar zoals hij nooit uit onze gedachten is verdwenen, is dat andersom dus evenzeer het geval, verrassend genoeg.

Hij vervolgt: 'Ik heb vaak aan jullie gedacht, zeker in de eerste jaren na onze ontmoeting. Jullie inspireerden me. De vrijheid die ik als kunstenaar nodig heb om te kunnen creëren, zag ik bij jullie terug. Waarvoor heel veel dank.'

'Geen dank. U bedankt voor uw opstelling en medemenselijkheid.'

'Och, geen dank, geen dank, *mein Jungen*.'

Wát een man.

De impact van de brieven

Dat Marc en Peter in hun dagboek op meer dan waardige wijze afscheid nemen van leven en nabestaanden, heeft een ongekend positieve invloed op veel van de betrokkenen. Met een aantal van hen blijf ik contact houden, anderen verlies ik uit het oog of heb ik nooit persoonlijk leren kennen. Bijna drie decennia later benader ik de mensen die in de afscheidsbrieven persoonlijk door Marc en Peter worden aangesproken.

Ik bezoek Alma in Wageningen, waar ze met vriend en zoon uit een eerdere relatie woont. Ze werkt als teamleider bij VluchtelingenWerk Nederland, doet freelance projectleidersklussen en straalt een flinke portie levenslust uit, dat zeker ook. Bij de warme hereniging, na 27 jaar, valt mijn oog onmiddellijk op de zilverkleurige armband die ze draagt: het is de armband van Peter.

'Ik draag hem, tot op de dag van vandaag, elke dag,' zegt ze. 'En waarschijnlijk ook de rest van mijn leven, als connectie mét en eerbetoon áán Peter. Mijn huidige partner weet dat en respecteert het ook. Sterker, als ik de armband hier thuis kwijt ben, is Leiden in last. Dan komt iedereen in actie. Pas als we hem hebben gevonden, kunnen we verder met de dingen waar we mee bezig waren. Zo belangrijk en rustgevend is die armband voor me.' Haar levenspartner ervaart die situatie nooit als vervelend of oneerlijk. 'Integendeel. Hij stimuleert me daarin juist. Ik bedoel, als je iemand leert kennen, en er ontstaat iets van een relatie, dan vertel je toch altijd je levensverhaal. In mijn geval horen leven en dood van Peter bij mijn vorming en geschiedenis als mens.'

In haar Wageningse woonkamer is er nóg een object dat de herinnering aan Peter levend houdt: de megagrote champagnefles op de vensterbank. 'Ik had een vakantiebaantje op een cruiseschip dat over de Rijn voer,' vertelt Alma, 'en nadat we op een zaterdagmiddag terugkwamen aan de Rijnkade in Arnhem, stond Peter daar voor mijn neus. Met een grijns van oor tot oor én die fles champagne. Een prachtig moment. Die fles grijnst me nog altijd elke dag toe.'

Ze vraagt zich weleens af waarom ze zo druk zijn geweest in de korte periode van hun relatie. 'Ik was steeds bijna een week weg met dat cruiseschip. Je zou kunnen zeggen dat we daardoor kostbare tijd met elkaar hebben gemist. Aan de andere kant: er moest geld verdiend worden om, bijvoorbeeld, de Interrail-trip te bekostigen. Daarnaast hebben we natuurlijk nooit kunnen bevroeden dat het maar zo kort zouden duren. De wereld lag aan onze voeten, zo voelde het.'

Het loopt anders. Op het moment dat Peter noodgedwongen afscheid neemt van het leven, treint Alma nietsvermoedend met vriendin Daniëlle door Europa. 'We beleefden een superleuke reis,' zegt ze. 'Een prachtig avontuur met z'n tweeën, een rugzak en niet al te veel geld. Eind juli had ik contact met Rijn om te horen hoe het was met Peter, die ik ontzettend miste. Dat er telefonisch contact was geweest, stelde me gerust. Ook als hij erdoorheen was, zou hij bellen.'

Op 1 augustus verblijft Alma in een dorpje net buiten de Hongaarse hoofdstad Boedapest. Ze is te gast bij kennissen van de ouders van Daniëlle. Dan gebeurt er iets opvallends. 'Plotseling werd ik onwel,' herinnert ze zich. 'Knallende koppijn, overgeven. Ik wist niet wat me overkwam. Zoiets kan natuurlijk altijd gebeuren, maar het bijzondere was dat het gepaard ging met het sterke gevoel dat er iets goed mis was met Peter. Ik voelde zelfs dat hij doodging, raakte in paniek. Met de wetenschap van later ben ik ervan overtuigd dat het een soort van telepathisch contact tussen geliefden is geweest.'

Vanuit Hongarije neemt ze direct contact op met Rijn. 'Ik vertelde hem dat het mijns inziens foute boel was. Hij stelde me gerust, vertelde me dat ik me geen zorgen hoefde te maken, maar voor mij was de lol ervan af. Ik wilde maar één ding: naar huis. We voegden de daad bij het woord en waren eerder thuis dan gepland.' Het gevoel van Alma blijkt te kloppen met de harde waarheid. 'Het verbaast me niets dat is gebleken dat hij waarschijnlijk op 1 augustus is overleden. Dat ik onwel werd, moet te maken hebben gehad met het fatale moment. Ik heb normaal gesproken niets met telepathie of spiritualiteit, nuchter als ik in het leven sta, maar anders kan ik het niet verklaren.'

In zijn hartverscheurende afscheidsbrief richt Peter zich expliciet tot Alma. Die tekst is de leidraad geworden in haar leven, het kompas voor haar toekomst. 'Op het moment dat ik die woorden voor het eerst las, werd ik overrompeld door liefde. Het was verschrikkelijk mooi én pijnlijk. Hij begreep als enige hoe het echt voor mij voelde, omdat hij hetzelfde voelde. Wat had en heb ik hem lief om het zo krachtig en liefdevol opschrijven van zijn gevoelens en gedachten. Wat een held ben je dan. Mijn held. En wat een afschuwelijk gemis. Om sommige stukken van het dagboek kun je niet anders dan lachen. Wat een humor en lol. Wat krachtig dat je dat op je sterfbed kunt.'

Alma put veel troost uit het lezen van Peters woorden. 'Het betekende alles voor mij, omdat het ook de erkenning en bevestiging was van onze liefde. Door wat hij schreef, wist ik dat het klopte wat ik voelde. Ik bedoel, op een gegeven moment was hij net zo lang vermist als dat wij elkaar kenden, ruim drie maanden. Dan is het zo ontzettend waardevol dat hij hetzelfde voelde als ik, bleu meisje als ik nog was.'

Voor de bewustwording en de rouwverwerking is de vondst van het dagboek van het allergrootste belang geweest, benadrukt ze. 'Was dat niet het geval geweest, dan had ik het, ook zelf, gemakkelijk kunnen bagatelliseren. Want wat was het nou helemaal wat we hadden: een vluchtige, uit de hand gelopen tienerliefde? Had ik het me anders voorgesteld dan dat het was geweest? Klopte het wel wat ik voelde? Gelukkig hoefde ik niet aan mezelf te twijfelen, het stond nu zwart op wit.'

Marc schrijft in het dagboek, op het moment dat er – rijdend door Spanje – nog niets aan de hand is, 'dat kinderen krijgen een belangrijk gespreksonderwerp is. In het geval van Peter niet eens zo'n gekke gedachte.' Alma: 'Peter was in het algemeen dol op kinderen. Zelf hadden wij het daar nooit over gehad. We kenden elkaar nét. Wel hadden we het sterke gevoel dat we het samen zouden gaan doen in het leven. Dat we bij elkaar hoorden. Dan zou kinderen krijgen uiteindelijk het logische gevolg zijn geweest, al was dat toen volstrekt niet aan de orde.'

Peter doet in zijn afscheidsbrief een oproep aan ons, zijn vrienden. Of we Alma willen steunen, 'omdat zij het misschien wel het zwaarst krijgt'. Alma: 'Dat was heel lief van hem. Op dat moment had hij misschien ook wel gelijk als het ging over de emotionele impact. Hoe jong was ik helemaal? Alleen besef ik ook wel dat het voor gezinsleden en goede vrienden, die hem veel langer en intensiever hebben meegemaakt, uiteindelijk veel lastiger is geweest hem te moeten missen.'

In de eerste anderhalf jaar hebben we als vrienden veel contact met Alma, zoals Peter het wilde. Op bijeenkomsten in Arnhem of Enschede is ze standaard van de partij. Maar in de loop van de tijd gaat ieder zijns weegs. Ook ik verlies haar uit het oog. Met de woorden van Peter uit het dagboek, die soms in dromen tot me komen, voel ik me daar af en toe best schuldig over, maar ik sus mijn geweten met het cliché 'dat de dingen nu eenmaal gaan zoals ze gaan'.

Voor Alma is de periode na de dood van Peter een kwestie van doorbijten. Ze gaat op kamers in Zwolle en begint met een achterstand aan haar studie. Terugkijkend: 'Ik moest leren leven met het gegeven dat Peter nooit meer terug zou komen en moest alleen beginnen aan mijn studentenleven. Ik stortte me redelijk fanatiek op het halen van de propedeuse, waarvan ik de eerste helft al gemist had. Ik haalde het alsnog. Een succes, zou je kunnen denken. Maar ik voelde me vooral alleen en eenzaam, ja, zelfs een beetje depressief. Ik kende de andere studenten nauwelijks, kon in die tijd geen verbinding met anderen aangaan. Hoe kon ik ze dan uitleggen welk verlies ik had geleden?'

Alma leest het dagboek in de eerste maanden dagelijks. 'Het steunde me enorm te weten dat Peter van me hield. Hij voelde ook dichtbij. Ik droeg zijn kleren, had z'n oorbel in, de armband om en inderdaad, zoals hij aangaf in zijn afscheidsbrief, had ik zijn bankstelletje meegenomen naar mijn studentenkamer.' Ze bezoekt in die maanden met grote regelmaat Peters graf. 'Om daar uren tegen hem te praten, op die prachtige plek op de mooiste begraafplaats die ik ken. Ik ging zelfs op de steen liggen, om maar zo dicht mogelijk bij hem te zijn, om de verbinding te voelen.'

In zijn afscheidsbrief moedigt Peter Alma aan haar normale leven weer op te pakken. 'Ik wil zelfs dat je probeert een andere relatie op te bouwen,' schrijft hij. Lange tijd is ze daar simpelweg niet klaar voor. 'Maar door de woorden van Peter heb ik nooit gevoeld dat het niet kon. Zijn brief was een soort van legitimatie om door te gaan. Langzamerhand kwam mijn leven weer op gang. Na de eerste, moeilijke periode ging ik weer meer genieten van het ontmoeten van nieuwe mensen en het meemaken van leuke dingen.'

In de relaties die ze later aangaat, is Peter altijd een factor geweest. 'Je krijgt hem er een soort van bij,' stelt ze. Toch zegt ze nooit in de modus van vergelijken te hebben gezeten. 'Kon ook helemaal niet. En het zou niet eerlijk geweest zijn. Met Peter had ik de perfecte liefde. Ik was achttien jaar, we hadden een onbezorgd leven. In herinnering en praktijk is dat het mooiste van het mooiste geweest. En zo zal het ook altijd blijven. Daar kan niets tegenop. Maar vergelijken kan niet. Peter en ik hebben niet eens de kans en de tijd gekregen om uit te zoeken hoe het leven met elkaar verder zou verlopen. We hebben zelfs nooit ruzie gehad,' lacht ze.

Haar huidige levenspartner heeft alle begrip voor die onverbrekelijke band. 'Hij weet dat Peter bij me hoort, dat hij een onderdeel van me is. En ook hij gaat mee naar het graf, al is het inmiddels een tijd geleden dat we zijn geweest. Toen Peter vijftig jaar zou zijn geworden, was de laatste keer. In die periode heb ik ook zijn ouders opgezocht. Dat zijn waardevolle momenten geweest.'

Anno 2023 is Peter voor Alma nooit ver weg. De armband draagt ze dagelijks, de champagnefles grijnst haar toe en zijn oorbel heeft ze thuis opgeborgen. 'Maar het belangrijkste is dat

Peter in de kluis van mijn herinnering zit. Daar gaat-ie nooit meer uit.'

* * *

In Nijkerk bezoek ik Freek Wennekes, de neef van Marc. Hij is getrouwd, heeft twee kinderen en verdient zijn brood als zelfstandig musicus en soundengineer. 'Ik heb een groot deel van mijn leven in loondienst gewerkt,' zegt hij, 'maar ben sinds een aantal jaar zelfstandig ondernemer. Dat bevalt beter. Je hoeft aan niemand verantwoordelijkheid af te leggen over de invulling van de dagen. En ja, dit is misschien wel de vrijheid die Marc zo koesterde.'

Freek heeft enige tijd geworsteld met de persoonlijke afscheidswoorden van Marc, bekent hij. Vanaf de eerste keer dat hij ze leest, in november 1993. 'Dat was heel zwaar,' stelt hij. 'Terwijl ik ze las, en nog een keer herlas, heb ik een paar glazen whisky opgezopen. Ik moest hard huilen, kon soms letterlijk niet verder lezen door de hoeveelheid vocht in mijn ogen. Het was een emotionele worsteling.'

Marc schrijft in zijn afscheidsrede onder meer dat hij Freek oersterk vindt. 'Ergens maakte me dat boos,' zegt Freek eerlijk, 'want ik wilde helemaal niet oersterk zijn. Ik voelde ook niet dat ik het was. Helemaal niet zelfs. Ik was mijn ouders kwijtgeraakt, vijf jaar daarvoor, en daarna dus ook mijn tante, die eigenlijk mijn tweede moeder was. En kon je dat nog zien als mensen uit een andere generatie, het verlies van Marc kwam zo ongelooflijk dichtbij. Marc: mijn lieve, unieke neef, mijn vriend. Hij was me zo ontzettend dierbaar, zijn dood greep me heel erg naar de keel. Dit kon niet, dit mocht niet. Het voelde als de druppel.'

Freek denkt dat Marc een specifieke bedoeling heeft gehad met zijn opmerking. 'Ik zal het nooit zeker weten, misschien is het te ver gedacht, maar ik schat in dat hij me moed heeft willen inpraten. Marc heeft wellicht gedacht: ik moet voorkomen dat Freek er, na alle ellende, zelf ook uitstapt. Hij wilde me motiveren, om deze nieuwe, zware klap te kunnen opvangen. Iets van "hup, wanhoop niet, je moet door, ook zonder mij, je bent er sterk genoeg voor". Op zich natuurlijk mooi en waardevol, maar voor mij moeilijk om het aanvankelijk zo te interpreteren.'

Marc zegt ook dat hij 'gewoon van Freek houdt'. 'Dat deed me veel. Het was de bevestiging van de band die we hadden. Die woorden hebben, door het vorderen van de tijd, steeds meer waarde gekregen. Maar op het moment zelf, en in de maanden erna, zat ik helemaal kapot. Ik kon zijn dood geen plaats geven. Ik wilde maar één ding: dat-ie gewoon terugkwam uit de Sahara, met mooie verhalen.'

Voor Freek is het fenomeen afscheidsbrief niet vreemd. Maar wel vanuit een significant ander uitgangspunt. 'Ik schreef mijn ernstig zieke moeder, bij leven, een afscheidsbriefje, waarin ik aangaf dat ik van haar hield en haar niet kon missen. Ik verstopte het in haar toilettasje, wetende dat ze het snel zou vinden. Dat vond ik makkelijker dan het te vertellen. Ik wist dat ze dat toilettasje elke ochtend gebruikte, om zich mooi te maken. Dat was het enige wat ze nog kon. Nadat ze het had gelezen, kwam ze met betraande ogen naar me toe. Ik lag nog in bed, het was heel emotioneel. Vanaf dat moment heeft ze het briefje, in de laatste fase van haar leven, altijd bij zich gehad. Net voor haar dood heb ik haar nog kunnen zeggen dat ik aangenomen was op het conservatorium. Dat was belangrijk voor me, en voor haar. Het gaf haar rust. Daarna heb ik afscheid kunnen en moeten nemen. Onvergelijkbaar met de situatie van Marc.'

Het begin op het conservatorium, in 1988, is voor hem moeilijk. 'Ik had geen enkele connectie met studiegenoten. Zij vierden het leven, terwijl ik net mijn moeder en ook mijn vader was verloren. Zij gingen in de weekends naar hun ouders; dat had ik niet meer. Met de kerstdagen: idem dito. Het waren totaal verschillende werelden.' Freek relativeert alles weg, zegt hij. Zoals hij dat ook doet na het overlijden van Marc. 'Het is een logische reflex, denk ik. Maar je moet er ook mee oppassen. Het kan niet zo zijn dat je helemaal niets meer belangrijk vindt. Dat is vooral lastig voor je omgeving. Wel heb ik een les geleerd: het is zinloos je druk te maken om kleine dingen.'

Toch krijgt zijn relativeringsvermogen soms een tik. 'In de hitte van de strijd, op het werk of thuis, ging ik me toch weer aan kleine, lullige dingen ergeren. Dan moest ik mezelf soms tot de orde roepen: "Waar doe je nou moeilijk over?" Ik heb daar nu wel een aardige balans in gevonden, maar soms hoor ik dat stemmetje nog: "Wat zit je nou te zeiken?" Dan spreek ik mezelf bestraffend toe. Onder het mom dat er veel ergere dingen zijn in de wereld.'

Om enigszins inzicht te krijgen in de grillen van de woestijn, onderneemt Freek twee keer een motortocht door Zuid-Marokko, in respectievelijk 2012 en 2015. De excursies worden georganiseerd door Arjan Brouwer uit Putten, die in 1986, als deelnemer aan Parijs-Dakar, zelf een tijdje vermist is geweest in de Sahara. 'Ook dat verhaal greep me aan,' vertelt Freek. 'Arjan is vier dagen van de radar geweest. Om te overleven, groef hij tijdens een zandstorm een gat waarin hij moederziel alleen op hulp wachtte. In de strook zand ernaast probeerde hij de letters

SOS te graven, maar door de storm verdwenen ze steeds weer. Toen de weersomstandigheden beter werden, en de letters bleven staan, werden ze opgemerkt door een helikopter. Dat is zijn redding geweest. Arjan bleek 160 kilometer afgeweken te zijn van de route, zijn watervoorraad was bijna op. Voordeel was wel dat er heel actief naar hem werd gezocht, omdat hij deelnemer was aan Parijs-Dakar. Dat geluk hadden Marc en Peter niet.'

Op zijn motortochten raakt Freek onder de indruk van het onherbergzame karakter van de woestijn. 'Ook al reden we met een groepje van vijf, en waren we door gps-signalen prima te traceren: ik vond het superheftig om tussen en over die zandduinen te rijden. Je raakt elkaar bij het minste of geringste kwijt. De jongere deelnemers gingen in mijn ogen wat roekeloos met die situatie om. Ik niet. Ik was constant aan het calculeren hoeveel water en benzine ik nog had. Dat had natuurlijk alles te maken met het verhaal van Marc en Peter. Ik wilde ervaren wat de woestijn inhield, maar tegelijkertijd zo weinig mogelijk risico nemen, door die geschiedenis. Dat is uiteindelijk gelukt. Het zijn waardevolle ervaringen geweest.'

Dertig jaar na diens dood is Marc nog altijd aanwezig in het leven van Freek. 'Ik heb thuis in de woonkamer een foto van hem staan, ingelijst. Die had-ie me ooit als briefkaart gestuurd, met kleurvlekken en al, typisch een kunstig product van Marc. Ik kijk er iedere dag naar.' Ook als Freek op de radio een nummer hoort dat hem linkt aan Marc, brengt de denkbeeldige tijdmachine hem op slag terug naar het begin van de jaren negentig. 'Dat kan een nummer zijn van Prince, een bluesnummer of een nummer van de Red Hot Chili Peppers, en dan specifiek van het album *Blood Sugar Sex Magik*, uit oktober 1991. Dat hebben we met z'n tweeën helemaal grijsgedraaid. De hits

telegraaf 19/8/93

■ Peter Teggelaar (rechts) en Marc Gilsing, de twee Arnhemmers die sinds drie weken spoorloos zijn. Op 21 juli hadden ze voor het laatst telefonisch contact met Nederland, toen zij een vriend in Arnhem belden.

OUDERS VERMIST ARNHEMS DUO WACHTEN OP LEVENSTEKEN

Speurtocht naar Peter en Marc in Sahara

door PATRICK VAN WEERDENBURG

ARNHEM, donderdag

Alle grensposten, douane, Interpol, lokale politie, kortom iedereen met een controlerende taak in Algerije en Mali is momenteel koortsachtig op zoek in en om de Sahara-woestijn naar de twee 24-jarige Arnhemmers die ruim drie weken spoorloos zijn. De Nederlandse ambassade in Algiers heeft Algerije voorts gevraagd om met vliegtuigen te zoeken in het onherbergzame gebied.

De twee, Peter Teggelaar en Marc Gilsing, waren per auto onderweg door de Sahara van Algerije naar Mali. Daar, in Gao, was het duo van plan de auto — een beige Peugeot 505GL — te verkopen, om met de opbrengst per vliegtuig naar Egypte te reizen.

„Vanmorgen hoorden we dat Peter en Marc op 25 juli nog met een Nederlander hebben gesproken in Tamanrasset," vertelt de enigszins opgeluchte vader Jan Teggelaar.

„De afspraak was dat ze om de paar dagen zouden bellen," vertelt José Teggelaar, de moeder van Peter. „Dat hebben ze de vorige twee reizen, respectievelijk een en twee jaar geleden, in datzelfde gebied, ook gedaan. Maar die man vertelde ons dat het, toen hij ze op de camping sprak, niet mogelijk was om vanuit Tamanrasset internationaal te telefoneren. Dat moet kloppen, want Peter is er de persoon niet naar om ons in ongerustheid te laten."

Slecht begaanbaar

„Hij wist ook te vertellen dat Peter en Marc niet de oorspronkelijke route zouden nemen," zegt Jan Teggelaar, „omdat die momenteel te slecht begaanbaar is. Dat klopt, want ze zijn noch op de camping in Aguelhok, noch op die in Gao in Mali aangekomen. Dat was hun route. Waarschijnlijk zijn ze, hopelijk in een konvooi, via het grensplaatsje In-Guezzam naar Arlit in Niger gereden om daar de auto te verkopen. Maar de grens tussen Algerije en Niger zit vaak voor vele dagen dicht, dus het is best mogelijk dat ze daar ergens op een camping zitten. En als ze al in Arlit zijn, zullen ze enige tijd zoet zijn met het verkopen van de auto. Voorts moeten ze nog met bussen en taxi's naar een vliegveld. Het dichtstbijzijnde is Niamey, de hoofdstad in het zuiden van Niger, of, nog zuidelijker, bij Kano in Nigeria. Voor Nigeria heb je trouwens een visum nodig. Vandaar dat wordt nagetrokken of ze er een hebben gekocht."

Voor het hele gebied geldt momenteel een negatief reisadvies. Dat wil zeggen dat Nederlanders wordt afgeraden er heen te gaan omdat het onveilig is. Roverbendes overvallen er nogal eens reizigers.

„Je houdt natuurlijk overal rekening mee. Maar Peter en Marc zijn geen kerels die in zeven sloten tegelijk lopen," vertelt vader Teggelaar. „Zowel Peter als Marc verkeerde in uitstekende conditie en ook de auto was in prima staat. Wij leven natuurlijk in grote spanning, maar het bericht van die man die Peter en Marc op 25 juli nog sprak, heeft de druk er wel wat vanaf gehaald. We zijn inmiddels drie weken verder. Dat is lang... We blijven, net als de familie van Marc, bij de telefoon op een teken van leven wachten. Er zullen ongetwijfeld andere Nederlanders in Algerije, Niger of Mali op reis zijn, die hen ontmoet hebben."

ARNHEMMERS IN 'POORT NAAR DE SAHARA'

AD dr. 19/8/93

Van onze correspondent

DOORWERTH — Jan Teggelaar slaakt een zucht van verlichting. Het nieuws dat zijn zoon Peter en diens vriend Marc Gilsing in de Zuidalgerijnse stad Tamanrasset zijn gesignaleerd vervult hem met gevoelens van opluchting en hoop. De melding dateert weliswaar van 25 juli maar dient als welkom aanknopingspunt. „Het opent gelukkig nieuwe perspectieven want wij hadden de moed al bijna opgegeven", bekent hij.

De woning van Jan en José Teggelaar in Doorwerth fungeert sinds een week als zenuwcentrum van de zoekactie naar de twee avontuurlijke Arnhemmers. Samen met familie en vrienden is op alle denkbare initiatieven gebroed, die de verblijfplaats van het duo moest achterhalen.

Met behulp van het ministerie van buitenlandse zaken, de Alarmcentrale van de ANWB en de ambassades van Algerije en Mali werd een grootscheepse speurtocht ingezet. De ziekenhuizen en politieposten in mogelijke verblijfplaatsen werden gebeld, met het Algerijnse leger werd overleg gepleegd over het inzetten van helikopters en ook Interpol en het Algerijnse politienetwerk MAE zegden hun medewerking toe.

Dood spoor

De acties sorteerden evenwel geen effect. Aanvankelijk liep het spoor dood in Reggane. Vanuit die Algerijnse stad belde Peter Teggelaar op 21 juli twintig seconden met een vriendin in Arnhem om door te geven dat de reis voorspoedig verliep. De auto deed het prima en het duo verkeerde in goede conditie, zo meldde hij.

Omdat bij de autoriteiten in Reggane vervolgens niet het stempel werd gehaald dat nodig is om de grens met Mali te passeren, dachten familie en vrienden lang dat het tweetal in de Algerijnse stad iets was overkomen.

Tot gisteren. Een man die de vermissing van het tweetal in een krant las, meldde zich bij de ANWB. Hij had de Arnhemmers op 25 juli gesproken in Tamanrasset, een stad in Zuid-Algerije die te boek staat als de poort naar de Sahara.

Tamanrasset is het verzamelpunt voor mensen die met voertuigen de woestijn richting Niger willen doorkruisen. Op de plaatselijke camping Zeribas moet gewacht worden op het moment dat een konvooi met een gids kan vertrekken.

Oversteek

Teggelaar en Gilsing behoorden met hun beige Peugeot 505 tot de personen die de oversteek naar de grens van Niger wilden maken. Zij verklaarden van de oorspronkelijke route (de Route du Tanezrouft, die naar de Malinese stad Gao loopt) te zijn afgeweken omdat zij in Reggane informatie hadden gekregen dat het volgen van de uitgestippelde weg gelijk zou staan aan een 'vroege dood'.

Telefoonverkeer was op dat moment niet mogelijk zodat het thuisfront niet op de hoogte kon worden gebracht van de drastische koerswijziging. Het tweetal had bij In Salah daarom de Route du Hoggar (ook wel de trans-Sahararoute genoemd) genomen, een koers die Peter Teggelaar twee keer eerder met succes volgde. Enkele dagen later streken ze neer strijken in Tamanrasset, waar het zoeken naar een gids begon. Daar zijn ze het laatst gesignaleerd.

Tegenover de Nederlander ontvouwde Teggelaar zijn verdere reisplannen. Zij zouden in een konvooi naar de grensplaats In Guezam reizen en vandaar naar Arlit. In die stad wilden zij de auto verkopen om met de opbrengst de terugreis vanuit wellicht Niamey te aanvaarden. „Om van Arlit naar het vliegveld te gaan moeten zij taxi's of bussen nemen en die zijn er schaars. Bovendien zijn vertrektijden van vliegtuigen onbetrouwbaar en is er in de verre omtrek geen telefoonverkeer mogelijk, heb ik begrepen. En het verkopen van de auto kan ook de nodige tijd in beslag hebben genomen. Het is dus niet ondenkbeeldig dat zij nu ergens in Niger zitten", denkt Jan Teggelaar.

Ook Joep Weenink, die voornoemde route twee jaar geleden samen met Peter Teggelaar aflegde, is die mening toegedaan. „Het is zeer waarschijnlijk dat zij in Niger van stad tot stad reizen om de auto zo goed mogelijk te verkopen. En dat kan even duren", zegt hij.

Een andere mogelijkheid kan zijn dat het tweetal naar Nigeria is doorgereisd om in de noordelijke plaats Kano het vliegtuig te nemen. Voor zijn vertrek uit Nederland liet Peter Teggelaar doorschemeren dat hij dan eerst naar huis zou bellen om te vragen of de politieke situatie een doortocht zou toelaten.

De twee Arnhemmers vertrokken op 16 juli uit hun woonplaats voor een tocht naar Gao. De opzet was om via het Marokkaanse Oujda, de Algerijnse plaatsen Reggane en Bidon V in de Malinese stad Gao terecht te komen, waar de auto zou worden verkocht. Van dat geld zou een vliegreis worden geboekt naar Egypte voor een bezoek aan de hoofdstad Cairo. Uiterlijk 7 augustus zouden ze terug zijn in Nederland.

Door de nieuwe gegevens is de zoekactie nu in zuidelijke richting verplaatst. Naast de naspeuringen van Interpol is er een Malinese man in opdracht van de ambassade op weg naar de camping in Tamanrasset om na te vragen wanneer, met wie en met welke bestemming het duo daar is vertrokken.

● Peter Teggelaar (links) en Marc Gilsing (boven) zijn gesignaleerd in de Algerijnse stad Tamanrasset.

VRIJDAG 19 NOVEMBER 1993

Algemeen Dagblad

Lichamen liggen nog in de woestijn

VERVOLG VAN PAGINA 1

Eenmaal onderweg ontdekten Peter en Marc dat de gids niet deugde voor zijn werk. Zij schreven: „Al snel bleek echter dat de gids die wij goed hadden betaald, onvoldoende kennis had van het terrein en bovendien niet fatsoenlijk kon rijden. Wij kwamen terecht op een vrijwel onbegaanbaar deel van de negentig kilometer brede piste, waarin wij voortdurend vast

trekken in de hoop een militair kamp te bereiken dat volgens hem op zestig kilometer afstand lag."

De eenmansactie van de gids druiste volledig in tegen de hoofdregel voor gestrande Sahara-reizigers. De regel luidt dat nooit en te nimmer de auto moet worden verlaten, omdat die als richtpunt kan dienen voor voorbijgangers of vliegverkeer. Voor Peter en Marc mocht dat niet baten. Ondanks hun laatste poging, het in brand steken

Onbetrouwbare gids werd tweetal fataal

Algemeen Dagblad 19/11/93

Arnhemmers beschrijven in dagboek hopeloze dwaaltocht

door EDDY VAN DE LEY

DOORWERTH — Een onbetrouwbare gids en autopech zijn de 24-jarige Arnhemmers Peter Teggelaar en Marc Gilsing fataal geworden, zo blijkt uit hun dagboek dat is gevonden op 160 kilometer ten zuiden van de Algerijnse woestijnstad Tamanrasset.

Het dagboek lag op de plek waar de twee mannen zijn omgekomen van de dorst. De lichamen van Teggelaar en Gilsing werden begin deze week ontdekt. Zij werden vermist sinds 25 juli.

Autopech

De gids, zo meldt het dagboek, bleek al snel onbetrouwbaar. Eenmaal op weg naar het zuiden raakten zij het spoor bijster en kregen autopech. Het betekende hun dood.

Uit het dagboek dat Peter en Marc tot op het laatst hebben bijgehouden, blijkt dat zij alles in het werk hebben gesteld om risico's tijdens de trip uit te sluiten. Zo hebben zij voorafgaand aan hun reis uitvoerig geïnformeerd naar de veiligheid van het reizen door Noord-Afrika. Voor het gebied gold geen negatief reisadvies.

De Arnhemmers vertrokken op 16 juli met een Peugeot 505 GL uit Nederland met Mali of Niger als eindbestemming. Na een voorspoedige reis via Frankrijk, Spanje en Marokko kwamen zij op 21 juli aan in de stad Reggane in het midden van Algerije. In hun dagboek schreven zij: „De situatie ter plekke ervoeren wij als erg onveilig. Wij besloten daarop weer naar het noorden te rijden. Daarmee kozen wij niet voor een korte rechtstreekse route naar In Salah, die ons te gevaarlijk leek, maar voor een veiliger weg. Na een omweg van 2000 kilometer arriveerden wij in Tamanrasset."

'Op safe spelen'

In deze woestijnstad, waar zij op 25 juli nog door een Nederlander werden gezien, gingen zij op zoek naar een gids. „Wij wilden volledig op safe spelen. Op aanraden van de campingbaas namen wij daarom een als betrouwbaar omschreven gids in de arm, die ons garandeerde dat wij in zeven uur de grens met Niger zouden bereiken. De man had eerder twee andere jongens in dezelfde tijd naar de grens begeleid", zo staat in het dagboek.

Op pagina 3: Lichamen liggen nog in de woestijn

scheid genomen van hun vrienden en familie.

Intussen is gebleken dat de lichamen nog steeds in de woestijn liggen, op de plek waar zij zijn ontdekt. De plek is ter herkenning gemarkeerd met stenen. Ambassade-medewerker Berkhout, die naar Tamanrasset vloog om de lichamen van de Arnhemmers naar Nederland te laten overbrengen, is onverrichter zake teruggekeerd in Algiers. Wel heeft hij ervoor kunnen zorgen dat het dagboek in handen is gekomen van de familie. De Nederlandse ambassade in Algerije en de familie van de twee slachtoffers doen pogingen de lichamen zo snel mogelijk naar Nederland over te brengen.

Boven: Artikelen over de zoektocht
Onder: Verhaal Eddy op voorpagina AD over dood jongens en vondst afscheidsbrieven

MONSIEURS DE LA POLICE,

ICI C'EST POUR NOTRE FAMI
ET A
A D'OLLANDE!!

Rijnland Accountancy
Luthershofje 8
6822 BW Arnhem
Les Pays Bas

Le dar

die laats
paar foto'
mooi voor o
kantoor, Rijn

The Sahara, the story

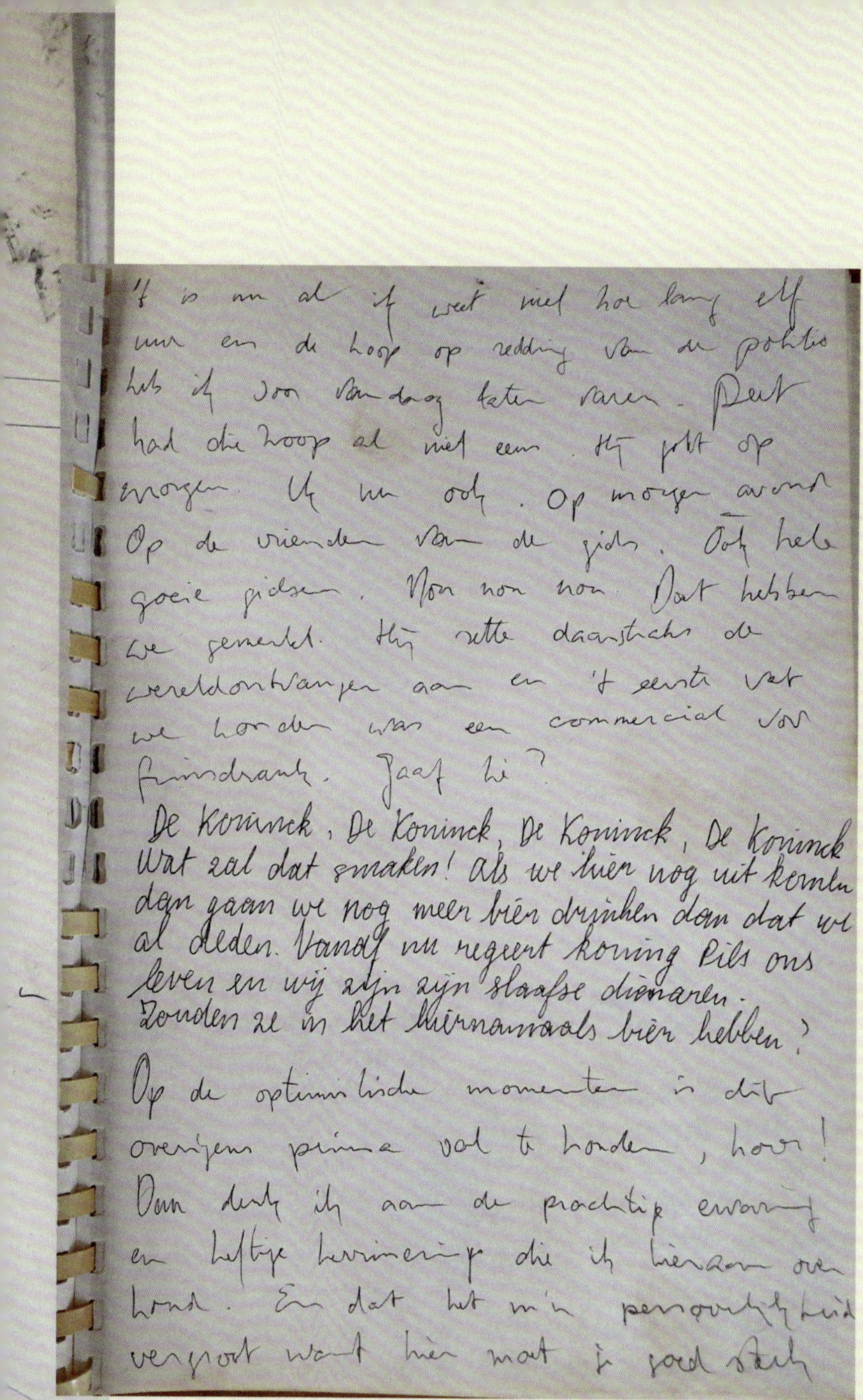
't Is nu al ik weet niet hoe lang elf uur en de hoop op redding van de politie heb ik voor vandaag laten varen. Piet had die hoop al niet eens. Hij gokt op morgen. Ik nu ook. Op morgen avond. Op de vrienden van de gids. Ook hele goeie gidsen. Non non non. Dat hebben we gemerkt. Hij zette daarstraks de wereldontvanger aan en 't eerste wat we hoorden was een commercial voor frisdrank. Jaaf hè?

De Koninck, De Koninck, De Koninck, De Koninck
Wat zal dat smaken! Als we hier nog uit komen dan gaan we nog meer bier drinken dan dat we al deden. Vanaf nu regeert koning Pils ons leven en wij zijn zijn slaafse dienaren. Zouden ze in het hiernamaals bier hebben?

Op de optimistische momenten is dit overigens prima vol te houden, hoor! Dan denk ik aan de prachtige ervaring en heftige herinneringen die ik hieraan over houd. En dat het m'n persoonlijkheid vergroot want hier moet je goed sterk

Originele pagina's uit het dagboek

± 14.00 uur. Wat een hel, ik voel me met de minuut zwakker worden maar 't is ook zo heet! En 't water is zo lekker. Maar ik ga maar weer 'ns proberen te slapen. We worden toch wel gered!

Het is nu de 29e juli. We hebben net alledrie een beker water gedronken en dat betekent dat we nog maar twee liter water over hebben. We houden het dus niet lang meer vol. Volgens onze gids moeten we dat allemaal tot vanavond bewaren, anders slapen we niet meer. Dat betekent vanaf nu (6.30) 12 uur afschuwelijke hitte zonder ook maar een druppel water. Ga er maar aan staan! Het is dat we bikkels zijn, anders had het er beroerd uitgezien.

We moeten voor morgenmiddag gered zijn, anders is het afgelopen. We begrijpen maar niet waar de politie blijft!! Ze zijn ons volgens de gids al minimaal een dag aan het zoeken. Zo moeilijk kan het niet zijn, want we zitten midden op de 2e route (van de 2)! We staan met de auto op een heuveltje en kijken over een vlakte uit die vol staat met sporen en toch hebben we al vier volle dagen geen auto gezien. We begrijpen de wereld niet meer.

Ondanks alle ellende is de verstandhouding onderling nog steeds beangstigend goed. Er is nog geen onvertogen woord gevallen. De gids hebben we ook niet aangepakt, hoewel daar reden genoeg voor is. Wat heet zeg! De lul! Alles is totnutoe eerlijk verdeeld en dat zullen we tot het einde toe doen.

Meer valt er niet te zeggen. We bannen nare gedachten uit en blijven hopen op een wonder. Keep the faith zei Jon Bon Jovi en gelijk heeft-ie!

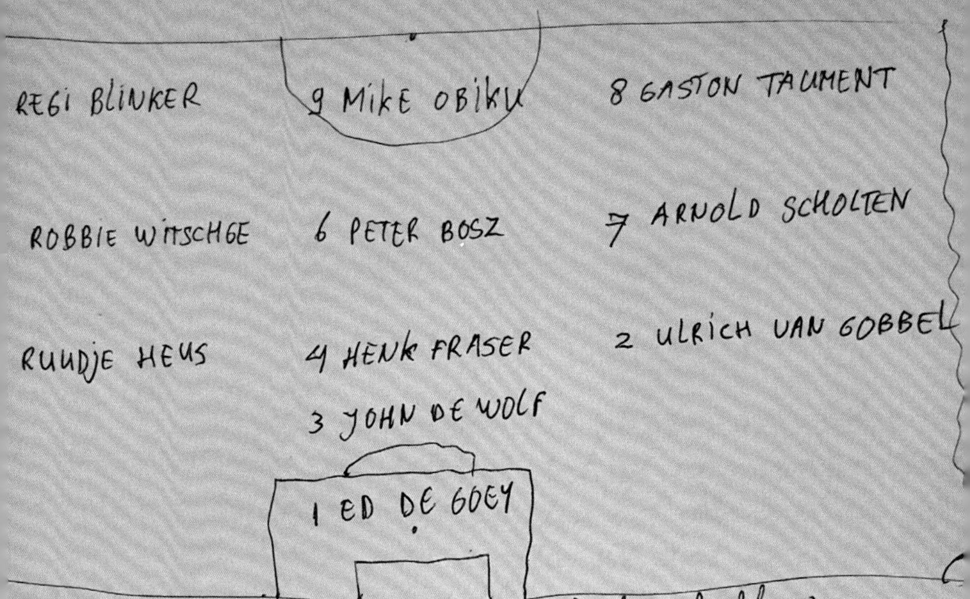

zullen in de hemel toch wel kabel hebben!
el ik me hier toch wel volledig bij aan
t sluiten ben ik er toch voor om onze
e Willem tordgje te adviseren die
lantelende ballerina van een Gaston
(alleen die naam al) er keihard
aast te smijten en de heer John
Metgod (Big John) naar zijn
naam genoot voor de knapste speler
het intercontinentale balspel
op te stellen daar verdedigers
(schoppen) Feyenoord toch 't
beste ligt. Nietwaar Theo?
Nietwaar Rinus?

Het klinkt misschien raar, maar ik denk dat mannen wat harder, wat relativerender zijn dan vrouwen. Daarom maak ik me meer zorgen om mijn moeder, dan om mijn vader, hoewel er qua liefde geen verschil in zit.
Het is eigenlijk onvoorstelbaar dat wij dit soort dingen aan het opschrijven zijn. We maken het er misschien alleen maar erger mee, terwijl dat dus echt niet de bedoeling is.
We proberen alleen maar duidelijk te maken, dat onze enige échte hel de gedachte aan jullie verdriet is. Doe ons dus postuum een plezier en leef vrolijk verder, zonder om ons te treuren. Daar zouden jullie ons namelijk het meest pijn mee doen. Onze eigen lasten kunnen we wel dragen. We zijn als grote jongens de uitdaging aangegaan en we zullen ook als grote jongens ons verlies ondergaan.

Nou, nou, die gaat er meteen flink op zeg!
Tarzan voelt zich nog lang niet echt opgegeven
Hij denkt namelijk dat hij het nog wel 1½ dag uitzingt tot maandagavond wanneer er volgens hem dus redding komt. Klote Sand!
Tarzan heeft godverdomme gelijk ook, maar ik heb nou eenmaal behoefte aan serieuze zaken. Laat ik daarom het meest zware onderwerp vast afhandelen. Over een paar weken is het namelijk al zover...

Lieve Myr.

Het is zo klote jou nooit meer te zien ik kan het gewoon nog niet geloven. We hebben zo'n speciale band. Al twijfel jij daar wel 'ns aan. Maar help wat hou ik van je. Ik zit hier met tranen in m'n ogen te schrijven. De gids zei dat ik dat waarom beter niet kon doen. Ook die lieve Peter troostte me een beetje. Lieve Myr, ik mis je heel erg! Maar daar ga ik vanaf nu maar niet meer aan denken want dan wordt gek!

Dag lieve schat!

Steun Pa!

Gelukkig heb je Co nog!!!

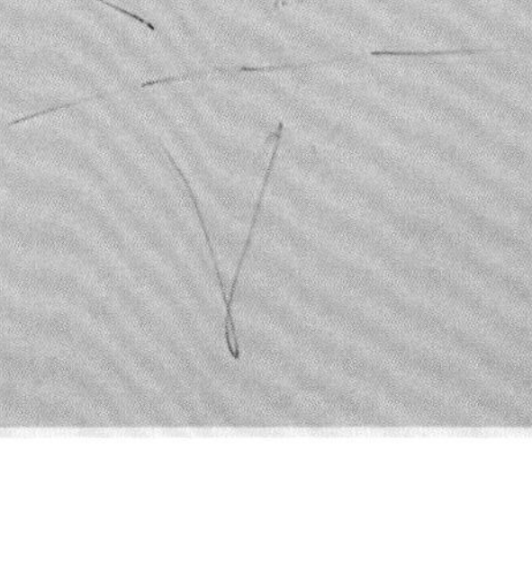

Sahara [illegible]

geachte (vage) vrienden,
Danky, Rijn, Eddy, King, Joop, Erwin, Huun en
alle andere kenissen.

Het afscheid is daar, het doek is gevallen. Teggel is niet meer. Voor diegenen die nog geld van me kregen is dat vervelend, ik kan me dat heel goed voorstellen Rijn! Klote hè?

Ik ga me hier niet overgeven aan allerlei emotionele betogen, zoals jullie ongetwijfeld zullen begrijpen kan ik dat zo langzamerhand niet meer opbrengen. We hebben samen een hoop fantastische dingen meegemaakt en daar ben ik jullie dankbaar voor. Vooral voor al het bier dat daarbij rijkelijk vloeide, god wat heb ik daar nu zin in! We hebben nu nog twee liter water en het zal dus wel snel met ons afgelopen zijn. Het is kennelijk onze tijd om te gaan, want we zitten op een normale route waar al vier dagen niemand langs is gekomen. Dat hebben we maar te accepteren, klotezooi!!

Als laatste verzoek heb ik het volgende: willen jullie mijn familie in deze barre tijden bijstaan en waar mogelijk helpen? En vergeet daarbij vooral Alma niet, want die krijgt het misschien wel het zwaarst. Beloof me dat jullie haar niet aan haar lot overlaten en haar zoveel mogelijk bijstaan. Ik ga er gevoegelijk vanuit dat jullie je wel redden. Dankzij mijn begrafenis, mits niet te vroeg, hebben jullie tenminste weer een goede smoes om je overvol te laten lopen. Gaaf hè?

Denk bij de zuipsessie van het koude bier aan ons en maak er een leuke avond van. De groeten aan jullie vriendinnen en maîtresses.

Het 'n geluk, zeg!!

Vaarwel, Teggel

Non, dat was 't dan.

We hebben 't waarschijnlijk wat overdreven

Maar we zijn vrij sentimenteel...
(vooral jij, klootzak)

Dit boek is voor een ieder

die het maar wil lezen.

We willen samen iets een

sprekende tekst in een over-

lijdensadvertentie in de

Volkskrant en de Gelderlander

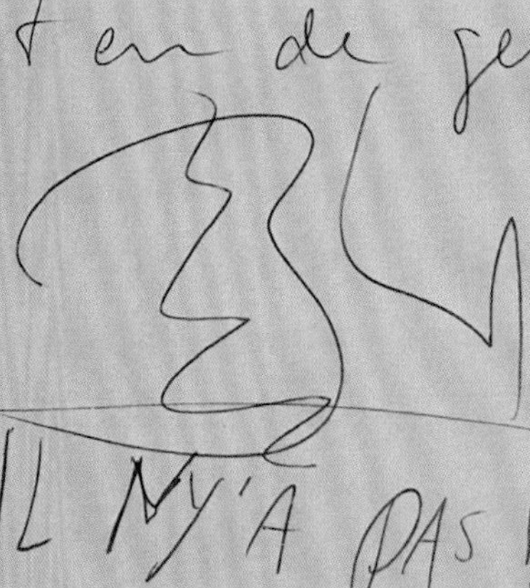

BON, IL N'Y A PAS DE PROBLEM

6e avond: er is nog wat water dus het gaat allemaal nog met de dagen worden ondraaglijk
De gids blijft vol goede moed

7e avond: Na ~~dee~~ de eerste dag zonder water gaat het hard achteruit
Ik zie al dagen niets meer.
'k kan m'n ~~lenzen~~ lenzen niet meer dragen. De gids is weg naar een dorp met militairen op 60 km afstand, we zien hem nooit weer.
Peet en ik hebben nog hoop

8e avond: Misschien komt de gids de volgende ochtend zo niet...

Eddie doe er wat mee! De laksheid als het gaat om Sahara reizigers is schrijnend te noemen.
En waar geen een meer een securite post!

Al die tijd op 1e rooster en
nog niet gewonden raden.

Als Feyenoord-fan wordt je
ook altijd genaaid

FIN

PS. Het hele laatste
rolletje (mochten jullie
die ooit zien) is
volgeschoten door Tarzan

(Marc, dus)

Linksboven: Marcel van Nieuwenhoven in een toepasselijke pose
Linksonder: Eddy en Tom dertig jaar na dato op camping Zeribas
Rechtsboven: Tom, Said en King bij camping Zeribas
Rechtsonder: De truck van King gaat twee patrouille-auto's van de gendarmerie vooraf

صورو طريق أدريان
TEL / FAX :029.30.60.40

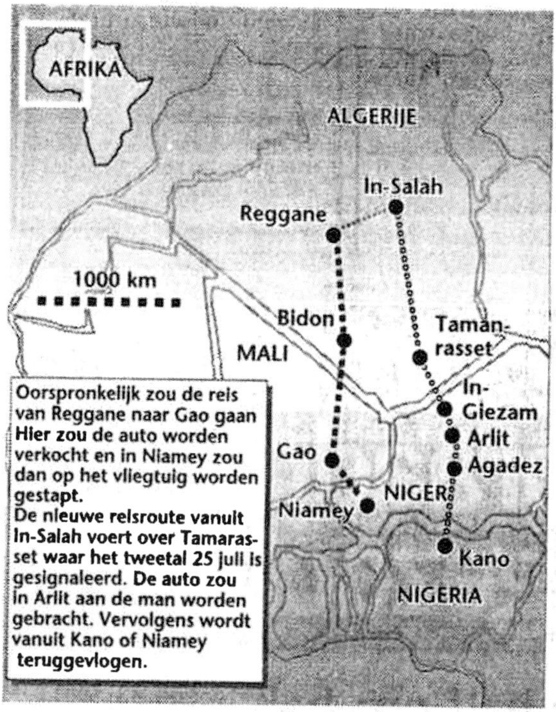

De reis zou stranden ten zuiden van Tamanrasset

Dertig jaar na het drama duidt King de regio waar de jongens gevonden moeten zijn, niet heel ver van de legerplaats. De getekende driehoek is de zogenoemde 'Driehoek des doods'

Boven: King tekent in het zand de locatie van de legerplaats
Midden: Eddy en Tom bij een gestrande bus op camping Zeribas
Onder: King tijdens zijn zoektocht bij het karkas van een Peugeot in de Sahara ten zuiden van Tamanrasset. Het blijkt een Peugeot 504 te zijn

"Under the Bridge" en "Give It Away" staan erop, maar ook het funky en freaky "My Lovely Man".' Vooral bij dat laaste nummer moet Freek altijd aan Marc denken.

Freek: 'Het is wel duidelijk. Marc zal voor altijd "My Lovely Man" blijven.'

* * *

Ik zoek Myriam van den Engel-Gilsing op in Utrecht, waar ze met haar man Eelco woont. Hun volwassen dochters wonen eveneens in de Domstad, Suzan met haar aanstaande man en Anouk op kamers. Na eerst leerkracht in het basisonderwijs te zijn geweest, werkt Myriam alweer geruime tijd als secretaresse bij een organisatieadviesbureau. De hernieuwde aandacht voor leven en dood van haar broer Marc rijt een diepliggende wond bij haar open, maar niettemin is ze er blij mee. 'Marc zou het geweldig gevonden hebben. En voor mij draagt het bij aan de verwerking.'

In haar woonkamer in de wijk Leidsche Rijn trekt een kleine, ingelijste zwart-witfoto van twee kinderen de aandacht. 'Dat ben ik met Marc,' licht Myriam toe. 'Ik ben daar vijf jaar oud, Marc drie. Het symboliseert de onbezorgdheid van onze jeugd. Het is een zeer dierbare foto, gekregen van mijn vader.' Elders in huize Van den Engel-Gilsing hangen twee schilderijen van Marc aan de muur. 'Het doek dat hij specifiek maakte voor onze eerste woning en eentje afkomstig uit zijn huis in Arnhem.' Ook zijn gitaar is bewaard gebleven. 'En zijn horloge heb ik nog jaren gedragen.'

Maar de mooiste én heftigste getuigenissen zijn voor Myriam zonder twijfel de woorden uit de afscheidsbrief. Woorden die haar ook anno 2023 nog in de ziel raken. ‘Bij de eerste keer dat ik het las, was ik in shock door de persoonlijke tekst, rechtstreeks aan mij gericht. Het was een roes. Ik beschermde mezelf om niet te hoeven voelen.’ Ook als ze de woorden nu leest, voelt ze de heftigheid ervan. ‘Hij schreef: “Steun pa.” Marc had zo veel spijt dat hij ons dit had aangedaan, deze reis, het was bijna niet te hanteren. Zo had ik hem nog nooit horen praten. De woorden “we hebben nu zo veel pech dat we makkelijk dood kunnen gaan” snijden nog steeds door mijn ziel. Natuurlijk was ik blij dat ik deze brief had gekregen, het was een geschenk, maar het deed zo’n pijn. De overgang van een heerlijk, naar vrijheid uitkijkend reisverslag naar de vreselijke toedracht daarna is nog steeds pittig. De cd *Once Upon a Time in the West* heb ik de dag na de bekendmaking van de vondst van het dagboek direct gekocht. Ik luister er nog steeds naar. Ieder jaar stem ik erop, voor de Top 2000 aller tijden.’

Op zijn plotselinge sterfbed verschaft Marc haar nieuwe inzichten. ‘Pas op het moment dat ik wist dat hij niet meer leefde, kwam ik erachter dat hij vond dat wij zo’n speciale band hadden. Mij nooit meer te zien kon hij niet verdragen. Hij moest zelfs door Peter worden getroost. Ik wist wel dat Marc trots op mij was, dat zei hij vaak. Maar dit nu van hem te weten en te lezen, dat hij het een bijzondere band noemde, in zijn herkenbare handschrift: het was zo intens en veel dat ik het vaak ook niet toeliet. Ik had gewoonweg de kracht niet om dit allemaal te verwerken: de reis, vermissing en zoektocht, zijn overlijden, zo snel na het verlies van mijn moeder.’

Daarmee is de rampspoed voor Myriam niet voorbij. ‘Twee jaar later kreeg ik – voor Suzan werd geboren – een miskraam en tijdens de zwangerschap van mijn jongste dochter Anouk werd Eelco ernstig ziek.' Haar echtgenoot herstelt volledig, maar het lukt Myriam ook nadien niet om de waarde van Marcs afscheidsbrief in te zien. 'Zo jammer eigenlijk. Want hij had mij dit zo bewust geschreven, maar ik kon en kan gewoon niet naar dat moment van hem toe. Ik probeerde op te krabbelen van alles wat me was overkomen en ik had de zorg voor twee heel kleine kinderen.'

Ook vader Theo worstelt met de woorden van Marc. Aan de ene kant lucht het hem op, omdat hij iets anders leest dan wat hij voelt en denkt. 'Hij vond dat ze een slechte band hadden, maar uit de brief van Marc sprak van zijn kant juist genegenheid.' Toch probeert Theo zijn gevoel zo veel mogelijk af te schermen. 'Zijn verdriet was enorm, maar dat te veel toelaten kon niet. Dan zou hij niet meer kunnen functioneren.' Samen verwerken lukt niet. 'We stonden eerder tegenover elkaar, konden er niet over praten. We waren beiden in een jaar tijd twee van onze dierbaren verloren tot wie we ons totaal verschillend verhielden. Tot aan mijn vaders dood is het gesprek maar een handjevol keren gelukt.' Theo overlijdt in 2010, na een ziekbed van vier weken. 'Ook te vroeg. Dat was weer een klap.'

Myriam heeft zich altijd verantwoordelijk gevoeld voor haar jongere broer. Tot op de dag van vandaag. 'Alsof ik hem moet beschermen. Er is niet altijd een gelegenheid om over het verlies te praten, zeker niet nadat de tijd verstrijkt, en ik heb het gevoel dat ik het daarom ook niet kan delen. De reis van toen probeer ik te zien als de levenslust van jonge mensen en dit voorkom je niet altijd, zeker niet als zus. Ik begrijp echt het hele idee ervan wel, het avontuurlijke karakter.'

Myriam hoopt dat de dood van Marc en Peter niet voor niets is geweest. 'Ik zie het als een waarschuwing: zorg ervoor dat je traceerbaar bent als je zo'n avontuur aangaat. Al zijn er tegenwoordig sowieso betere communicatiemiddelen dan vroeger.' Toch voelt dit boek ook als een persoonlijke bevrijding, zegt ze. 'Ik draag dit nu dertig jaar bij me. Het is stil verdriet. Je ziet het niet aan de buitenkant en het gaat niet weg. Fijn is het om na al die jaren Marc nu te kunnen eren, over hem te kunnen praten en dit te kunnen delen. Voor mij zijn Marc en Peter avonturiers die heldhaftig met hun lot zijn omgegaan.'

Ze heeft een jaar nodig gehad om dit zo te kunnen ervaren, vanaf het moment dat ik haar deelgenoot maak van het boekidee. 'Eerst was ik euforisch en zenuwachtig; een boek met daarin het complete dagboek? Gaat het nu toch echt nog gebeuren? Maar dat gevoel veranderde al snel. Omdat het me direct terugbracht naar die tijd, werd het weer allesoverheersend. Ik sliep slecht en kon me moeilijk concentreren. De hitte van de zomer vond ik ondraaglijk, net als toen. De wond was weer open, maar ik ben het uiteindelijk toch als een stap in de verwerking gaan zien.'

De dood van Marc, de nasleep en andere heftige gebeurtenissen in haar leven – het heeft haar karakter gevormd, zegt ze. 'Van vrolijk en spontaan naar altijd overal de controle over willen hebben, omdat ik zo vaak geen controle had over wat me overkwam. Ik denk dat ik daardoor altijd kies voor zelfbescherming; ik baken af en begrens, om niet onderuit te gaan.' De herinnering aan haar broer is er niet minder intens om. 'Onze dochters hadden hun markante oom dolgraag willen kennen en met hem over het leven willen filosoferen. Ze kunnen erg lachen om de anekdotes die ik vertel. Door destijds therapie te volgen, kwam het besef dat Marc misschien wilde ontsnappen aan het keurslijf en dat hij door zijn ervaringen misschien intenser geleefd had dan andere mensen die 85 worden. Dat geeft mij veel rust.'

In zijn afscheidsbrief schrijft Marc 'Gelukkig heb je Co nog', doelend op echtgenoot Eelco. 'Dat is mijn slogan geworden op de momenten dat het even iets minder gaat in onze relatie. Voor mij zit er ook iets inspirerends in, iets krachtigs. Iets van: je kunt een keer een dipje hebben, maar vecht ervoor. Dat doen we ook. En Marc hád gelijk: gelukkig heb ik Co nog.'

Myriam mijmert soms over hoe Marc zich zou hebben ontwikkeld. 'Zijn (jong)volwassenheid hebben wij maar kort mogen beleven. Hoe zou het verder zijn gegaan? Was hij een vrijbuiter gebleven of toch serieuzer geworden? Antwoorden krijgen we niet, we moeten het doen met de nagedachtenis aan een bijzonder mens, van wie ik zielsveel hou. "Anyway!" zou Marc hebben gezegd. Iets dat mijn vader na zijn dood nog vaak zei. Hij beeldde Marc dan uit door zittend op een stoel eerst een serieus gezicht op te zetten om daarna theatraal het ene been over het andere te slaan. Dat is ook hoe ik me mijn broer wil herinneren: met een lach op mijn gezicht.'

Zelf naar Tamanrasset

Het schrijven van dit boek is een waardevol en soms beladen proces. Ook dertig jaar na dato laaien de emoties vaak op. Bij mij, bij de gesprekspartners. Dat is goed, dat is mooi. Opdat de herinnering aan de jongens nooit zal verdwijnen.

Toch besef ik dat de cirkel pas rond is met een bezoek aan Algerije, aan de Sahara, aan Tamanrasset. Om zelf te kunnen proeven en voelen hoe het daar is. En ja, eigenlijk wil ik nóg meer. Ik wil naar 'de plek'. De plek waar Marc en Peter zijn overleden, waar zij hun laatste levensdagen hebben doorgebracht, waar ze hun heldhaftige brieven hebben geschreven. Dat lijkt op voorhand een nogal heikele onderneming. De kans dat de Peugeot na dertig jaar nog op dezelfde plek staat, in een continu veranderend woestijnlandschap, lijkt verwaarloosbaar, áls de auto er nog is. De Sahara kan weliswaar als een kerkhof van autowrakken ogen, zo heeft Peter zelf al eens opgetekend, maar hoogstwaarschijnlijk niet in de afgelegen regio waarop wij onze pijlen gericht hebben. Daarnaast zit ik nog steeds met vragen over de toedracht van het drama. Over de bandensporen op 'de plek' en het gebrek aan veiligheidsposten in 1993. Het zou mooi zijn om daar dertig jaar later, ook in naam van Marc en Peter, antwoorden op te krijgen.

In Tom vind ik een toegewijde reispartner. De jongere broer van Peter wil koste wat kost mee. Hij staat er op dezelfde manier in als ik. Afreizen naar Tamanrasset, met als eventuele bonus een trip naar 'de plek'. Over één ding zijn we het snel eens: we gaan de Sahara niet doorkruisen per auto. We mogen dan in een volstrekt andere tijd leven, met meer en vooral betere communicatiemiddelen; risico's sluiten we zo veel mogelijk uit. Dus geen kopie van de trip die Marc en Peter hebben gemaakt. We moeten het lot niet tarten.

De cruciale vraag zal worden: wáár bevindt zich 'de plek'? Hoe komen we aan de informatie? Is er documentatie bewaard gebleven? Uit het tijdperk vóór digitalisering? Zijn er coördinaten? Ook dat gaat een zoektocht worden, veronderstel ik. De zoveelste.

Ik begin de missie in september 2022, met een beleefdheidsbezoek aan de Algerijnse ambassade in Den Haag. Bij de entree én, even later, aan de balie, leg ik aan medewerkers uit wat mijn bedoeling is. Over het boek, over een bezoek aan Tamanrasset, over het aanvragen van visa. De mensen zijn niet onvriendelijk, maar halen vooral hun schouders op. Documentatie over 1993? Niet aanwezig, zo klinkt het. Probeer het eens bij de Nederlandse ambassade in Algiers. Visa? Dat zou kunnen. Maar afreizen naar Tamanrasset? De baliemedewerker trekt een bedenkelijk gezicht. Of ik wel weet dat het zuidelijke deel van Algerije sinds jaar en dag een no-go area is voor buitenlandse toeristen?

Ik heb zoiets gelezen, ja. Na de val van Moammar al-Khadaffi in 2011, de leider van buurland Libië, trekken terroristische groeperingen ook de grens met Algerije over. Dat leidt in de ochtend van 3 maart 2012 tot een aanslag in het centrum van Tamanrasset. Een zelfmoordterrorist rijdt met een Toyota vol explosieven in op het hoofdkwartier van de gendarmerie. Bij de daaropvolgende explosie komt de dader om het leven en raken 24 mensen gewond, onder wie inzittenden van een passerende bus. De aanslag doet de autoriteiten besluiten het buitenlands toerisme in en naar Tamanrasset stop te zetten. Een strop voor aanbieders van woestijnreizen, maar een noodzakelijke maatregel, want in de jaren erna blijft het onrustig. Te pas en te onpas worden verdachte figuren opgepakt. In november 2018 doodt het Algerijnse leger in de buurt van Tamanrasset twee vermeende IS-terroristen, bij een militaire actie. In de jaren daarna lijkt de rust terug te keren, maar de Algerijnse overheid wenst de veiligheid van toeristen onder geen beding op het spel te zetten.

Die patstelling is er kennelijk ook nog in september 2022. Het laat onverlet dat ik de trip wil maken. Niet om eigenwijs te doen, maar de toeristische ban moet toch een kéér worden opgeheven? Links en rechts hoor ik geluiden over een versoepeling van de maatregelen rond half februari. Dat lijkt me een mooi uitgangspunt. Ik maak vast ruimte in de agenda voor eind februari, begin maart. Ook Tom, werkzaam als advocaat, veegt zijn agenda leeg voor die periode. Met nog vier maanden te gaan, ga ik op zoek naar een gids annex tolk die Engels spreekt. En bij voorkeur ook de taal van de Toeareg, het Tamashek, omdat ik de oorspronkelijke bewoners van het gebied en hun expertise nodig denk te hebben. Communicatie gaat van cruciaal belang worden, zo is mijn overtuiging.

Het vinden van een taalvaardige gids is niet het enige probleem. Om een visum te krijgen is het noodzakelijk om óf uitgenodigd te worden door iemand uit Algerije óf, als toerist, een gedetailleerd reisplan te kunnen tonen, in elkaar gedraaid door een ter zake kundig reisbureau. Een oriënterend rondje van telefoontjes met in woestijnreizen gespecialiseerde organisaties levert niet heel veel op. 'Beseft u dat u als West-Europeaan in die contreien zomaar ontvoerd zou kunnen worden?' is de eerste opmerking in een gesprek met een toeristisch agent uit Nederland. Zo, dat klinkt lekker bemoedigend. En schromelijk overdreven, lijkt me, zonder die hypothese te willen bagatelliseren.

Net als dertig jaar geleden besluit ik mijn netwerk aan te spreken. Ik bel met profvoetballer Ramiz Zerrouki, nu uitkomend voor Feyenoord, op dat moment voor FC Twente. Hij speelt voor het nationale elftal van Algerije, 'de Woestijnvossen', zoals de bijnaam van het voetbalteam luidt – een verwijzing naar een van de meest voorkomende roofdieren in de Algerijnse Sahara. Zerrouki geniet als international een groot aanzien in het geboorteland van zijn ouders. Ofschoon hij zelf ter wereld is gekomen in Amsterdam, weet ik dat hij soms voor familiebezoek afreist naar Sidi-bel-Abbès, in het noordwesten van Algerije. Geconfronteerd met mijn verhaal zegt Zerrouki te willen helpen. Hij gaat op zoek naar mensen die het Engels en Tamashek machtig zijn. Dat is mooi.

Dan stuit ik, speurend op het internet, op de naam van een Nederlandse vrouw: Ineke Hemminga. Ik lees dat zij te boek staat als eigenares van het reisbureau Sahara-Art-Venture. 'Reis met de Toeareg door de woestijn en ontdek de stilte', staat op haar site. Daarnaast drijft ze een handeltje in handgemaakte sieraden van Toeareg-edelsmeden, met deels ideële bedoelingen. Want: 'Door het kopen van deze sieraden steun je het traditionele woestijnleven van de nomaden.' En: 'Een deel van de opbrengst wordt besteed aan hulpgoederen.'

Dit klinkt interessant. Een Nederlandse die zich wellicht ophoudt tussen de Toeareg – het zou weleens een schot in de roos kunnen zijn, de missing link. Ik zoek contact. Eerst via de app, dan ook telefonisch. Op het moment dat ik haar 'live' te pakken krijg, klinkt op de achtergrond het Arabische middaggebed. Of Ineke toevallig in Tamanrasset is? Nee, ze verblijft in Marrakesh, in het zuiden van Marokko, geeft ze aan. Maar het horen van de naam Tamanrasset doet haar hart sneller kloppen, vertelt ze even later. 'Omdat ik er acht winters lang heb gewoond. Ik voel me daar thuis. Tamanrasset, en het leefgebied van de Toeareg in het bijzonder, dat is het hart van mijn gevoel.'

Die liefde ontvlamt in 2005. De geboren Friezin reist dan voor het eerst naar het zuiden van Algerije, naar een andere woestijnstad: Djanet, 700 kilometer ten oosten van Tamanrasset, niet ver van de grens met Libië. 'De woestijn voelde gelijk als mijn nieuwe thuis, mijn echte thuis,' vertelt ze. 'Het nomadenleven, het landschap, de schone lucht – het gaf een geweldig gevoel om blij te kunnen zijn met de eenvoud.' Ze raakt vertrouwd met de Toeareg-mensen en hun primitieve levensstijl, gaat reizen organiseren. 'Ik vestigde me dan gedurende de winter in het centrum van Djanet of Tamanrasset, en maakte van daaruit uitstapjes met toeristen naar afgelegen Toeareg-kampementen in de woestijn. De Toeareg-mensen waren daar blij mee. Zij vonden het mooi hun unieke cultuur onder de aandacht te brengen en konden een extra centje wel gebruiken.'

In 2012 valt, zoals gemeld, het toerisme stil door de bomaanslag op het politiebureau van Tamanrasset. Ineke is zich dan al meer gaan focussen op het verkopen van handgemaakte Toeareg- en Berber-sieraden. 'Dat is nooit mijn intentie geweest, maar het kwam op mijn pad. Afkomstig van edelsmeden, die ik op lokale markten tegenkwam. Het was tevens een manier om in mijn levensonderhoud te voorzien én de Toeareg-gemeenschap te helpen.' Anno 2023 is ze nog steeds actief met een webshop. Ze woont deels in Groningen, deels in de Sahara. 'Mijn droom is om standaard bij de Toeareg te gaan wonen, omdat het leven er veel rijker en zinvoller is dan in de gehaaste 24 uurs-maatschappij van Nederland en West-Europa.'

Ineke wil me graag helpen bij het plannen van de reis naar Tamanrasset. Ik vraag of zij, als reisagent, een trip van een dag of vier in elkaar kan draaien. Zij zou dan zelf mee kunnen als gids en tolk. Maar ook zij stuit na enig onderzoek op een muur van bureaucratie. 'Wel zal ik mijn oor te luisteren leggen bij mijn oude buurman uit Tamanrasset. Hij is gids en organiseerde destijds ook reizen voor buitenlandse toeristen.' Een week later belt Ineke terug. 'Op dit moment is het niet mogelijk een reis naar Tamanrasset te organiseren. Alle gidsen werken met hun reisprogramma's vanuit Djanet, daar is wel toeristisch verkeer toegestaan.' Ik dank Ineke voor haar enthousiasme en bereidwilligheid, voor haar bijzondere verhaal, maar besef dat dit spoor naar Tamanrasset doodloopt. Donders jammer. Ook Ramiz Zerrouki slaagt er niet in een 'match' te vinden, hoezeer hij ook zijn best heeft gedaan.

Ondertussen besef ik dat het vinden van 'de plek' een schier kansloze missie gaat worden. Een woordvoerster van het ministerie van Buitenlandse Zaken legt uit dat, áls de specifieke informatie uit het dossier destijds al met de autoriteiten in Nederland is gedeeld, na twintig jaar tot vernietiging is overgegaan, volgens protocol. In 2013 dus. Ai. Ik pleeg zelfs privételefoontjes met nog in leven zijnde medewerkers die in 1993 het contact met de families hebben onderhouden. Maar ook zij, lang en breed vertrokken bij Buitenlandse Zaken, kunnen zich niets meer herinneren. De tand des tijds blijkt een verwoestende uitwerking te hebben gehad op de gezochte informatie. Ook bij de ambassades vang ik bot, zoals gevreesd. Rest de optie van het ter plekke op onderzoek uitgaan, mits er een reis op touw gezet kan worden.

Medio januari 2023 vlooi ik nog eens door de contacten die ik in de afgelopen maanden heb aangeboord. Een medewerkster van Untamed Travelling, reisbureau in 'onvergetelijke belevenissen en authentieke ervaringen', heeft me in een bijzin laten doorschemeren contactgegevens te hebben van een goed aangeschreven gids uit Algerije, zonder te weten of hij de Engelse taal machtig is. Ik heb niets meer van haar gehoord, maar bel nog eens en krijg een naam en een mailadres toegespeeld. De gids heet Said Ferhati, is woonachtig in het noorden van Algerije en heeft ervaringen met reizen in de woestijn. Niet in de regio Tamanrasset, wel in Djanet. Dat is beter dan niets.

Belangrijker is dat hij, in het eerste verkennende gesprekje op 18 januari, aangeeft Engels te spreken. Sterker nog: als afstammeling van de bevolkingsgroep Amazigh, oftewel de Berbers, spreekt hij ook het Takvaylith, dat nauw verwant is met het Tamashek. 'Twee dialecten die erg op elkaar lijken,' zegt Said, 'dus de communicatie zal geen enkel probleem zijn.'

Vanaf het eerste contact is hij positief over het regelen van visa en het in elkaar draaien van een reisprogramma. Hoe zit het dan met die toeristische ban? 'Er is nog wat onduidelijkheid over,' zegt Said, 'maar de regels gaan veranderen. Het minste wat ik kan doen is de visumprocedure en de reis in gang zetten.' Op dat moment besluit ik hem, drie uur na mijn eerste appje, duidelijkheid te verschaffen over de achtergronden van ons bezoek.

Said staat perplex, in positieve zin. Hij zegt 'in zijn hart te zijn geraakt' door onze plannen. 'Ik neem mijn hoed af voor jullie. Dit is een humanitaire missie. Ik ga er alles aan doen jullie zo goed mogelijk te helpen.' Om visa te regelen bij het Algerijnse ministerie voor Toerisme, moet hij een reisprogramma overleggen, inclusief de adressen van de plekken waar we verblijven. Ik spreek met hem af onze toeristische aspiraties te combineren met het onderzoek naar 'de plek'. 'We bezoeken bezienswaardigheden en onderwijl kijken we hoever we komen,' zegt Said.

In de loop van de daaropvolgende weken leer ik Said via de app beter kennen. Hij is 32 jaar, maar heeft voor zijn leeftijd een behoorlijk filosofische inslag. We praten over innerlijke vrede, over menswaardigheid, over de relativiteit van materiële rijkdom, de meerwaarde van een primitief leven. Met opmerkingen als 'wees aardig in relatie tot alles wat leeft' maakt hij extra indruk op me. Na een paar dagen weet ik het zeker: dit is onze man. Hij spreekt de talen die we nodig denken te hebben, heeft zijn hart verpand aan onze missie en staat met een grote dosis nederigheid in het leven. Daar komt bij dat hij onze visa ogenschijnlijk met opvallend gemak regelt. Niets lijkt onze trip nog in de weg te kunnen staan.

Intussen regelt Said op afstand een hotel in Tamanrasset, een excursie in het Hoggar-gebergte, een vaste chauffeur én een kok. Ook vraagt hij naar meer feiten rondom de dood van Marc en Peter. 'Ik probeer de Toeareg-mensen alvast de nodige informatie te geven,' zegt hij. Wanneer ik vraag of we niet bij de plaatselijke gendarmerie moeten zijn, is hij resoluut in zijn antwoord: 'Geloof me, de Toeareg weten meer dan de gendarmerie. Zij hebben overal invloed en genieten het respect van de autoriteiten.'

Een paar dagen voor ons vertrek bezoek ik José. Begrijpelijkerwijs neemt bij haar de nervositeit toe. In navolging van Peter trekt nu ook Tom, haar andere zoon, naar de Sahara, naar Tamanrasset, naar een regio vol negatieve symboliek. De omstandigheden mogen dan in niets te vergelijken zijn met die uit 1993, maak dat een moederhart maar eens wijs. 'Puur rationeel heb ik er alle vertrouwen in,' zegt ze, 'maar qua beleving ga ik dertig jaar terug in de tijd. Hoe graag ik ook wil, ik kan die twee reizen niet helemaal los van elkaar zien. Het zal voor mij een hectische week worden.'

Ik merk dat ook bij Tom de spanning oploopt. Hij voelt de verantwoordelijkheid voor zijn alleenstaande moeder en zijn eigen gezin met vrouw en twee dochters. 'Ik heb er heel veel zin en vertrouwen in,' zegt hij. 'Maar ik besef ook dat het thuis, zeker door de geschiedenis met Peter, als erg spannend wordt ervaren.' Ter geruststelling van het thuisfront huurt hij een mobiele satelliettelefoon. 'Mochten we in een gebied terechtkomen zonder bereik, en die kans is natuurlijk groot, dan kunnen we toch gebeld worden of zelf contact opnemen.' Gelijk heeft hij.

Ook belangrijk: we moeten in Algerije wielrennen kunnen kijken. Onze eerste vlucht, naar Algiers, valt samen met de opening van het klassieke wielerseizoen: de Omloop Het Nieuwsblad. Met een beetje fantasie kunnen we de finish meepikken. Tom is, naast Feyenoord-adept, een fanatiek fietser. Ook is hij een devoot liefhebber van de koers, net als ik. We delen een haast blinde adoratie voor de Nederlandse wielerheld Mathieu van der Poel. Die bewondering komt vaak tot uiting in ons appverkeer, zoals na het winnen van de klassieker Strade Bianche in 2021.

Hij: Is het echt gebeurd?
Ik: Ja! Ook al kan het rekenkundig/anatomisch niet

Maart 2022
Hij: Zou Poetin Oekraïne ook zijn binnengevallen als MvdP gewoon de winter van 2022 door had gefietst?
Ik: Nee. Dan zou-ie op het Kremlin voor de tv hebben gezeten, zich vergapend aan een échte verdeel- en heerspolitiek

Na de zege in Dwars door Vlaanderen, op 30 maart 2022
Hij: Hij herschrijft de wielerwetten
De facto en de jure
Ik: En: geen jurisprudentie
Hij: Rechtsmiddelen tegen MvdP zijn illusoir
Ik: God beslist alles zelf

Na zijn zege in Vlaanderens Mooiste 2022
Ik: Jaaaaaaaaaaaaaaaaaaaaa
Hij: Hartslag 187 op de bank
Ik: Het is een zegen dat we in hetzelfde tijdsgewricht leven als MvdP...

Als blijkt dat de tv het WK Gravelrijden met MvdP niet uitzendt
Hij: Universele rechten van de wielerliefhebber worden met voeten getreden

Ik: We hadden vanmorgen naar het parcours in België moeten afreizen

Tussen twee veldritten door
Ik: Acht ondraaglijke dagen van totale leegte
Hij: Zinledigheid ten volle

Wanneer Mathieu van der Poel weer gestart is
Ik: Het leven heeft zin
Hij: Ik kan weer ademen

Na zijn zege op 4 december 2022 in de Wereldbekercross van Antwerpen
Ik: Fenomeen fenomeen fenomeen
Hij: Hij kwam, zag en vernietigde de tegenstand. Amai! Er wordt even geen schot gelost in de Oekraïne
Ik: Ook Wagner keek ademloos toe, op mobieltjes in de loopgraven

Kort voor het WK Veldrijden
Hij: Het gaat bijna beginnen. En toch zijn mensen nog allerlei dingen aan het doen. Hoe dan?
Ik: Het is onbegrijpelijk dat de regering geen nationale dag van stilte en bezinning heeft aangekondigd, in de aanloop naar de eerste cartouche van MvdP

Mathieu van der Poel doet zelf niet mee aan de Omloop Het Nieuwsblad, maar als wielerverslaafden zetten we alles op alles om de koers te kunnen zien, het liefst via de Vlaamse zender Sporza, door de ogen van onze favoriete analist José De Cauwer. We gaan wel zien of het lukt.

Op de dag voor vertrek naar Algerije krijg ik een alarmerend telefoontje. Mijn oom Theo, de broer van mijn vroeg overleden moeder, is hard gevallen in het verpleegtehuis waar ik hem de laatste maanden heb bezocht. Hij, kampend met maagkanker én dementie, gaat niet meer wakker worden, zo wordt me te verstaan gegeven. De pijn is te hevig, hij is in de stervensfase van palliatie beland. Ik spoed me naar Glanerbrug om afscheid te nemen. In de kamer bij Theo zijn ook zijn dochter Steffanie en mijn zus Claudia aanwezig. We delen emoties en anekdotes, praten kort over mijn trip naar Algerije. Het verplegend personeel vertrouwt me toe dat Theo meekrijgt wat er gezegd wordt. Ik mag het misschien niet denken, maar ik hoop vurig dat hij het inderdaad hoort, dat hij nog even doorademt, om de uitvaartdienst niet in de knel te laten komen met de trip. Zijn afscheid missen is geen optie, ik zou eerder terug moeten keren uit Algerije.

De volgende ochtend reizen Tom en ik per auto naar luchthaven Charles de Gaulle, ten noorden van Parijs. Onderweg doen we kort het Vélodrome van Roubaix aan, de traditionele aankomstplek van de wielerklassieker Parijs-Roubaix. 'Op deze heilige grond komt Mathieu in april zegevierend over de meet,' concluderen we eensgezind. Mijn gedachten schieten onwillekeurig naar die ene zondagmiddag in 1983. Regiogenoot Hennie Kuiper is in grootse stijl op weg naar de zege in Parijs-Roubaix, wanneer hij ter hoogte van het dorpje Hem pardoes in een gat rijdt en langs de weg stil komt te staan. Met de wanhoop op zijn bemodderde gezicht klapt hij driftig in zijn handen, alsof de duivel hem op de hielen zit. Als veertienjarig ventje word ik voor de tv helemaal gek. 'Waar verdomme blijft die volgauto? Waar?' Wanneer Kuiper even later weer op de fiets zit, schreeuw ik hem als het ware naar de finish. 'Kom op, Hennie, kom op. Doe het!' Juichend zie ik hem winnen. Hij is buiten zinnen, ik niet minder.

In 1988, zo zie ik in de annalen, maken we met de PREM een ranglijst op van meest historische overwinningen in wielerklassiekers. Peter en ik kiezen voor de monumentale zege van Hennie Kuiper in Roubaix. Vele jaren later, in 2019, leid ik een theatercollege met de bescheiden wielerheld uit Denekamp. Op het toneel bespreken en tonen we de iconische beelden. Pas in 2023 ben ik dus zelf voor het eerst op de magische wielerbaan. Als bijvangst van een trip met een nog veel imposanter profiel.

Koud terug in de auto, voor de laatste etappe richting vliegveld, krijg ik een telefoontje van Claudia. Zij meldt dat Theo zojuist is ingeslapen. Hij is 77 jaar geworden. Hoe verdrietig ook, het is goed zo. Vanaf het moment dat hij, bij leven een vrije geest, zijn vertrouwde woning heeft moeten verruilen voor de benauwde setting van een verpleegtehuis, is alle levenskwaliteit verdwenen. Ik prijs me gelukkig met het feit dat ik de laatste jaren veel rijke, onvergetelijke momenten met hem heb meegemaakt. En misschien heeft hij me, bewust of onbewust, wel een laatste dienst bewezen, want de afscheidsplechtigheid kan over de trip naar Tamanrasset heen worden getild. Het verdriet om de dood van Theo vermengt zich met de prettige opwinding die het nakende bezoek aan Algerije met zich meebrengt. Dit soort emotionele dwarsverbanden lijkt de 'story of my life' te zijn en ik heb er maar mee te dealen. Het is zoals het is, ik neem het zoals het komt.

Voor de eerste keer reis ik naar het land waar Marc en Peter het leven hebben gelaten. Ook Tom is niet eerder in Algerije geweest, het grootste land van Afrika, 57 keer zo groot als Nederland. Die middag vliegen we van Parijs naar de hoofdstad Algiers. Aangekomen op de luchthaven Houari Boumedienne, vernoemd naar de president onder wiens bewind de Algerijnen zich in 1962 losrukten van de Franse overheerser, zoeken we snel naar een livestream van het wielrennen. Door een lichte vertraging van de vlucht zijn we te laat. 'Wat denk je? Dylan van Baarle heeft gewonnen,' merkt Tom met een vette grijns op. Echt? Da's mooi. Die andere Nederlandse klassiekerspecialist, winnaar van Parijs-Roubaix in 2022, heeft direct zijn visitekaartje afgegeven.

Voor onze binnenlandse vlucht naar Tamanrasset moeten we nog vijf uur wachten. Dat is maar goed ook, want een eerste controle van paspoorten en visa neemt erg veel tijd in beslag. 'Hm, naar Tamanrasset?' De douanebeambte kijkt ons vorsend aan. Ruim twee uur later is hij terug, met de documenten en een goedkeurend knikje. Laat in de avond vliegen we dan eindelijk naar de hoofdstad van de Sahara, om daar iets na middernacht te arriveren, na een vlucht van bijna tweeënhalf uur, over een afstand die groter is dan die van Parijs naar Algiers. Onderweg praten we veel over het bijzondere karakter van de reis, maar na de landing op luchthaven Aguenar, 10 kilometer ten noordwesten van de stad, vóélen we het ook. Vanaf dit vliegveld zijn begin december 1993 de lichamen van Marc en Peter gerepatrieerd. Hier zijn de kisten op transport gezet. Het schiet allemaal door ons hoofd. 'Het is toch heftiger dan ik dacht,' verzucht Tom.

De luchthaven is dermate klein dat we snel door kunnen lopen naar de aankomsthal. Daar volgt, naast een strenge controle van de visa, de warme kennismaking met Said. Onze gids maakt een meer dan opgeluchte indruk. 'Je moest eens weten hoe blij ik ben dat jullie er zijn,' zegt hij.

'Had je dan verwacht dat we ergens staande waren gehouden?'

'Dat niet zozeer, maar nu weet ik dat alles echt is.'

'Alles echt is?'

'We hebben ook weleens te maken gehad met oplichters die mooie verhalen vertellen.'

'Dus je wist niet zeker of ons verhaal geloofwaardig was?'

'Begrijp me goed. Het verhaal móést wel echt en geloofwaardig zijn. Op grond van alles wat jullie stuurden, van filmpjes, krantenartikelen tot paspoortnummers. En dan onze mooie conversaties. Maar in onze cultuur houden we altijd een kleine slag om de arm, puur ter zelfbescherming.'

'Wat heeft dat dan met je gedaan?'

'Ik heb de afgelopen drie nachten niet of nauwelijks geslapen.'

'Serieus?'

'Serieus. Ik hoopte maar dat alles was zoals het leek. Pas toen ik via een contact op de luchthaven van Algiers doorkreeg dat jullie daar waren gearriveerd, kreeg ik een eerste bevestiging. Er viel veel van me af. En nu jullie voor me staan, ben ik de koning te rijk.'

Dat gevoel is wederzijds. Maar toch, dat 'onze' Said zo in de rats heeft gezeten. Zelf ben ik een open boek. Ik zie niet snel gevaar. Ga uit van wederzijds vertrouwen, van het goede in de mens. Misschien is dat naïef. Said benadert zaken op een andere manier, ongetwijfeld door schade en schande wijs geworden. Het doet niets af aan zijn persoonlijkheid. Hij is open en innemend, heeft de gunfactor.

Hij is niet de enige met een gunfactor, blijkt diezelfde nacht nog. 'Mannen, dit is Mohamed, onze chauffeur.' Voor ons staat een lange, slanke verschijning, gehuld in traditionele Toeareg-kledij. We schudden handen en maken kennis met zijn royale glimlach, die half verscholen gaat achter zijn indigokleurige *chèche*. Zoals de meeste Toeareg-mannen bedient Mohamed zich van zo'n kruising tussen tulband en gezichtssluier. Verder draagt hij een lang, bruin gewaad met kap, een zogenoemde *djellaba*, ook een vrucht van de eeuwenoude culturele traditie. Het maakt dat zijn uitdossing minstens zo kleurrijk is als zijn persoonlijkheid.

Eerst wacht ons de nachtelijke rit naar ons hotel in het centrum van Tamanrasset. Maar niet voordat een konvooi is gevormd van de auto's die vanaf de luchthaven naar de stad moeten. Dat is nog niet alles: we worden geëscorteerd door een patrouillewagen van de gendarmerie, die de meute met zwaailichten aanvoert. Onderweg leggen Said en Mohamed uit dat dit de standaardprocedure is.

'Allereerst is dit een uniek moment,' zegt Said, 'want jullie behoren tot de eerste groep van buitenlandse toeristen die sinds 2012 weer welkom is in Tamanrasset.'

Mohamed, die Frans, Arabisch, Tamashek en een paar woordjes Engels spreekt, haakt hier gretig op in: 'Gefeliciteerd daarmee!' Om te vervolgen: 'Niemand kan eigenlijk geloven dat dit al mogelijk is. Jullie zullen een bezienswaardigheid zijn.'

Said: 'Ik heb nu al een paar reacties gehad van mensen, ook uit de toeristische sector, die het onvoorstelbaar vinden dat we dit voor elkaar hebben gekregen. Kennelijk hebben we de reis en de aanvraag precies op het juiste moment geregeld.'

Hij wijst erop dat, juist gelet op de geschiedenis, de veiligheid van het allergrootse belang is. Het is het beeld dat ik ken uit de verhalen van Ineke Hemminga. 'Toerisme is lange tijd niet mogelijk geweest vanwege de dreiging van aanslagen. Dat gevaar is nu wel geweken, maar de gendarmerie neemt geen enkel risico. Het is ondenkbaar dat auto's met toeristen zich zonder patrouille buiten Tamanrasset of buiten geasfalteerde wegen mogen begeven. Zoals er ten zuiden van de stad, dus richting Niger, al lange tijd helemaal geen verkeer wordt toegestaan. Hooguit op de Trans-Sahara Highway.'

Het doet bij mij een belletje rinkelen. 'Dus de kans dat we "de plek" zullen kunnen bezoeken, mochten we die al kunnen vinden, is te verwaarlozen?' vraag ik.

'Normaal gesproken wel,' zegt Mohamed. 'Misschien dat wij, als Toeareg-mensen, een poging kunnen wagen, maar dat zullen we de komende dagen zien.'

In het middernachtelijke duister rijden we Tamanrasset binnen. De stad, gelegen op een hoogte van 1400 meter, strekt zich uit onder een fonkelende sterrenhemel. Het is de sterrenhemel die Peter zo lyrisch kon beschrijven. Drie keer was hij hier, de laatste keer met Marc, een dag of zes voor hun dood. Het bezorgt me een gek, melancholisch gevoel. En dat zal morgen alleen maar in scherpte toenemen, veronderstellen we, wanneer in de ochtenduren een bezoek aan camping Zeribas op het programma staat. Maar eerst een paar uur slaap proberen te pakken, om alle indrukken zo helder mogelijk te kunnen absorberen.

We spreken de volgende ochtend af om 8.00 uur.

Maar op het afgesproken tijdstip zijn Said en Mohamed nog nergens te bekennen. Ah, appelleert onze gids hier aan een van zijn filosofische wijsheden? 'Tijd is niets, tijd bestaat niet,' heeft hij 's nachts opgemerkt. 'Zonder tijd is de vrijheid het grootst.' Het zijn teksten die zó op een tegeltje passen, óók – of juist – aan de muur van mensen afkomstig uit de jachtige West-Europese 24 uurs-maatschappij. Zoals wij.

Ik mag dan een vrije vogel zijn, Tom is als advocaat en vennoot wat meer geharnast door het fenomeen tijd. 'Maar dit is zó mooi,' zegt hij, en ik ontwaar een twinkeling in zijn ogen. 'Het is toch fantastisch om zo in het leven te staan, mee te kunnen liften op de wind, als het ware.'

Ik knik. 'Al wordt het tijd dat Said en Mohamed zich melden,' voeg ik er met een knipoog aan toe.

Veertig minuten later is het zover. Said en Mohamed melden zich monter bij het hotel. 'Vergeet de tijd, geniet van het hier en nu,' lachen zij hun tanden bloot.

Kok Bachir heeft zich bij hen gevoegd. Uit zijn uitdossing blijkt dat ook hij tot de Toeareg-stam behoort.

Met z'n vijven gaan we op excursie naar het Hoggar-gebergte, een nachtelijk bivak inbegrepen. Maar prioriteit heeft het bezoek aan camping Zeribas. Om daar met de Nissan Patrol 4x4 van Mohamed te komen, doorkruisen we deze ochtend een groot gedeelte van Tamanrasset. De naam die vanaf 1991 rondcirkelt in onze belevingswereld, en vanaf 1993 met een nogal negatieve connotatie. Een stad die ooit het aureool had van een sprookjesstad, uit *Duizend-en-een-nacht*, maar voor ons verwerd tot een spookstad.

Nu zijn we er dan, in de hoofdstad van de woestijn. Knooppunt van Sahara-verbindingen. Met een inwonertal van een dikke 100.000. 'Tel daar gerust nog 50.000 mensen bij op,' schat Mohamed in. 'Want veel illegalen uit voornamelijk Niger zijn niet officieel geregistreerd.' En dan bedoelt hij niet de vluchtelingen die in de tentenkampen rondom de stad zijn gehuisvest. 'Dat zijn tijdelijke plekken. Voor mensen die naar Europa willen, maar uiteindelijk worden teruggestuurd naar hun eigen land.'

Tamanrasset heeft niet alleen een fikse groeispurt achter de rug, de stad groeit nog steeds. In 1993 staan er een kleine 40.000 inwoners geregistreerd, tegenwoordig dus meer dan het dubbele.

'En geloof me,' vult Said aan, 'Tamanrasset gaat in de toekomst nog veel groter en belangrijker worden, juist door de centrale ligging in de Sahara. Deze regio is een goudmijn van bronnen en grondstoffen. Als de Algerijnse overheid daar in de toekomst op gaat inzetten, zal de ontwikkeling geen grenzen meer kennen.'

Tamanrasset, oorspronkelijk een oase, is aan het eind van de negentiende eeuw gesticht door de Toeareg, als handelsplaats. Ofschoon deze bevolkingsgroep altijd heeft gezworen bij een nomadisch bestaan, met landbouw en veeteelt als belangrijkste inkomstenbronnen, hebben veel Toeareg zich – door de toename van droogteperiodes – in de stad gevestigd. 'Ik denk dat er tegenwoordig enkele tienduizenden mensen van mijn volk wonen,' zegt Mohamed.

Door die grote populatie en de culturele tradities genieten exponenten van de oorspronkelijke nomadengemeenschap een groot aanzien in Algerije in het algemeen en in Tamanrasset in het bijzonder. In bestuurlijk opzicht hebben de Toeareg hier, in de zuidelijke Sahara, en behorend tot de zogenoemde Kel Ahaggar-stam, een flinke vinger in de pap. Mohamed: 'De president van Algerije neemt geen belangrijke beslissingen zonder een onderhoud met de Amanokal. Dat is hoe we onze hoogste baas noemen. Onlangs was de ambassadeur van de Verenigde Staten nog op bezoek bij de Amanokal. Dan weet je hoe de verhoudingen liggen.'

Het stelstel van rangen en standen binnen deze gezaghebbende Toeareg-stam voorziet, naast de almachtige Amanokal, in een soort Raad van Notabelen, bestaande uit drie mannen. En laat een van die drie invloedrijke Toeareg-chefs nu de vader van Mohamed zijn, vertelt Said. Pardon? Tom en ik wisselen blikken voor een snelle recapitulatie. Dus we zitten in de auto bij 'de zoon van'? Subtiel geven we een tikje op zijn djellaba, voorzien van de oerkreet 'jaaaahhh'.

Mohamed moet onbedaarlijk lachen. 'Yes, I am ...'

Voordat hij zijn zin heeft kunnen afmaken, vallen wij in: 'The King.'

'Yes! Sounds good,' zegt Mohamed. 'I am The King!' Vanaf dat moment heet onze chauffeur 'King'. Wel zo makkelijk ook.

Intussen zien we straten, pleinen en buitenwijken van Tamanrasset aan ons oog voorbijtrekken. Blokken met eenvoudige huisjes, opgetrokken uit leem en klei, afgewisseld door gebouwen met een typisch islamitische architectuur, gesymboliseerd door symmetrische patronen. De wegen zijn er soms van zand, soms van asfalt. Het oogt rommelig, maar het is prima te berijden. Langs de pleinen en doorgaande wegen staan of zitten deze ochtend honderden donkergekleurde mannen te wachten op wat komen gaat, zo lijkt het.

'Dat zijn arbeidsmigranten uit Niger,' verduidelijkt Said. 'Zij hopen ingehuurd te worden door iemand die hun specifieke diensten kan gebruiken, waardoor ze vandaag geld kunnen verdienen.' Dus een 'mobiele' arbeidsmarkt in de openlucht? 'Ja, er staan mensen uit verschillende branches. Zo gaat dat hier. Het zijn er zo veel dat veruit de meeste arbeidskrachten níet worden opgepikt. Maar ze proberen het in elk geval.'

Dan arriveren we bij de camping, gelegen aan de zuidoostelijke rand van de stad. Destijds Zeribas geheten, tegenwoordig Dassine. 'De eigenaar was een kennis van mijn vader,' zegt King, 'maar hij is een paar jaar geleden overleden.' Dat is jammer, want hij moet de man zijn geweest die Marc en Peter op 27 juli 1993 in contact heeft gebracht met de woestijngids. 'Aanbevolen door de campingbaas van de camping waar helemaal niemand stond,' schrijft Marc in het dagboek.

Hier staan we dan. Voor de poort van camping Zeribas, in vervlogen tijden hét trefpunt van avonturiers op doorreis naar (de automarkten in) Niger. Hier werden konvooien gevormd en kongsi's gesmeed. Peter was drie keer op deze plek. De eerste keer in de zomer van 1991 met Rijn; de tweede keer in december 1991 met Rijn, Joop en Michael. De derde keer in 1993 met Marc, zes dagen voor hun dood. Dat te beseffen komt hard binnen. Ik zie ook Tom naar adem happen. We lopen links voorbij de receptie, naast de ijzeren poort, het keurig aangeharkte binnenterrein op. Ook nu is het leeg, net als toen. Op het karkas van een bus na, met tegen de dakrand de route beschreven in kapitale letters: Alger – Zinder – Kano – Niamey – Fort Lamy. Een lijn, dwars door de Sahara van Algiers via Niger en Nigeria naar Tsjaad. De bus zal ongetwijfeld gestrand zijn in de buurt van Tamanrasset.

We lopen over het binnenterrein, in de voetsporen van Marc en Peter. 'Onwijs indrukwekkend,' zegt Tom. 'Ik heb de rillingen op mijn rug staan. Hier hebben ze hun Peugeot naar binnen gereden, hier hebben ze over geld onderhandeld met de woestijngids, hier hebben ze ...' Hij wijst naar de bergen die de uitlopers vormen van het Hoggar-massief. 'Dat hebben zij ook gezien, destijds.' Om op deze vredig ogende plek te zijn: het doet ons veel.

Na een halfuur van 'mediteren' lopen we via de receptie terug naar de weg. Ik vraag King welke route de jongens destijds vanaf dit punt moeten hebben afgelegd om de Trans-Sahara Highway te bereiken. Wijzend zegt hij: 'Hier zijn ze links gegaan, om daar, aan het eind van de weg, de rivier Oued Tamanghasset over te steken. Dan bij de eerste kruising weer links, en dan is het nog 2 kilometer tot de hoofdroute naar Niger.'

Ik probeer de situatie te visualiseren. Zie hen als het ware wegrijden in Rizla: Marc, Peter en de gids. Zo gek is de associatie niet eens, want in het straatbeeld van Tamanrasset duikt om de paar minuten een oude Peugeot 505 op. Dat geeft een apart gevoel. Dat ik Marc, Peter en de gids er vaak bij denk, als passagiers, zal wel een fata morgana zijn.

Tom en ik laten ons met plezier een chéche aanmeten en nemen weer plaats in de witte Nissan Patrol van King. Het officiële gedeelte van de excursie kan beginnen. Dit keer worden we voorafgegaan door maar liefst twee patrouillewagens van de gendarmerie. Dat 'voorafgaan' is een relatief begrip, want na een kilometer of twintig, wanneer we het hooggebergte in trekken en de steiltegraad hallucinante proporties aanneemt, volgt een wisseling van de wacht. De patrouillewagens staan de 'kopposition' met graagte af, en volgen vanaf nu óns spoor.

'Ik ken de weg hier niet alleen beter,' zegt King, 'maar weet op deze ondergrond het best te manoeuvreren.'

Hij zegt geen woord te veel. Met grote behendigheid laveert hij de jeep door het met gruis, steen en rotsblokken bezaaide landschap. We genieten van zijn skills als chauffeur, van de sfeer aan boord, van de schitterende panorama's. Hoe hoger we komen, hoe adembenemender het natuurschoon. We zien hoe dorre woestijnstroken overgaan in kegelvormige uitstulpingen, die als markante silhouetten oprijzen. De erosie heeft hier dubbel en dwars zijn slijtende werk gedaan. We voelen ons nietig, nederig, dankbaar. Zoals het hoort, ten opzichte van Moeder Natuur.

Na twee uur rijden stoppen we bij een drooggevallen rivierbedding. Hier slaan we ons kamp op voor een mooie lunch. Beschutting tegen de zon zoeken we onder een acaciaboom. Iets verderop staan tamarisken. Het zijn zeldzame boomsoorten die in dit deel van de Sahara groeien. De temperaturen vallen hier in het Hoggar-gebergte mee. Door de hoogte is dit een streek met relatieve koelte. Beduidend anders dan in de regio ten zuiden van Tamanrasset, waar oneindige zandduinen beeldbepalend zijn en de zon het kwik kan doen opjagen tot een graad of 45 à 50. Het zijn de omstandigheden die Marc en Peter de laatste dagen van hun leven hebben moeten proberen te trotseren. Een kansloos verhaal, met een kapotte auto en, uiteindelijk, zonder water.

We vinden King bereid de situatie van toen nog eens grondig met ons te analyseren, in de hoop de vindplaats van de jongens te kunnen lokaliseren. Dat er nog ergens gedetailleerde info opgeslagen ligt over 'de plek' lijkt steeds onwaarschijnlijker. Ook op de burelen van de gendarmerie in Tamanrasset is niets bewaard gebleven, zo krijgen we via zijn contacten door. Terwijl kok Bachir thee schenkt en frisse salades, broodjes en lokale delicatessen als *taguella* en *alioua* serveert, trekt King lijnen in het zand, die de geografische situatie in het zuiden van Algerije uitbeelden. Hij is geboren in Tamanrasset en kent de regio als zijn broekzak. Misschien dat zijn expertise nieuwe of andere inzichten oplevert.

We weten dat de jongens zo'n 130 kilometer ten zuiden van Tamanrasset zijn gevonden, ongeveer 40 kilometer ten oosten van de hoofdroute naar In Guezzam. Dat is althans de info die we destijds van Buitenlandse Zaken hebben doorgekregen. Verder baseren we ons op de waarnemingen van Marc en Peter zelf, uit het dagboek. We delen de info met King. Lezen het volgende stukje voor.

> *'De gids zei dat-ie spijt had dat hij deze route had genomen en we keerden om. Terwijl we volgens zijn zeggen nog maar 90 kilometer van In Guezzam waren. Volgens hem is 't enige probleem 't water. 50 à 60 kilometer verderop is een legerplaats met water (en bier hopen we), maar die gozer is zo vaag, het is zo'n waardeloze gids.'* En: *'We staan met de auto op een heuveltje en kijken over een vlakte uit die vol staat met sporen en toch hebben we al vier volle dagen geen auto gezien. Onze gids ging anderhalve dag terug lopend naar een dorp zo'n 50 km hiervandaan.'*

De ogen van King tollen in hun kassen. 'Een legerplaats?' Hij verheft zijn stem. 'Dat klopt. Dat klopt! Kijk, hier!' Met het puntje van zijn wijsvinger schuift hij door het zand naar een locatie die een plek ten noordoosten van In Guezzam moet voorstellen. 'Kijk. Hier ergens was inderdaad een basis van het Algerijnse leger gesitueerd, In Atey. Het zit vlak bij een paar waterreservoirs met dezelfde naam. In 2015 hebben ze die legerplaats daar opgedoekt, nu is er niets meer.' Op de landkaart hebben we nooit een aanwijzing van een naam of nederzetting gezien, werpen we tegen. 'Dat klopt,' zegt King, 'want een land loopt niet altijd te koop met de aanwezigheid van een legerbasis, omwille van de veiligheid. Het zal een tactische keuze zijn geweest.'

Dat is interessant. Dus de gids, aan boord bij de jongens, heeft wel degelijk een punt gehad met het benoemen van die legerplaats? 'Ja!' zegt King resoluut. 'Hij moet kennis van de regio hebben gehad. In Atey was inderdaad een soort van dorpje, destijds, met meerdere militaire terreinen.' Dan zegt hij: 'Wacht, wacht!' Hij tovert zijn telefoon tevoorschijn. Verbinding maken met Google Maps is op deze plek niet mogelijk, hij begint koortsachtig in de app Offline-Maps te zoeken. 'Moment nog, moment.' Na een minuutje zegt hij: 'Hier! Kijk! Zie je?' Verrek. Voor het eerst zien we In Atey op een kaart vermeld staan, voorzien van de toevoeging '*Water well*', oftewel waterbron. Tsjonge, dit is pittige informatie.

Nog voordat we in ons hoofd aan een reconstructie hebben kunnen beginnen, komt King met nieuwe, huiveringwekkende feiten. Met zijn vingers vormt hij een driehoek, ten zuidoosten van In Atey. 'Dit,' zegt hij, 'is de driehoek des doods, een soort van Bermudadriehoek. Wie hierin verzeild raakt, kan het wel vergeten. De gids heeft dat aangevoeld. Hij schatte op 90 kilometer van In Guezzam te zitten, hemelsbreed niet eens heel ver, maar is toch omgekeerd. Een zeer verstandige beslissing, want geloof me, doorrijden zou voor honderd procent een doodvonnis zijn geweest.' King kent genoeg verhalen met fatale afloop. Een toerist op een motor, twee Europeanen in een Mercedes, en zelfs een heel konvooi van zeven auto's. Allen gedesoriënteerd geraakt door het volgen van 'verkeerde' bandensporen, allen gestrand in het diepzand van deze onheilspellende woestijndriehoek, waar zandstormen en wervelwinden vrij spel hebben. 'In dat gebied is er tijdens zo'n storm geen enkel oriëntatiepunt, je bent aan de goden overgeleverd. We praten er onderling nog weleens over, omdat het afschrikwekkende voorbeelden zijn.'

King slikt twee keer. Hij vertelt iets aan Said, vergezeld van heftige handgebaren. Zijn blijmoedige oogopslag maakt plaats voor een blik van dodelijke ernst. Wanneer Said de woorden vertaalt, is King stil. 'Hij heeft zelf ook bijna het leven gelaten in de buurt van die driehoek,' zegt onze tolk. 'Hij moest in 2011 zestien kamelen door dat deel van de Sahara loodsen, toen hij in een zandstorm drie van de kamelen kwijtraakte. Hij probeerde ze terug te halen, maar tijdens die poging raakte hij het spoor bijster, belandde in het totale niets, en heeft een tijdje gedacht dat zijn laatste uur had geslagen.'

King herpakt zich en vertelt zelf verder. 'Het verschil met Marc, Peter en de gids was dat ik een satelliettelefoon bij me had en mijn vader kon waarschuwen. Hij is me toen, geflankeerd door andere Toeareg-broeders, gaan zoeken, met jeeps. Het enige oriëntatiepunt dat ik kon doorgeven was een enorme strook van grafheuvels. Misschien wel 25 kilometer lang. Dat was tenminste iets. Uiteindelijk ben ik gered. Man, wat een opluchting was dat, want ik was ook door mijn watervoorraad heen.' Zijn respect voor de Sahara is er alleen maar door toegenomen. 'Ik ben zelf een kind van de woestijn, maar die ervaring heeft mijn leven veranderd. Ik heb nooit lichtvaardig over de omstandigheden gedacht, maar doe dat sindsdien helemáál niet meer.'

Kort daarvoor hebben we hem verteld over de aanvankelijke plannen van de jongens om via Reggane naar de grens met Mali te rijden. En dat ze daarvan hebben afgezien omdat ze 'de dood strak in de ogen keken'. 'Dat hebben ze goed ingeschat,' zegt King. 'Wij noemen dat gedeelte van de Sahara *the feet of death*, vanwege de levensgevaarlijke omstandigheden met zandverstuivingen. Als je er niet per se moet zijn, zou ik er niet komen.'

Na ademloos de verhalen van King te hebben aangehoord en de lunch te hebben genuttigd, vervolgen we onze weg. We rijden richting Assekrem, nagenoeg het hoogste punt van het Hoggar-gebergte, befaamd om misschien wel de mooiste en meest mythische zonsondergangen en zonsopgangen ter wereld. Langs het rotsige pad dat we volgen zien we een jongetje lopen. 'Afkomstig uit een Toeareg-familie die hier in de bergen leeft,' legt Said uit. 'In deze streek wonen nog enkele honderden nomadenfamilies in de meest primitieve omstandigheden. De meesten zijn herders. Zij kiezen bewust niet voor de voorzieningen van de stad, maar koesteren de schoonheid van de eenvoud.'

Tom en ik herkauwen intussen de zojuist verkregen informatie over legerplaats In Atey. Bespreken de opties die aan het drama uit 1993 ten grondslag hebben kunnen liggen. Nieuwe scenario's dwarrelen door onze gedachten, vermengd met de indrukken uit het hier en nu, van de pracht en praal van het landschap. Met King gaan we straks, bij het avondeten, een nieuwe poging doen het mysterie te ontrafelen. Maar onze Toeareg-vriend denkt ook al verder. 'Ik ga een onderhoud regelen tussen jullie en mijn vader,' stelt hij voor. Horen we dat goed? Wij, op audiëntie bij een van de vooraanstaande Toeareg-notabelen? 'Ja, en weten jullie waarom? Omdat we in ons hart zijn geraakt door jullie initiatief. Ik, mijn vader en al die andere Toeareg-mensen die op de hoogte zijn gebracht van de achtergrond van jullie komst – we vinden dat bijzonder eervol. Voor zover wij weten is het niet vaak voorgekomen dat er mensen naar de Sahara zijn afgereisd om de laatste momenten van hun naasten te reconstrueren.'

Tom en ik kijken elkaar aan. Verstild, met een scheutje ongeloof. Maar Said is, in naam van King, nog niet uitgepraat: 'We gaan er alles aan doen de auto van Marc en Peter te vinden. Veel van onze vrienden en contacten zijn ingeschakeld om informatie te vinden die ons naar de bewuste plek kan leiden. Lukt het niet op die manier, dan gaan we zelf op zoek.' Bijzondere woorden, andermaal. King denkt niet dat die speurtocht gedurende ons verblijf in Tamanrasset nog gestalte gaat krijgen. 'Dat is te kort dag. Toeristen mogen het gebied ook niet in.' Dat laatste heeft hij al laten doorschemeren. Het is de logica zelve, het is goed zo. We zijn al diep ontroerd door alles wat we meemaken, door de barmhartigheid, gastvrijheid en hulpvaardigheid van de Toeareg. 'Geen woorden voor, zo mooi,' benadrukt Tom.

Is dit het volk dat ooit te boek stond om hun roofzucht en bloeddorst? We kunnen ons er niets bij voorstellen. Gevraagd naar de dubieuze reputatie uit het verleden, zegt King: 'Dat zijn romantische verhalen die vaak zijn aangedikt. Als er roversbendes actief waren, kregen de Toeareg de schuld. Ik kan niet voor mijn hele volk spreken, omdat het leefgebied ontzettend groot is, maar de stammen in deze regio hebben nooit iets te maken gehad met zulke misdrijven. Dat past helemaal niet bij hoe we in het leven staan.'

Aan het eind van de middag arriveren we op de plek waar we de nacht gaan doorbrengen: een stenen gebouwtje, een zogenoemde *gite*, zonder verwarming of fatsoenlijke sanitaire voorzieningen, maar wat maakt het uit. Alles draait om de eenvoud, en zo hoort het. We zitten nu zo'n 80 kilometer ten noordoosten van Tamanrasset, op een hoogte van 2600 meter. Maar om ten volle van de magische zonsondergang te kunnen genieten, klimmen we door naar het Assekrem-plateau, op 2726 meter hoogte. We vatten post bij de kluizenarij van Charles de Foucauld, een uit Frankrijk afkomstige geestelijke, die in 1904 aansluiting zocht en kreeg bij de Toeareg. Hij schreef in die periode, toen Algerije nog een Franse kolonie was, het woordenboek Tamashek-Frans.

Terwijl Said vertelt over de invloed van Charles de Foucauld en op persoonlijke titel *en passant* een nieuwe wijsheid etaleert ('je hebt de tijd te respecteren, anders verlies je tijd'), zakt de zon langzaam weg tussen de bergtoppen. Assekrem betekent in het Toeareg 'het einde van de wereld' – en we weten nu waarom. De horizon schildert op deze plek de mooiste kleurenpaletten. Het is een spectaculair, sprookjesachtig, ja, apocalyptisch beeld.

Terug in de gite warmen we onze handen aan een houtvuur. Bachir heeft een heus feestmaal klaargezet en King spreidt een landkaart van Algerije op de grond. Hij heeft de dagboekteksten uit 1993 op zich laten inwerken en wil ons deelgenoot maken van het volgens hem meest aannemelijke scenario. Zijn vingers glijden als wegwijzers over de kaart. 'Er is geen reden om aan te nemen dat de gids al vanaf Tamanrasset een andere route heeft willen nemen,' zegt hij, 'om de simpele reden dat die er niet was. Het is zelfs twijfelachtig of de gids überhaupt een andere route heeft willen nemen dan de Trans-Sahara Highway richting In Guezzam. Hij zat zelf achter het stuur en moet op de piste richting het zuiden hebben geprobeerd bandensporen te volgen.' King wijst naar een dunnetjes op de digitale kaart aangegeven aftakking. 'Kijk, hier loopt een weggetje naar het zuidoosten. Dat moet de route zijn geweest die destijds eens in de zoveel maanden werd gebruikt door een konvooi van het leger, om naar In Atey te gaan. Er ging wel vaker zo'n legertransport, maar meestal namen ze een andere, veiliger route. Het hing er waarschijnlijk van af met hoeveel voertuigen ze waren.'

Hij vervolgt zijn verhaal: 'Er was op dat moment weinig verkeer op de hoofdpiste naar het zuiden. Je mist er toch al vaak het overzicht door de rotsen en het mulle zand. Vergeet niet dat de weg destijds niet verhard was. Dus de gids koos ervoor om bandensporen te volgen, omdat die de meeste grip bieden en hij moet toen, zonder het in de gaten te hebben gehad, iets naar links zijn afgebogen en op die andere, nauwelijks begaanbare route terecht zijn gekomen. In het spoor van het militaire konvooi, dat niet lang daarvoor die route had genomen. Omdat de gids na een paar uur merkte dat ze richting de 'driehoek des doods' reden, keerden ze om. Toen ze op de terugweg naar de hoofdpiste pech kregen en de auto niet verder kon, zaten ze inderdaad als ratten in de val.'

Tsjonge. Tom en ik zijn met stomheid geslagen. Als dit scenario klopt, hebben we bijna dertig jaar ten onrechte gedacht dat de gids bewust een risicovolle route had genomen. Zoals Marc en Peter dat destijds ook dachten. Feit is dat het verhaal van King erg aannemelijk klinkt. De (toenmalige) aanwezigheid van de legerplaats, de bandensporen. Dat de jongens pas na ruim drie maanden zijn gevonden, en ook nog eens bij toeval, bewijst dat het een route betrof die nauwelijks werd gebruikt.

Toch valt er ook wel iets af te dingen op de lezing van King. We roepen nog een keer Peters opmerking uit 1991 in herinnering, in zijn verslag voor de krant, met betrekking tot de hoofdpiste van Tamanrasset naar In Guezzam. 'Wie van de route afwijkt en vervolgens strandt, kan een lift van een nakomende auto wel vergeten en is dus ten dode opgeschreven. Wie gewoon de bakens volgt, bestaande uit betonnen palen om de zoveel kilometer, heeft hier niets te vrezen.' Op de alternatieve route richting In Atey kunnen nooit bakens hebben gestaan. En toch zijn ze misschien wel 100 tot 150 kilometer doorgereden. Heeft de gids dan toch gedacht dat er een andere route was die naar In Guezzam zou leiden? Tureluurs geworden van alle scenario's en emoties, proberen we de slaap te vatten. Misschien dat het bezoek aan Brahim, de vader van King, ons later deze week wijzer kan maken.

De volgende dag dalen we af naar Tamanrasset. Plots zet King de Nissan Patrol stil. 'Kijk, kijk.' Op een bergflank spotten we een moeflon, een wild schaap, balancerend op een rotsig uitsteekstel. 'Zo'n dier te zien,' zegt hij, 'heeft een symbolische betekenis. Het betekent dat er goed nieuws op komst is.' Nog geen vijf minuten later gaat zijn mobiele telefoon. In het korte gesprekje dat volgt, slaat zijn stem over van opwinding. Dan: 'We hebben informatie over twee Peugeots die al tijden in de woestijn liggen. Op het eerste gezicht matcht het niet met de plek waar Marc en Peter zijn gestrand, maar we gaan het toch even checken.'

Het zijn de eerste resultaten van de door King geïnitieerde zoektocht. Diezelfde dag krijgen we nog uitsluitsel over 'identiteit' en vindplaats van de eerste woestijnwrakken. De ene Peugeot is weliswaar van het type 505, maar aangetroffen aan de 'verkeerde' kant van de hoofdpiste. De andere is een 504. We hebben nog niet beet, maar spreken uitvoerig onze dankbaarheid uit. 'Ongelooflijk, dat ze dit allemaal voor ons doen,' zeggen we ook tegen elkaar. Zoals het woord 'ongelooflijk' toch al vaak valt.

We denken dat het handig kan zijn het kentekennummer van Rizla te achterhalen, voor zover nog ergens geregistreerd. Daartoe bellen we met Rijn, in Nederland. De auto heeft per slot van rekening een tijdje op zijn naam gestaan. Ook raadpleegt Tom telefonisch de Rijksdienst voor het Wegverkeer, maar hij krijgt het verwachte antwoord: de gegevens zijn jaren geleden vernietigd. Ook het chassisnummer weten we niet te achterhalen.

We vervolgen onze weg naar Tamanrasset. Passeren een massieve rotsformatie die doet denken aan Ayers Rock, in het hart van Australië, bezoeken een klein museum met Toeareg-memorabilia. Tom slaat aan op een oude landkaart. 'Moet je kijken,' zegt hij. 'Hier: In Atey. Hier staat de plaats wél aangegeven.' We kijken elkaar aan. Dus op deze oude landkaart bestaat In Atey wel. Said vult aan: 'Daar zullen de waterreservoirs mee worden bedoeld. Later is die naam op nieuwere kaarten gewist, nadat er een legerplaats werd ingericht.' Het is verdomd interessante informatie.

Terloops vragen we King hoe het tegenwoordig met de autohandel is gesteld. Met andere woorden: heeft het nu nog zin om met relatief oude auto's vanuit West-Europa naar Mali of Niger te rijden om ze daar met winst te verkopen? 'Nee,' zegt hij met klem. 'Er is in die landen genoeg aanbod, in allerlei prijsklassen, dus er zit geen verdienmodel aan vast. Nog los van het feit dat West-Europeanen niet overal mogen komen, en dus zeker niet in het stuk ten zuiden van Tamanrasset.' We begrijpen het. Het door de woestijn rijden met oude auto's: het is typisch iets uit vervlogen tijden, een romantisch idee van decennia geleden.

Terug in de hoofdstad van de Sahara brengen we een bezoek aan de plaatselijke warenmarkt. We drinken de lekkerste ananassap aller tijden en trekken veel bekijks. King heeft het al voorspeld. Twee mannen met een westers uiterlijk, de een 1 meter 90 de lucht in, de ander 1 meter 83 – nee, dat hebben ze hier de laatste jaren niet veel gezien. Er wordt gewezen, er wordt gegniffeld, maar ongemakkelijk wordt het nooit. Bij de vele kraampjes is er geen enkele verkoper die zich opdringt, zoals we dat van andere plekken in de wereld kennen. Het fatsoen regeert.

King hoopt dat we in de avond al een onderhoud kunnen hebben met zijn vader, maar door dat plan gaat op het laatste nippertje een streep. De Toeareg-notabele, 74 jaar oud, wordt weggeroepen voor een vergadering. 'Het gaat over een geschil over de verdeling van een stuk land,' zegt Said. 'Door zijn functie en status wordt Brahim geacht zijn visie te geven en recht te spreken.' Wel hebben we het genoegen hem kort te ontmoeten, op de stoep voor het gebouw waar hij moet zijn, in een nauw straatje in het centrum van Tamanrasset. Brahim ziet eruit zoals we dachten dat hij eruit zou zien. Een statig heerschap, met witgrijze baard, gehuld in blauwpaarse Toeareg-kledij, onmiskenbaar gezag uitstralend. We schudden handen en hij nodigt ons, met een vorstelijke glimlach, uit voor het diner bij hem thuis, 's anderendaags. 'Wees welkom, morgen praten we verder,' zegt hij zacht. Dat belooft op voorhand een mooie ontmoeting te worden.

Ter afsluiting van de dag, in het hotel, mijmeren we bij een niet-alcoholisch drankje over hoe het leven na het drama in 1993 voor Tom is gelopen. Hij miste in het begin duidelijk een doel. 'De dood van Peter had me behoorlijk te pakken. Ik droeg lange tijd zijn SOS-plaatje om mijn hals. Dat was mijn manier om hem dicht bij me te hebben. Ik kwam echter niet goed vooruit, had geen duidelijk plan.' Na een jaar of twee krijgt hij, midden in de nacht, de geest. 'In een overpeinzing zei ik tegen mezelf: de dood is echt, dus het leven is echt. Waarmee ik mezelf in feite aanspoorde er iets van te maken. Dus niet meer aanrommelen, niet meer kloten, maar gaan leven en doorpakken.' Hij ontwikkelt een geldings- en bewijsdrang, vertrekt een tijdje naar Hongkong en voltooit bij terugkomst 'als eenvoudig mavo-scholiertje' een universitaire opleiding, om later carrière te maken als advocaat. 'Ik had even tijd nodig om te beseffen dat het zonde was mijn tijd te vergooien. Kwam erachter dat ik er zelf iets van moest maken, dat ik er alles uit wilde halen wat erin zat.' Dat is een mooie ontwikkeling geweest, concludeer ik. We brengen een toost uit op het leven, op Marc en Peter, en duiken ons bed in.

De volgende ochtend staat een bezoek aan het graf van Tin Hinan op het programma, de koningin en mythische voorouder van de Toeareg. De tombe, stammend uit de vierde eeuw na Christus, is gelegen bij het dorpje Abalessa, ten noordwesten van Tamanrasset. Om daar te komen rijden we, geëscorteerd door de gendarmerie, een kilometer of zestig noordwaarts over de Trans-Sahara Highway. Nu zien we, links en rechts van ons, wat we tijdens deze trip niet eerder gezien hebben: de Sahara in al zijn weidsheid. Zand, zand en nog eens zand, tot zover de horizon reikt. Langs deze route is Peter drie keer komen afzakken naar het zuiden. Ik realiseer me dat mijn Fiatje 128 hier heeft gereden, in de zomer van 1991, maar vooral dat de beige Peugeot 505 GL, Rizla, hier is gepasseerd, twee jaar later. Met Marc en Peter aan boord. Het waren hun laatste kilometers zonder gids. Wéér beeld ik me in de auto te zien rijden. Naar het zuiden, naar Tamanrasset. Wéér moet het een fata morgana zijn.

Bij de afslag naar Abalessa maken we een stop. We moeten wachten op een andere patrouillewagen van de gendarmerie. Kan een kwartiertje duren. Dat komt goed uit. We krijgen een extra indicatie van de grootsheid van de woestijn. Van de stilte, de rust. Van de oneindige leegte. Dit is wat Peter zo aantrok, wat hij zo waardeerde, koesterde, in weerwil van zijn dynamische persoonlijkheid. Even weg zijn uit de hectiek van alledag, teruggeworpen zijn op jezelf, vrienden, de natuur.

Als vanzelf raken we in gedachten verzonken, maar dan is daar plots weer King. 'We kunnen door,' roept hij. Onze Toeareg-vriend draagt vandaag een witte chéche en een helblauwe djellaba. Hem zo te zien, in combinatie met die eeuwige glimlach, het maakt ons simpelweg blij. Dat King weer goede zin heeft, bewijst hij door in de auto luidkeels zijn zelf uitgekozen nummers mee te zingen. Zijn muzieksmaak mag er zijn, al moeten we even slikken bij 'Cheri Cheri Lady' van Modern Talking. Met 'Live is Life' van Opus maakt hij veel goed, zo niet alles.

'Live is life' is in 1985 een redelijk grote hit in Europa, maar verkrijgt pas in 1989 een cultstatus, wanneer Diego Maradona op het ritme van dit nummer een fabelachtige warming-up doet met de bal, in de aanloop naar de UEFA Cup-halve finale tussen Bayern München en Napoli. In het Olympiastadion dus, waar wij, in de nacht voor de EK-finale, driekwart jaar eerder, de doelnetten wilden doorknippen, de middenstip wilden jatten, naakt door het doelgebied wilden rennen. Maar daar uiteindelijk vanaf moesten zien.

Peter was, zoals zo veel voetballiefhebbers, verzot op Diego Maradona. In de zomer van 1989 rent hij, met Joop, daadwerkelijk door het doelgebied van het lege stadion van Napoli. 'Om de kolkende arena te begroeten,' meldt hij in het fotobijschrift. Ook in een van de laatste zinnen van de afscheidsbrief komen Maradona en Napoli voorbij. Marc schrijft: 'Peter reïncarneert als de nieuwe nummer 10 van Napoli, daar zitten ze dan alweer enorm om te springen.' Om dan nu vanuit het niets 'Live is Life' te horen, op deze plek in de woestijn, een nummer als ode aan het leven bovendien; het is toch wel bijzonder. 'Misschien wel geregisseerd van bovenaf,' opper ik. 'Misschien wel vanuit die eerste kroeg links voorbij de hemelpoort,' vult Tom aan. 'Alwaar het goudgele gerstenat rijkelijk vloeit.'

De tombe van Tin Hinan ligt op een heuvel. We genieten van het uitzicht, met stroken van beplanting. 'Er is hier best wat biodiversiteit, maar dat staat in geen verhouding tot de enorme waterschaarste in dit deel van Algerije,' zegt Said. 'Dat is mondiaal een groot probleem, maar hier helemaal.' Hij vertelt dat de stad Tamanrasset zucht onder een chronisch gebrek aan water, of beter gezegd: aan een gebrek aan kennis om de diep gelegen bronnen aan te boren. Het drinkwater wordt sinds jaar en dag via een pijpleiding aangevoerd vanuit In Salah, 700 kilometer noordelijker gelegen, en parallel lopend aan de Trans-Sahara Highway.

'Kunnen wij ze vanuit Nederland niet helpen?' vraagt Tom zich af. 'Met kennis?'

'Ja,' zegt Said, 'het is vooral de kennis die ze hier kunnen gebruiken, zodat ze zelf technieken kunnen aanleren.' Lijkt me een goed plan om later wellicht uit te werken.

Maar eerst gaan we op audiëntie. Bij de vader van King: Brahim. Hij behoort dus tot de Raad van Notabelen, en is naast adviseur ook vriend van de huidige Amanokal, oftewel de leider van de Zuid-Algerijnse Toeareg-stam, die ook in Tamanrasset zetelt. Maar nog voordat we zelf terug zijn in de hoofdstad van de woestijn, krijgen we op onze telefoon nieuw bewijs overgelegd van de verregaande invloeden der Toeareg. Connecties van King hebben documenten achterhaald, afkomstig uit het mortuarium in Tamanrasset, betreffende de registratie van twee binnengebrachte lichamen uit 1993.

Beide documenten bevatten twee stempels en een handtekening, maar zijn opgesteld in Arabisch schrift. Voor ons zijn op het eerste oog alleen registratienummer en naam van de betreffende persoon te ontcijferen. Het eerste document heeft nummer 0346 en bevat de naam Gelzing Marc. Het tweede heeft nummer 0347 en bevat de naam Peter Teggelaar. Tsjonge. Heftig om dit zo te zien. Dat Marcs achternaam niet helemaal juist gespeld is, heeft ongetwijfeld te maken gehad met de staat van zijn gevonden paspoort. De naam van Peter moet afgeleid zijn van het SOS-plaatje om zijn hals.

Het document vertelt niets over de vindplaats van de lichamen. Of we daar 'op audiëntie' misschien meer over te horen krijgen? In de vooravond staan we voor de deur bij de vader van King, in een doorsneehuis in het centrum van Tamanrasset. Said heeft al aangegeven dat de familie niet te koop loopt met bezittingen of status. 'Dat past helemaal niet,' zegt hij. 'Ze hebben een mooie positie, door de rol van Brahim. Verder zijn ze erg ondernemend. Ze doen in vastgoed, in agricultuur, hebben een kamelenboerderij. En King zit in het toerisme. Maar het laatste wat ze doen is daar prat op gaan.'

King wijst ons de weg naar binnen. In de ruim bemeten woonkamer nemen we plaats rond de vierkante eettafel. Zittend op onze kont welteverstaan, op een kleurrijk vloerkleed, zoals het lokale gebruik voorschrijft. Ik kies voor de kleermakerszit, maar merk dat ik zo stijf ben als een hark. Dat wordt dus om de haverklap van positie veranderen. Dan treedt Brahim de ruimte binnen. De statige Toeareg-chef maakt de indruk oprecht blij te zijn ons te zien, en spreekt dat ook met zo veel woorden uit. Hij, wél lenig in de heupen, laat kommen met soep serveren, als startsein van het diner én de evaluatie van 1993.

Brahim meldt onderzoek te hebben gedaan naar de toenmalige gids. Die, zo geeft Marc in het dagboek aan, 'Reggane' heet. 'Over die naam heb ik grote twijfels,' zegt Brahim. 'Hij kan uit de plaats Reggane afkomstig zijn en zichzelf die naam hebben gegeven. Maar voor zover ik heb kunnen nagaan, is er in die periode geen gids vanuit Tamanrasset actief geweest met de naam "Reggane". Dus óf hij heeft een andere naam gehad óf ...' – hij kijkt zorgelijk – 'óf hij was een oplichter. Die de jongens heeft willen beroven, door er met de auto vandoor te gaan. Die mogelijkheid moet je nooit uitsluiten.'

Alle informatie afwegend, zegt hij niet in zo'n scenario te geloven. 'De kans is levensgroot dat hij inderdaad per ongeluk van de hoofdroute af is geraakt, in de bandensporen van het legerkonvooi naar In Atey. Daar komt bij dat de gids nog een paar dagen bij de jongens gebleven is, in de hoop dat er nog hulp zou komen. Dan denk ik niet dat hij slechte intenties heeft gehad.' Brahim schat in dat de gids binnen een dag om het leven is gekomen. 'Wie zonder water in dat gebied gaat lopen, is verloren. Al is zijn lichaam nooit teruggevonden.'

Een familielid zet een ronde schaal op tafel, gevuld met couscous en groente. Voor ons ligt een lepel. Het is de bedoeling dat we gezamenlijk uit de kom eten, volgens de alhier geldende gewoonte. King schept steeds vlees bij. Ik zeg maar niet dat ik vegetariër ben en schuif de stukken kip zo onopvallend mogelijk door naar Tom. Wat je aangeboden krijgt, mag je niet weigeren, is me geleerd. Dan maar, op subtiele wijze, proberen er een ander blij mee te maken.

Ik vraag Brahim hoe het kan dat er in 1993 nauwelijks veiligheidsposten waren, zelfs niet in een stad als Tamanrasset. Het is een vraag die ik ook namens Marc en Peter stel. Sterker nog, móét stellen. De op twee na laatste zin uit het dagboek luidt: '*Eddy, doe er wat mee! De laksheid als het gaat om Sahara-reizigers is schrijnend te noemen. Er was geeneens meer een securitépost!*' Bijna dertig jaar later, niet heel ver bij de plek vandaan waar de vraag op papier is gezet, hopen we een plausibel antwoord te krijgen.

Om inzicht te krijgen in de situatie, vertelt Brahim over de verkiezingsoverwinning van het Front Islamique du Salut (FIS), in 1991, en de verregaande gevolgen daarvan. De zittende president Chadli Bendjedid toont zich nog wel bereid de macht te delen met de islamisten, maar dat is uitdrukkelijk tegen de wil van de legertop. Die pleegt in januari 1992 een staatsgreep en stort het land in een burgeroorlog. Militairen komen recht tegenover islamistische rebellen te staan, die zich ook wreken op burgers, journalisten en politieke leiders.

De chaos die in het land ontstaat, biedt grote kansen voor smokkelaars. Criminelen maken meer dan ooit gebruik van smokkelroutes door de Sahara. Een zakenman uit Tamanrasset weet zelfs het monopolie op de handel in wapens en sigaretten te verwerven. 'In 1993 was er in onze regio nauwelijks toezicht meer van het leger,' zegt Brahim. 'De militairen waren nodig in het noorden van Algerije, om de strijd aan te gaan met de islamistische rebellen. Dus dat zou kunnen verklaren waarom niet alle veiligheidsposten bezet waren. En ook dat er niet veel mensen naar het zuiden reisden.'

We hadden al zoiets gedacht, maar nu horen we het van een ingewijde. Ik vraag hem of het niet merkwaardig is dat Marc en Peter 'gewoon' visa verstrekt hebben gekregen van de Algerijnse autoriteiten. Van een 'code rood' was destijds geen sprake.

'Dat is voor mij lastig om in te schatten,' zegt Brahim. 'De route die zij namen, via Tamanrasset, was in principe niet gevaarlijk. Roversbendes richtten zich meer op de route van Reggane naar Mali en de burgeroorlog speelde zich af in het noorden.' Dus? Concluderend? 'Als zij niet per ongeluk op de verkeerde route terecht waren gekomen en vervolgens geen pech hadden gekregen, was het avontuur niet fataal afgelopen. Wel of niet geregistreerd: dat zou niets hebben uitgehaald. Omdat de vindplek niet te traceren was. Natuurlijk begrijp ik de emoties van de jongens heel goed. Ze zien bandensporen en dachten op een route te zitten met doorgaand verkeer, maar dat bleek dus niet het geval te zijn.'

Dit is het dan. Dit is het verhaal. De verklaring. Geen konvooi om bij aan te sluiten. Geen checkpoints, omdat het aantal militairen was teruggeschroefd. Een verkeerde inschatting. En botte autopech op een plek waar je die niet moet krijgen. Na dertig jaar moeten we het met deze uitleg doen. 'Al met al zijn we toch wijzer geworden,' zegt Tom. 'Het verhaal van de verkeerde afslag maakt dat we nu wat genuanceerder naar de aanleiding van het drama kijken.'

Voor de definitieve bevestiging hebben we wel nog het traceren van 'de plek' nodig. Brahim richt zich specifiek tot ons. Hij herhaalt de eerdere woorden van zijn zoon: 'Wees gerust. Als de auto er nog staat, gaan we hem vinden. Honderd procent. Het kan een week duren, een maand, een jaar, of misschien twee jaar, maar we gaan hem vinden. Wijzelf, onze mensen. Op de dag dat jullie vertrekken, gaan we een eerste serieuze zoekpoging doen.'

Brahim beklemtoont dat de gendarmerie nog regelmatig een beroep doet op de Toeareg. 'Pas geleden zijn we nog ingeschakeld toen bleek dat twee ingenieurs werden vermist. We hebben een plan gemaakt, de gendarmerie heeft zich in ons spoor genesteld en we hebben die mannen kunnen vinden. Ze waren ongedeerd. Het is een eer om mensenlevens te kunnen redden door onze kennis van de regio.'

Vandaar ook dat hij er volledig van overtuigd is dat ze 'de plek' zullen vinden. Maar dat is nog niet alles. Hij schraapt zijn keel. 'Wanneer we de auto hebben gevonden,' zegt hij, 'zijn we van plan op de bewuste plek een gedenksteen te plaatsen. Specifiek als eerbetoon aan Marc en Peter. Maar ook aan alle andere mensen die hun tocht door de Sahara met de dood hebben moeten bekopen.' Tom en ik kijken elkaar wéér aan, met een blik van 'dit kan niet waar zijn'. En toch is het zo. Rillingen lopen over onze rug. Een gedenksteen! We richten ons in dankbaarheid tot Brahim en 'King', die – zo horen we achteraf – zelf met dit idee op de proppen is gekomen.

En zo eindigt dit diner, dit eervolle onderhoud, met het voornemen tot een prachtig initiatief. Wanneer we Brahim de hand drukken, spreken we de hoop uit hem binnen afzienbare tijd weer te zullen ontmoeten. Dat zou betekenen dat we terugkeren naar Tamanrasset, naar de regio, om 'de plek' te bezoeken en de onthulling van de gedenksteen bij te wonen, wellicht samen met andere nabestaanden en vrienden.

De volgende ochtend zet King ons af bij het vliegveld. We nemen, na een paar enerverende, emotionele dagen, afscheid als vrienden voor het leven. Hij drukt ons ten overvloede op het hart dat ze 'de plek' coûte que coûte gaan vinden. Later die dag vertrekt hij met zijn vader in de Nissan Patrol voor een eerste 'inspectieronde' naar het gebied richting In Guezzam. Via Said, die met ons meevliegt naar Algiers, zullen we van alle inspanningen en resultaten op de hoogte worden gehouden.

We verlaten Tamanrasset met een gevoel van positivisme en dankbaarheid. Het is een voorrecht geweest in de voetsporen van Marc en Peter te hebben kunnen treden, de sfeer van de Sahara-hoofdstad te hebben kunnen proeven, (Toeareg-)vrienden te hebben gemaakt. Van Said nemen we (voorlopig) afscheid op de luchthaven van Algiers. Hij zal als tolk en adviseur een belangrijke rol blijven spelen bij de vervolgstappen, zoals onze wens om kennis uit Nederland inzake watersystemen over te dragen aan de mensen in de Sahara. In mijn persoonlijke belevingswereld is waterschaarste vanaf 1993 prominent vertegenwoordigd geweest. Mocht dit boek een succes worden, dan wil ik een deel van de opbrengst aan een door ons te steunen of in het leven te roepen initiatief schenken. De eerste contacten zijn inmiddels gelegd.

Vanaf Algiers kiezen we het luchtruim voor de vlucht naar Parijs. Aan boord componeer ik met een melancholisch gevoel de afscheidsspeech voor mijn oom Theo. Het is mooi dat het allemaal net lukt. Een dag later sluiten we de uitvaartdienst af met de Southern Blues Rock-klassieker 'Free Bird' van Lynyrd Skynyrd. Een muzikale ode aan de vrijheid, met een heerlijke gitaarsolo als ultra-lang uitgesponnen slotakkoord.

Later die dag komen er op mijn telefoon foto's binnen van Said. Ik schrik. Zie King in de woestijn staan, naast het wrak van een deels onder het zand bedolven Peugeot. Hebben ze nu al succes? Op de binnenkant van de carrosserie is 'Coco 93' gekrast. Dat zou een verwijzing naar het goede jaartal kunnen zijn, maar als ik beter kijk, zie ik dat het om een Peugeot 504 gaat. Ook de kleur klopt niet helemaal. Maakt niet uit. Dit bewijst ten overvloede dat het de mannen ernst is.

Ook ten tijde van de afronding van dit boek, een paar maanden later, kringelt er nog geen witte rook boven de Sahara ten zuiden van Tamanrasset. Maakt niet uit. We beseffen dat de kans op het vinden van 'de plek' minimaal blijft. Geduld een schone zaak is. En tijd een relatief begrip. 'Zonder tijd is de vrijheid het grootst,' heeft Said ons voorgehouden. Marc en Peter zouden het hartgrondig met hem eens zijn geweest.

Epiloog

Vrijheid is een veelomvattend begrip. In de basis is vrijheid het (voor)recht om te kunnen doen en laten wat je wilt, te kunnen zeggen wat je denkt. Op te veel plekken in de wereld bestaat die elementaire voorwaarde helaas niet, ingegeven door oorlog en/ of een totalitair regime.

Wie in Nederland opgroeit, heeft simpelweg geluk. Naast een dak boven je hoofd, stromend water en uitmuntende sociale voorzieningen, kun je in principe doen, laten en zeggen wat je wilt. Een eigen leven opbouwen, geheel naar de maatstaven van je wensen en karakter? Het kan. En nogmaals, dat is geen vanzelfsprekendheid, maar een voorrecht.

Binnen de vrijheid die je als Nederlander hebt, kun je extra vrijheid pakken; in je werk, in je hobby's, een eigen bedrijf beginnen, de wereld ontdekken door te gaan reizen, noem maar op. Dat hangt af van de 'cultuur' van het individu, uiteraard. Wie een grote mate van zelfstandigheid nastreeft, en niet voor de relatieve zekerheid van een vast patroon kiest, neemt risico's die een ander op de zenuwen zouden werken. De vrijheid om in zo goed als alle levensfacetten zelf aan het stuur te (blijven) zitten, het is lang niet voor iedereen een zaligmakende werkelijkheid.

Voor mij wel. De drang naar vrijheid moet al in het embryonale stadium aanwezig zijn geweest, zo diep is het in mijn ziel verankerd komen te zitten. Ik was amper zeventien jaar toen ik een gelijkgestemde geest trof: Peter Teggelaar. Tegen het decor van voortsnellende adolescentie en (sport)journalistieke ambitie spraken we naar elkaar de belofte uit ons nooit te laten kooien door welke hiërarchische organisatie ook. 'De vrijheid om te kunnen gaan en staan waar je wilt, is het allermooiste.' Zelf sturing geven aan je leven, zelf verantwoordelijkheid pakken, als freelancer en ondernemer, dát was de bestemming die we voor ogen hadden.

Het is uitermate zuur dat juist de drang naar vrijheid Peter noodlottig is geworden. Nog voordat hij zijn vleugels écht kon uitslaan in het vrije werkveld van de maatschappij, was zijn leven na 24 kleurrijke jaren voorbij.

Zoals Myriam zich in dit boek afvraagt hoe Marc zich zou hebben (door)ontwikkeld, zo heb ik vaak gefilosofeerd over wat er van Peter zou zijn geworden. Ik weet het, het is even hypothetisch als zinloos, maar onwillekeurig gaan zulke gedachten met je op de loop. Dat hij een prachtige toekomst tegemoet zou zijn gegaan, gebaseerd op talent, persoonlijkheid en vrijheidsideaal, dat was voor mij wel duidelijk. Maar je hebt er zo weinig aan, omdat we het nooit zullen weten.

Wel heb ik het geluk gehad hem de voorbije decennia talrijke keren te hebben ontmoet, in onnavolgbare dromen. Peter kwam in verschillende gedaanten tot me. Soms als hartsvriend ('jaaahhh, bloedbroeder!'), soms als een geest met meer afstand: 'Hoe is het met je?' Soms zaten we op de perstribune van een beroemd voetbalstadion, een andere keer praatte ik hem bij over hoe het leven was gelopen of zag ik hem in een auto door de Sahara rijden. Een van de laatste dromen was er eentje vol emotie, gedurende mijn verblijf in Tamanrasset. We omhelsden elkaar, innig en eindeloos lang. De wekker zorgde voor een bruut einde. Ietwat verward en met vochtige ogen begon ik aan de dag.

Ik was in Tamanrasset voor het laatste hoofdstuk van *Heldendaad in de Sahara*. Het boek dat ik dóór en ín vrijheid heb kunnen maken. Over twee vrijbuiters die een heldendood gestorven zijn. En niet alleen voortleven in hoofden en harten van hun naasten, maar – door dit boek – hopelijk ook een beetje bij andere mensen en nieuwe generaties. Dat is mooi, dat is goed.

Dit boek is voor een ieder die het maar wil lezen

Marc, Peter, het was me een grote eer!

Eddy

PS En hopelijk tot ooit, in die eerste kroeg links voorbij de hemelpoort ...

DANKWOORD

Voor de totstandkoming van *Heldendaad in de Sahara* ben ik grote dank verschuldigd aan:

Marc Gilsing en Peter Teggelaar

en verder aan Han ten Broeke, Mohamed Damirna, Frank Dankaart, Sofie Defraye, Carmen de Graaf-Dokter, Erik ten Hag, Myriam van den Engel-Gilsing, Said Ferhati, Willem van Hanegem, Ineke Hemminga, Frank Huning, Joke Jonkhoff, Hans Koenen, Marcel Kuiper, Claudia van der Ley, Igor van der Ley, Louise van der Ley, Melanie van der Ley, Piet van der Ley, Pjotr van der Ley, Robin van der Ley, Estela van der Ley-Panduro, Gert-Jan Meester, Rijn van der Pol, Reszö Somfai, Alma van Steenbergen, José Teggelaar, Tom Teggelaar, Daniël Valk, Joop Weenink, Freek Wennekes.

In memoriam: Lida Gilsing-Messing, Theo Gilsing, Gerdie van der Ley-Lansink, Femmie van Nieuwenhoven, Marcel van Nieuwenhoven, Toon van Nieuwenhoven, Jan Teggelaar.

Bronnen

Algemeen Dagblad
Arnhemse Courant
Noordhollands Dagblad
De Telegraaf
Twentsche Courant
de Volkskrant

Boeken

Morgen word ik wakker, Myriam van den Engel-Gilsing, Mijnbestseller, 2014
Algerije – Michiel Bleker, Beker, M., LM Publishers, 2009